의지와
증거

의지와 증거

Arv og miljø

비그디스 요르트 장편소설

유소영 옮김

꼭 해야 하는 일은 늘 하려고 생각해 왔던 일처럼 해야 한다.
혹은, 뭔가를 꼭 해야 한다면, 진심으로 하고 싶은 일처럼 하라.

- 슬라보예 지젝

아빠는 다섯 달 전에 돌아가셨다. 보는 관점에 따라 마침 적당한 시점이었다고도, 하필 최악의 시점이었다고도 할 수 있을 것이다. 개인적으로, 아빠는 자신이 갑작스럽게 세상을 떠나는 것을 그리 분하게 생각하지 않았을 것 같다. 자세한 상황을 모른 채 처음 소식을 들었을 때는 일부러 쓰러지신 게 아닐까 생각하고 싶었을 정도였다. 그냥 사고라기에는 지나치게 소설의 플롯 같았다.

아버지가 돌아가시기 직전 몇 주 동안, 형제자매들은 가족의 재산인 발러의 휴가용 오두막을 어떻게 나눠 가질 것인가를 놓고 격한 분쟁에 휩싸인 상태였다. 내가 여동생 둘과 대립하고 있는 오빠 편을 들어 분쟁에 끼어든 것은 아빠가 쓰러지기 겨우 이틀 전이었다.

....

　　나는 다툼에 대해 간접적으로 전해 들었다. 오래 기다려 왔던 어느 토요일 아침, 그날 프레드릭스타드에서 열리는 현대극 세미나 참석 준비밖에 할 일이 없을 때, 동생 아스트리드에게서 전화가 걸려 왔다. 밝고 아름다운 11월 말의 아침이었고, 햇살이 화창했다. 하늘을 향해 앙상한 가지를 뻗은 나무 옆에 낙엽이 땅을 뒤덮지만 않았다면 봄으로 착각할 것 같은 날씨였다. 나는 기분이 좋았다. 커피를 끓여 놓았고, 프레드릭스타드에 가는 일로 들떠 있었다. 세미나가 끝나면 구시가에서 느긋하게 빈둥거리며 개를 끌고 성곽을 산책하며 강물을 바라보고 싶었다. 샤워를 하고 나와 보니, 아스트리드에게서 전화가 여러 번 와 있었다. 나는 내가 편집을 돕고 있던 그녀의 글 모음집 때문이라고 생각했다.

　　그녀는 목소리를 낮춰 휴대전화를 받았다. 잠깐만, 그녀는 말했다. 전자장치가 있는 방인지, 배경에서 삑삑 소리가 났다. 잠깐만, 그녀는 다시 속삭였다. 나는 기다렸다. 병원이야, 아스트리드는 이제 큰 목소리로 말했다. 삑삑거리는 소리는 이제 나지 않았다. 엄마 때문에, 그녀는 말했다. 하지만 괜찮아. 곧 나아지실 거야.

　　약물 과용이야. 엄마가 간밤에 약물을 과용했지만, 곧 괜찮아질 거야. 그냥 아주 피곤하신 상태야.

엄마의 첫 시도는 아니었지만, 예전에는 한번 사고를 낼 때마다 사전에 징조가 있었기 때문에 놀라지는 않았는데. 아스트리드는 다시 괜찮다, 엄마는 곧 회복하실 거다, 하지만 상당히 극적이었다고 되풀이했다. 엄마가 새벽 4시 30분에 전화를 걸었다고 했다. 내가 약을 먹었어. 아스트리드와 남편은 그날 밤 파티에 참석했다가 막 집에 돌아온 참이라 운전할 수 있는 상태가 아니었다. 아스트리드가 부엌 바닥에 쓰러진 엄마를 발견한 아빠한테 전화해서 물어보니 의사인 이웃에게 연락해서 그가 와 줬다고 했다. 이웃은 구급차가 굳이 필요할 것 같지는 않다고 했지만 어쨌든 만약을 대비해 불렀고, 엄마는 그 구급차를 타고 병원에 가서 지금 회복중이다, 아주, 아주 피곤한 상태다.

왜 그러셨대? 물어보니 아스트리드는 아주 애매하고 두서없이 대답했지만, 한참 들어보니 부모님이 아끼는 발러의 오두막 소유권이 오빠 보드에게는 아무 언질 없이 여동생 아스트리드와 오사에게 넘어갔고 나중에 이 소식을 들은 보드는 감정 평가액이 턱없이 낮다고 생각한 모양이었다. 아스트리드의 표현을 빌리면, 보드는 길길이 날뛰었다고 한다. 그녀가 보드와 연락하게 된 것은 곧 엄마의 팔순, 아빠의 여든다섯 생신이 다가오는 터라 축하해야 했기 때문이었다. 아스트리드는 오빠 가족을 모두 파티에 초대하겠다고 편지를 썼지만, 보드는 보고 싶지 않다, 네가 부모님을 구슬러서 발러의 오두막을 손에 넣은 거다, 이런 재정적인 편애가 아주 오랫동안 계속돼 왔는데 난 더 이상 조용히 보고만 있을 수 없다, 넌 너 자신만 안다, 늘 그랬다고 대답했다.

오빠의 말과 비난에 놀란 아스트리드는 엄마에게 모든 걸 다 말한 모양이었고, 엄마는 너무나 상심한 나머지 약물을 과용하고 병원에 실려 갔다. 그러니 궁극적으로 이건 모두 보드 탓이라는 것이었다.

한데 아스트리드가 보드에게 전화해서 약물 과용에 대해 알리자, 보드는 탓할 사람이 있다면 엄마 자신뿐이라고 했다. 너무 비정해, 그녀는 내게 말했다. 가장 끔찍한 무기를 휘두르고 있잖아, 자기 아이들. 보드의 아이들은 아스트리드와 오사의 페이스북 계정을 친구 목록에서 삭제하고, 오두막을 잃게 돼서 너무 속상하다고 엄마와 아빠에게 편지를 썼다. 엄마는 보드의 아이들과 연락이 끊길까 봐 늘 노심초사했던 분이었다.

나는 엄마가 빨리 회복되기를 바란다고 전해 달라고 했다. 내가 달리 뭘 할 수 있을까? 아스트리드는 그 말을 들으면 엄마가 기뻐할 거라고 했다.

....

　돌아보니 인생에 결정적이었던 사람들, 인생의 방향을 바꾸게 될 중요한 결정에 영향을 미쳤거나 직접적인 영향을 준 사람들을 만나게 되었다는 것이 얼마나 우연한 사건처럼 보이는지, 생각하면 묘하다. 아니, 전혀 우연이 아닐지도 모른다. 우리는 의식적으로, 혹은 무의식적으로 어쨌든 내가 선택하게 될 방향으로 나를 밀어 줄 수 있는 사람들을 감지하는 것은 아닐까? 그렇기 때문에 그 사람들과 계속 연락을 나누는지도 모른다. 혹은, 가고 싶은 길을 가지 말라고 말리거나 그 길에서 밀어낼지도 모르는 사람들이라고 직감하기 때문에, 어떤 사람을 다시 만나지 않겠다고 마음먹는 것인지도 모른다. 중요한 상황에서 어떻게 할지 결정할 때 한 사람의 역할이 얼마나 중요할 수 있는지, 그것이 단지 과거에 어쩌다 그 사람과 상의한 적이 있다는 이유 때문이라니, 생각하면 놀랍다.

....

나는 커피를 마시지 않았다. 심란한 마음에 얼굴에 바람을 느끼고 머리를 비우고 싶어서 옷을 입고 밖으로 나갔다. 잘 다스려지지 않았다. 나는 내 아이들 중 우리 가족을 가장 잘 아는 쇠렌에게 전화를 걸었다. 쇠렌도 약물 과용 소식에 놀랐지만 이전에 있었던 여러 번의 약물 소동에 대해 알고 있었다. 할머니는 언제나 늦기 전에 도움을 청했고, 늘 무사히 끝났다. 오두막 증여 문제와 낮은 감정 평가액에 대해 이야기하자, 그는 생각에 잠기더니 보드가 왜 화났는지 이해할 수 있다고 했다. 보드는 나처럼 가족과 연락을 끊지 않았다. 항상 소식을 주고받았다. 아스트리드와 오사만큼 부모님과 가깝지는 않았지만, 그렇다고 보드에게 재정적으로 불이익을 줘서는 안 되지 않나?

클라라에게 전화를 걸었더니 격분했다. 자살로 장난치다니, 이건 아니다. 가족의 오두막을 네 자식 중 둘에게만 은밀히, 지나치게 싼 값에 넘기는 것도 있을 수 없는 일이다.

부모님에게는 당연히 재산을 마음대로 처분할 권리가 있지만, 최근 몇 년 간 두 분은 상속 문제에 있어서 자녀 모두에게 공평하게 하겠다고 자주 말씀하셨다. 한데 일이 이렇게 되니 보드와 내가 오두막 대신 받을 보상액이 상당히 적어진 셈이었다. 보드가 화난 것은 그 때문이었고, 이미 증여가 끝났다는 것을 아무도 말해 주지 않았다는 사실 때문이었다. 나도 못 들었지만, 나야 수십 년 동안 가족과 왕래가 없었다. 지난 20년 동안에는 오로지 둘째 동생 아스트리드하고만, 1년에 전화 몇 통 정도 했을 뿐이었다. 그래서 몇 달 전 내 생일에 오랜 세월 연락이 없던 막내 여동생 오사에게서 문자가 왔을 때, 나는 놀랐다. 전에도 생일 축하한다고 문자를 보낸 적이 있는데 잘못된 번호로 보낸 것 같다는 내용이었다. 그제야 깨달았다. 지금까지는 2대 1, 아스트리드와 오사 대 보드의 갈등이었지만, 이제 나도 얽히게 되었으니 어디로 흘러갈지 알 수 없는 상황이었다. 나는 늘 상속은 필요 없다고 말해 왔으니 동생들은 변함없는 입장이기를 바라겠지만 확신할 수는 없을 것이다. 아스트리드가 부모님과 나를 화해시키려고 할 때마다 내가 늘 했던 말이었다. 아스트리드는 마치 감정적으로 나를 협박하려 드는 것 같았다. 그녀는 내가 멀어져서 부모님이 마음 아파했다, 이제 나이를 많이 드셨다, 곧 돌아가실 것이다, 크리스마스나 생일 파티에 그냥 나오는 게 어떻겠느냐고 하곤 했다. 아마 엄마가 뒤에서 압력을 가하고 있는 것이겠지만, 나는 아스트리드가 노년이나 죽음에 대한 말을 꺼내면 마음이 움직이기는커녕 불쾌하고 화가 났다. 내 말을 진지하게 듣지 않는 걸까? 나는 이미 이유를 충분히 전했다. 엄마 아빠와 같은 자리에 있으면 견딜 수가 없다, 그분들을 보면서 아무 문제없는 척하는 것은 내가 가진 모든 원칙에 대한 배신이다, 말도 안 되는 이야기다, 이미 노력해 봤다! 기분은 누그러들지 않았다. 오히려 나중에 밤에, 이메일을 쓸 때는 점점 더 화가 났다. 나는 다시는 아빠 엄마를 보고 싶지 않다, 브로테바이엔의 부모님 집에는 절대 발을 들이지 않겠다, 그러니 상속에서 제외하시는 게 좋을 거라고 답장을 썼다.

연락을 끊은 뒤로, 엄마는 여러 번 내게 전화했다. 발신자 번호 서비스 이전이었기 때문에 엄마인지 아닌지 확인하고 안 받을 수도 없었다. 엄마는 흐느끼다 고함지르기를 반복했고, 나는 육체적으로 멀미가 날 것 같았다. 하지만 살아남으려면 굴하지 말아야 했다. 가라앉거나 침몰하지 않으려면 거리를 유지해야 했다. 엄마는 내가 왜 자기를 보고 싶지 않은지 알고 싶다고 했고—마치 모르는 듯이—대답할 수 없는 질문을 했다. 넌 나한테 전부인데, 너는 왜 날 그렇게 싫어하니? 미워하지 않는다고 수없이 말했고, 그러다 보니 정말 엄마가 미워졌고, 나는 수도 없이 말했고, 설명하고 또 설명해 봤자 다음에 대화할 때는 다시 아무 일도 없었던 것처럼 되고 거부당한 기분을 느껴야 하는데, 왜 굳이 계속 거부당해야 하나?

연락을 끊고 처음 몇 년 동안, 이런 통화는 너무나 고통스러웠다. 엄마는 전화해서 비난하고 간청했고, 나는 화를 내고 평정을 잃었다. 결국 통화는 차츰 뜸해졌고, 그러다 엄마는 완전히 포기했다. 아마 엄마도 이런 의미 없는 대화가 가져오는 고통보다 확실성과 평화가 더 낫다고 생각했을 것이다. 가끔 아스트리드에게 시키는 게 낫다고.
그런데 몇 년 전부터 엄마는 다시 내게 간간히 문자를 보내기 시작했다. 대부분의 노인들이 이따금 그러듯이 아플 때 가끔 보냈다. 몸이 아프구나, 이야기할 수 있을까? 늦은 밤, 엄마는 분명 술을 마신

것 같았고, 나 역시 마찬가지여서 아침에 다시 전화하시라고 답장하
곤 했다. 그런 뒤 나는 병환과 몸 관리 문제에 대해 엄마와 통화할 생
각이다. 하지만 늘 듣던 비난과 신파가 시작되면 바로 전화를 끊겠다
고 아스트리드에게 문자 메시지를 보냈다. 아스트리드에게서 들었는
지, 엄마는 다음 날 아침에 전화해서 건강이 좋지 않다는 이야기, 몸
관리 이야기만 했다. 나도 마찬가지였지만, 전화를 끊은 뒤 엄마도
좋은 대화였다고 느낀 것 같았다. 이후 엄마는 더 이상 자신의 실망
과 불행을 내게 쏟아붓지 않았다. 짐작하건대 대상이 아스트리드로
바뀐 것 같았다. 엄마의 실망과 불행을 고스란히 받아 안는 것은 고
달픈 일이었을 테니, 아스트리드가 엄마와 화해하라고 내게 권유하
기 시작한 것도 어쩌면 놀랄 일은 아니었다.

연락을 끊음으로 인해 실망과 불행을 부모님에게 안겨 드렸으니,
나는 상속에서 제외될 거라고 생각하고 있었다. 예상과 달리 그런 일
이 없다면, 그건 순전히 남들 보기에 흉해 보이기 때문일 것이다. 부
모님은 그저 아무 일 없는 것처럼 보이기를 바랐다.
그러나 두 분 다 건강상태가 아주 좋았기 때문에 이것은 다 먼 미
래의 일이었다.

그래서 3년 전 어느 크리스마스 날 부모님에게서 편지 한 통이 날
아왔을 때, 나는 놀랐다. 연락을 끊은 이래 매년 그랬듯, 성인이 된 내
아이들이 크리스마스 바로 전에 부모님을 방문했었다. 엄마와 아빠

가 손자 손녀들이라도 보고 지내야 내게 가해지는 압력이 덜할 것 같아서 내가 그러라고 한 일이었다. 아이들은 사촌들도 만나고 선물과 돈을 챙겨 기쁘게 집에 돌아왔고, 3년 전에는 편지 한 통을 가져왔다. 나는 아이들이 옆에 서 있는 앞에서 편지를 펼쳤다. 부모님이 공동 유언장을 작성했다, 자식 넷에게 재산을 공평하게 상속하겠다는 내용이었다. 단, 발러의 오두막은 현재 실거래가로 계산해서 아스트리드와 오사에게 증여하겠다. 재산을 자식들에게 물려주게 되어서 기쁘다. 역시 상속을 못 받을 거라고 생각하고 있었던 내 아이들은 조심스럽게 미소 지었다.

묘한 편지였다. 나 때문에 그렇게 고통스러웠다는 분들이라는 점을 생각해 볼 때, 아주 너그러웠다. 이 대가로 원하는 게 과연 뭘까.

엄마는 그해 크리스마스 몇 달 뒤 전화했다. 나는 아이들, 손자와 함께 산세바스티안의 시장에 있었다. 우리는 부활절 동안 거기 아파트를 빌려 머물고 있었다. 번호를 저장해 두지 않았기 때문에, 엄마 번호라는 걸 모르고 받았다. 엄마의 목소리는 속상할 때 늘 그렇듯 떨리고 있었다. 보드가 길길이 날뛰고 있어, 엄마는 말했다. 나는 무슨 영문인지 전혀 몰랐다.

보드가 길길이 날뛰고 있어, 엄마는 다시 말했다. 아스트리드가 나중에 오두막이 아스트리드와 오사에게 넘어간다는 유언 때문에 보드가 화났다는 이야기를 하면서 썼던 똑같은 표현이었다. 하지만 아스트리드와 오사는 우리한테 너무 잘 해 주고 잘 살펴 줬는걸, 엄마는 말했다. 그 오랜 세월 동안 계속 우리와 같이 오두막에 다니면서 좋은 시간을 보냈으니 그 애들한테 오두막이 돌아가는 건 너무나 당연한 것 같아. 보드는 오두막을 사용한 적이 없었어. 너도 그랬고. 너 혹시 발러의 오두막 갖고 싶니?

바다를 내려다보는 절벽 가장자리에 자리 잡은 발러의 오두막이라면 당연히 갖고 싶겠지. 엄마, 아빠와 늘 마주칠 위험만 없다면.

아뇨, 나는 말했다.

그게 듣고 싶던 대답이었는지, 엄마는 곧바로 진정되었다. 그간 보드와 연락하고 지내지 않았기 때문에, 나는 엄마가 정말로 묻고 싶었던 것이 무엇이었는지 알아차리지 못했다. 발러의 오두막에는 관심이 없다, 부모님의 유언은 너그럽다고 생각한다, 나는 뭘 물려받을 거라고 예상하지 못했다, 나는 다시 확인시켜 주었다.

나중에 아스트리드는 오두막을 놓고 대판 싸움이 벌어졌다고 내게 알려 주었다. 브로테바이엔에 찾아갔을 때, 보드는 아스트리드와 오사가 오두막을 갖게 되었다는 사실을 알고 벌떡 일어나더니 엄마 아빠는 이미 자식 하나를 잃었다―나를 말하는 거였다―이제 하나 더 잃게 되었다, 이렇게 말하고 밖으로 나가 버렸다는 것이었다. 아스트리드가 보드의 요구를 불합리하다고 생각한다는 것을 알 수 있었다. 보드는 오랫동안 발러의 오두막을 찾지도 않았고, 자기 오두막도 있었고, 발러의 오두막에 드나들던 시절에도 보드의 아내는 엄마 아빠와 그리 잘 어울리지 않았다.

나는 아스트리드의 강한 감정 표현에 깜짝 놀랐지만 아무 말도 하지 않았다. 오두막을 둘러싼 다툼에 휘말리지 않은 것은 다행이군, 나는 생각했다.

그렇지만 이제 갈등의 골은 한층 깊어졌다. 오두막의 소유권은 이미 아스트리드와 오사에게 넘어간 상태이고, 보드는 노발대발하고 있으며, 엄마는 약물 과용으로 병원에 실려 간 것이다.

....

 클라라 탕크를 처음 보았을 때, 그녀는 유아차를 밀고 문학부 건물 복도를 지나고 있었다. 아기는 유명한 예술가의 아들이었다. 강의에 출석할 때도 그녀는 그 예술가의 아이를 데리고 다녔는데, 예술가는 이혼 수속을 밟는 중이라고 했다. 나는 읽어야 할 것을 모두 읽는 착실한 학생이었지만, 둘째를 임신하고 집안일에 바빴기 때문에 대학에서 오랜 시간을 보내지는 않았다. 따라서 문학부에서는 클라라를 몇 번밖에 보지 못했지만, 분명 유아차를 밀고 가는 학생이 눈에 들어오기는 했다. 그녀가 처음 내게 말을 건 것은 몇 년 뒤 어느 문학 비평 관련 대담이 끝난 뒤 하우스만스 문 거리에서였다. 한 인기 작가를 혹평한 문학 잡지의 편집자로서, 대담 자리에서 그녀는 맨다리를 드러내고 팔을 휘두르며 자신의 비평을 변호하고 있었다. 문학적 재판이라고 말할 생각이었는데 어쩌다 보니 문학적 화장실이라는 표현을 썼다. 그녀는 웃음을 터뜨렸다가 멈추지 못하고 계속 웃더니 갑자기 울음을 터뜨리고 밖으로 뛰쳐나가서 돌아오지 않았다. 내가 그 자리를 뜨자, 그녀는 10월인데도 여전히 다리를 드러낸 차림으로 하우스만스 문 거리에서 뒤따라 와서 내 외투 단추를 풀고 실크 블라우스를 쓰다듬더니 아주 좋다고 말했다. 나는 서둘러 멀어졌다. 그녀의 괴짜스러움이 내게 옮는 것은 원치 않았다.

....

그날 저녁 프레드릭스타드에서 일정이 있었지만, 나는 평소보다 더 오래 산책했다. 보호림에 들어가니 아직 녹음은 상당히 푸르렀지만, 평소처럼 마음을 진정시켜 주는 효과는 없었다. 최근 몇 주 동안 폭풍에 시달려 쓰러진 나무들이 묵직한 검은 뿌리를 드러낸 채 길을 막고 있었다. 딸 둘과 내 남자 친구에게 전화했지만 모두 받지 않았다. 내 소식을 전하고 싶은 어마어마한 욕구가 밀려왔다. 이유가 뭘까. 끔찍한 사건이 일어난 것도 아니고, 사실 모든 일이 순조로운데.

나는 겨우 며칠 전 아스트리드와 나눈 대화를 생각해 보았다. 그 오랜 세월을 합친 것보다 지난 여섯 달 동안 우리가 서로 연락한 횟수가 더 많을 것이다. 그녀는 인권 교육에 대한 글 모음집을 준비하면서 내가 잡지 편집자로서 구성과 장 분류에 대해 식견이 있으니 의견을 청했다. 나는 글을 읽고 의견을 제시했고, 페이지 구성과 시각에 대해서, 바로 며칠 전에 나눈 마지막 대화에서는 최종 수정과 출판사에 대해 논의했다. 그 대화 역시 내가 산책하는 동안 오갔다. 장갑 없이 쥔 휴대전화가 너무 차가워서 한 손에서 다른 손으로 바꿔 쥐었던 기억이 난다. 책 이야기를 마친 뒤, 나는 평소처럼 식구들이 어떻게 지내는지 물었다. 아니, 보드와 오두막 문제가 있어서, 그녀는 이렇게 대답했다. 나는 그냥 유언장 이야기인 줄 알았다.

차를 몰고 프레드릭스타드에 들어가서, 말 그대로 사람 하나 없는 캄캄한 옛 시가를 달리니 그제야 마음이 진정되기 시작했다. 나는 오늘 머물기로 한 B&B 근처 공원에 주차할 장소를 찾았다. 전에 머문 곳이었다. 석양 속에서 구릿빛으로 붉게 빛나는 강변의 성곽을 개와 함께 걸으며, 현대 노르웨이 극의 부재에 대한 세미나에 집중하려고 노력했지만 집중하기가 힘들었다. 탈레와 에바에게 다시 전화했지만 아이들은 받지 않았고, 라스도 마찬가지였다. 보에게도 전화했지만, 생각해 보니 그는 지금 이스라엘에 있었다. 왜 이렇게 딸들과 남자친구, 그리고 보에게 엄마와 약물 과용, 오두막 이야기를 하지 않고는 못 견딜 것 같은지 알 수 없었다. 가장 오랜 친구에게 전화를 했더니 운전 중이라 짧게 끝내야 했다. 친구는 전에도 엄마의 약물 과용 소식을 들은 적이 있었지만, 상속 분쟁에는 흥미를 보였고 비슷한 경험도 있었다. 두 분은 절대적으로 그렇게 하실 권리가 있어, 친구는 말했다. 얼마든지 당신들이 원하는 대로 재산을 처분할 수는 있지만, 크리스마스 편지에 썼던 것처럼 마음이 넓어 보이지는 않는군. 나도 부모님의 사랑을 독차지한 오빠가 집안 오두막을 물려받을 때 상속 문제에 대해 생각해 본 적이 있는데, 난 오히려 빼앗긴 사랑과 관심의 대가로 내가 물려받는 게 합당하다고 느꼈어.

나는 피도를 방에 남겨 두고 강 건너 프레드릭스타드 중심가로 가기 위해 여객선 선창으로 걸어갔다. 거기서 다시 탈레와 에바에게 전화를 걸었지만 계속 받지 않았다. 나는 클라라에게 전화해서 대단히 끔찍한 일이 아닌데도 왜 이렇게 초조할까, 왜 꼭 그 이야기를 하지 않으면 못 견딜 것 같을까 토로했다.

아주 깊은 이유가 있어, 베르기요트, 그녀는 말했다. 정말 깊은 이유가.

나는 여객선에서 내려 거리를 걸었다. 비가 오기 시작해서 몸이 젖고 묵직하게 느껴졌다. 클라라의 말대로, 뭔가 나를 아주 깊은 심연으로 내몰고 무겁게 끌어당기는 것 같았다. 몸이 가라앉기 시작하는 것 같았다.

토론은 잘 끝났고, 나도 잘했다. 이후 나는 카페에 머문 채 내내 이래서는 안 되는데 싶으면서도 개인적으로 잘 알지도 못하는 동료 참가자들에게 오두막 감정 평가와 엄마의 약물 과용에 대해 시시콜콜 털어놓았다. 말하는 동안 부끄러웠고, 듣고 있는 사람들의 얼굴을 보니 또 부끄러웠고, 버릇없는 자식처럼, 어린 아이나 자기중심적인 사춘기 청소년처럼 유산과 약물 과용에 대해 징징거린 것이 집에 오는 길에도 다시 부끄러웠다. 나는 밤새도록 수치심에 뒹굴었다. 아직 어른이 되지 못했다는 것이, 성숙하고 균형 잡힌 방식으로 말하지 못했다는 것이, 다시 어린아이로 돌아갔다는 것이 너무나 부끄러워서, 잠을 이룰 수가 없었다.

          ···········

　　하우스만스 문에서 내 외투 단추를 끄르고 블라우스를 만진 다음
날, 클라라는 내게 전화했다. 나는 남편과 아이들과 같이 살던 집 현
관에서 전화를 받았는데, 이름을 들었지만 누구인지 생각나지 않았
다. 그녀는 다시 말했고, 그제야 기억났다. 갑작스럽게 통화하게 된
것이 약간 두려웠다. 그녀는 혹시 자신이 편집하는 문학 잡지에 서평
을 써 줄 수 있겠느냐고 물었다. 하고 싶지 않았고, 그 일을 맡을 용
기도 없었지만, 안 하겠다고 말할 용기도 없었다. 그녀는 혹시 내일
아침 자기 집에 와서 이야기할 수 있겠느냐고 물었다. 역시 하고 싶
지 않았지만, 싫다고 말할 용기도 없었다. 다음 날 아침 그녀의 집에
가 보니, 책장을 조립하다 실패하느라 분주했다. 설명서대로 하지 않
았고, 그녀는 진을 마시고 있었다. 운전 때문에 술을 마실 수가 없었
기 때문에 내가 책장을 맡았다. 내가 조립하는 동안, 그녀는 서평은
중요하지 않다, 잡지는 곧 폐간될 예정이다, 출판사에 이윤이 남지
않는다, 이제 집세는 어떻게 내느냐 같은 이야기를 했다. 모르겠다,
나는 고개를 저었다. 그녀의 경제적인 문제에 얽히고 싶지 않았다.
그녀는 유부남을 사랑한다고 했고, 순간 나는 가슴이 철렁 내려앉았
다. 그녀는 그 유부남의 아이를 가졌다, 내일 낙태할 예정이다, 그렇
게 하지 않으면 그 남자가 다시 만나 주지 않을 거라고 말했다. 나는
도울 수가 없었다. 집에 가고 싶었고, 나도 진을 마시고 싶었다. 나는
책장 조립을 마치고 떠났다. 다시는 그녀를 만나고 싶지 않았다.

············

일요일 프레드릭스타드 옛 도심. 코블스톤 위에 썩어가는 노란색, 빨간색 낙엽이 나뒹굴었고, 공기 중에 차가운 비가 흩날렸다. 나는 침울한 기분으로 거리를 걸었다. 전혀 모르는 사람들에게 오두막 감정 평가와 약물 과용 이야기를 하는 것이 아니었는데. 그 이야기를 하고 싶은 절박한 욕구가 일었지만, 어떻게 해야 할지 알 수 없었다. 그때 간밤에 카페에 같이 있었던 사람을 마주쳤고, 그녀는 내가 괜찮지 않을 거라고 생각했는지 괜찮으냐고 물었다. 그녀는 거기서 그리 멀지 않은 자신의 노란 오두막집으로 나를 데려가서 사과 케익과 커피를 내놓았다. 눈에 눈물이 고이면서 어린 시절 이야기가 쏟아져 나왔다. 그녀는 그 모든 것을 끌어안더니 자신의 과거에 대해 침착하게, 무심하게 말했다. 언젠가 나도 그런 지점에 다다를 수 있을까?

문간에 서서 떠나려는데, 그녀는 마지막으로 그와 이야기한 게 얼마나 됐느냐고 물었다.

누구하고요?

당신 오빠요.

기억나지 않았다. 20년 이상 될 거예요.

그에게 전화해요, 그녀는 말했다. 그게 어떤지 그녀는 알지 못하기 때문에, 나는 그저 미소할 수밖에 없었다. 서로 선물을 교환한 사람들처럼 포옹한 뒤 대문을 여는데, 그녀가 뒤에서 소리쳤다. 나는 보드 편이에요!

집으로 오는 차 안에서 나는 양가적인 감정으로 가득 찼다. 어제 카페에서의 고백에 대한 부끄러움, 그렇게 쉽게 평정을 잃은 자신에 대한 분노, 커피와 케이크에 대한, 이런 날 내게 조언을 건넨 사람에 대한 감사의 마음. 부모님이나 아스트리드, 오사가 누군가에게 조언을 청한 적이 있을까. 유언장에서 무시당했다고 분개하는 사람이라면 오두막이 시세보다 한참 낮은 가격으로 비밀리에 증여되었다는 사실에도 당연히 분개할 것이라고 예측하는 데는 인간에 대한 대단한 통찰이 필요 없기 때문이다. 주변에 조언을 구했다면 분명 누군가 이 점을 지적했을 것이다. 어쨌든 그들은 귀를 기울이지 않았을지도 모른다. 결과에 상관없이 이미 그렇게 하기로 마음을 굳혔을지도.

리에의 집에 무사히 도착한 뒤, 어둠이 내리기 시작하고 눈이 조금씩 오는 들판을 개와 함께 걷다가 탈레에게 전화했다. 약물 과용과 오두막 소유권 이전, 감정 평가 이야기를 하니, 나를 아는 딸은 내가 평상심이 아니라는 것을 눈치채고, 너무 심각하게 받아들이지 마라, 거기 얽히면 안 된다, 할머니가 또 사악한 음모에 휘말린 비극의 주인공인 양 신파극을 쓰고 있다, 진짜 속셈은 비판의 목소리를 잠재우고 싶은 거라고 했다.

그 사람들이 내 얼굴 볼 일은 없을걸, 탈레는 말했다. 나는 더 이상 그 희극에 끼어들지 않을 거야.

나는 딸의 말을 들었다. 머리로는 이해할 수 있었다.

몸을 피곤하게 해서 밤새도록 잠을 푹 자고 싶어서 평소보다 오래 걸었다. 한참 걸은 뒤 집에 와서 벽난로 앞에 앉았다. 내가 걱정했을 거라 생각했는지 아스트리드가 전화해서 엄마는 잘 계신다고 알렸다. 아직 입원 중이고 기력이 없지만 내일 퇴원하고 생일 파티는 계획대로 다음 주에 열린다, 쇠렌과 에바가 왔으면 좋겠다고 했다.

나는 그러지 않을 거라는 말은 못 들었다고 말했다. 엄마가 아주 기뻐하실 거야, 아스트리드는 말했다. 보드의 아이들이 안 올까 봐 얼마나 걱정하셨는데.

보드는 자식들을 이용하고 있어, 그녀는 다시 말했다. 아이들을 이용하다니, 최악의 행동이야! 엄마는 보드의 아이들과 연락이 끊길까 봐 두려워하고 계셔. 엄마는 언제나 그 아이들과 좋은 사이였는데, 보드 때문에 좋던 관계가 다 망가지다니.

나는 오두막이 아스트리드와 오사에게 넘어갔다는 소식을 들었다면 아이들도 진심으로 슬플 거라고 조심스럽게 말했다. 내가 아스트리드의 입장에 완전히 동의하는 것은 아니라고 암시한 것은 그것이 처음이었다. 그녀는 입을 다물었다. 이어 이게 정말 가격 문제라면 얼마든지 다시 평가할 수 있다고 했다. 일을 그렇게 서두른 게 어쩌면 어리석었지. 어쩌면 감정가가 약간 낮은지도 모르겠어. 견적을 두 가지 받아봐야 했는데, 하지만 우린 그렇게 깊이 생각하지 않았어.

나는 적포도주 한 병을 땄다. 술을 마시니 기분이 좀 가라앉아서, 나는 개를 데리고 다시 산책에 나섰다. 아직 눈이 내리고 있었고, 크고 묵직한 눈송이가 얼굴에 내려앉아 녹았다. 나는 곧 흠씬 젖었다. 하늘이 넓었고 별이 초현실적으로 밝게 빛났다. 아니, 어쩌면 와인 때문이었을 것이다. 나는 마음을 정하고 집을 향해 돌아섰다.

온라인으로 보드의 전화번호를 찾을 수가 없어서, 나는 아스트리드에게 전화했다. 그녀는 자기도 갖고 있지 않다고 했다. 바로 어제 통화했다면서? 오사가 갖고 있어, 그녀는 말했다. 오사에게 전화한 다음 내게 다시 알려 줄 수 있느냐고 했더니, 그녀는 마땅찮은 듯 시간이 너무 늦었다고 했다. 알고 보니 그녀는 애당초 번호를 갖고 있었다.

베르기요트야, 이름을 말하자 그는 잠시 침묵을 지켰다. 이어 그는 요즘 내 생각을 많이 했다고 말했고, 이제 내가 잠시 침묵을 지켰다. 그러다 아스트리드와 나눈 이야기를 전했더니, 그는 자기가 이 상황을 어떻게 보고 있는지 설명했다. 슬픈 것 같다, 나는 생각했다. 그는 내가 예전에 보내 주었던, 우리 가족을 닮은 한 가족의 와해와 우리의 유년기를 닮은 다른 이의 유년기를 그린 디스토피아 소설을 언급했다.
바로 그랬어, 그는 말했다.

············

클라라의 집에서 차를 몰아 집에 돌아오면서, 내 심장은 마구 두근 거렸다. 나도 똑같은 상황이라는 걸 눈치챘기 때문에 자기도 유부남을 사랑한다는 말을 한 걸까? 그냥 척 보면 아나? 혹시 아는 사람이 또 있을까? 나는 착하고 품위 있는 남자와 결혼 생활을 하고 있고, 그와 아이 셋을 가졌다. 그런데도 다른 사람, 유부남과 사랑에 빠졌다. 말도 안 된다, 끔찍한 일이다, 어떻게 해야 할까, 있을 수 없는 일이다. 내겐 직장도, 정기적인 수입도 없지만, 어린 아이 셋과 다정하고 부유한 남편이 있고, 그런데도 다른 남자를 열렬히 사랑한다. 끔찍하고, 창피하고, 용서할 수 없는 일이다. 도대체 어떻게 그럴 수가 있는지, 난 어디가 잘못됐기에 이런 짓을 하고 있는지?

클라라는 다음 주에 전화했다. 그녀라는 걸 알았다면 전화를 받지 않았을 것이다. 다시 와 주지 않겠느냐, 책장을 하나 더 샀는데 조립을 못 하겠다고 했다. 가고 싶지 않았지만, 나는 다시 가서 책장을 조립하고 그녀에게 유부남 이야기를 했다. 혹시 그런 게 아닐까 생각했지, 그녀는 그런 건 직감으로 느껴진다고 하면서 내 뺨을 두드렸다. 나는 울기 시작했다. 어떻게 해야 할까?

이후 나 자신의 인생을 이해하기 시작하면서 그제야 깨닫게 된 사실이지만, 내가 그때 경험하고 있었던 것은 지진이 덮치기 전에 선행하는 진동처럼 접근하는 깨달음의 순간이었고, 한 마리 짐승처럼 나는 일이 터지기 전에 미리 감지하고 있었다. 나는 두려움으로 가득 차 있었고, 나를 고통스럽게 찢어발길 진실의 여명 앞에서 전율하고 있었다. 어쩌면 피할 수 없는 일이라면 빨리 찾아오도록, 그래서 빨리 끝나도록 무의식적으로 노력하고 있었는지도 모르겠다.

....

　　12월, 안개는 땅에 깔려 있었다. 어제 내린 눈이 녹아 정원과 도로에는 여기저기 진구렁과 검은 웅덩이가 고여 있었고, 난방이 고장 나서 집 안팎이 다 추웠다.

　　『온 스테이지』 다음 호에 실릴 연극 평을 편집하고 사설을 써야 했지만, 하지 않았다. 대신 보온병에 차를 담고 모직 옷과 장화, 후드가 달린 묵직한 파카를 껴입었다. 제대로 차려입는 것은 언제나 현명한 일이다. 나는 하루 중 이 시간에는 아무도 오지 않는 숲으로 들어가서, 개를 뛰어놀게 풀어 놓고, 쓰러진 나무 등치에 주저앉았다. 때로 봄이나 여름이면 사슴이 보이기도 하고 새와 다람쥐, 개구리가 언제나 돌아다니는 곳이었지만, 오늘은 우리뿐이었다. 행복하게도 상속이나 유년기 따위는 모르는 피도는 킁킁대면서 꼬리를 살랑거리며 나뭇가지와 돌을 풀쩍 뛰어넘었다. 매년 크리스마스 때가 되면 흔히 무대에 올리는 사랑스러운 가족 동화 〈크리스마스 스타〉와 〈호두까기 인형〉에 대해 반어적인 필치로 쓸까? 아니, 그건 안이하다. 목구멍에서 묵직한 덩어리가 부풀어 올랐다.

　　어두워져서 우리는 집으로 돌아왔다. 불을 피우고, 레드와인 병을 따고, 사설 원고를 꺼냈다. 막 일을 시작하려는데, 복잡한 상황에도 불구하고 다시 대화해서 반가웠다는 보드의 이메일이 도착했다. 언제 한번 점심이나 같이 할 수 있을까?

동감이야, 그래, 그렇게 해, 나는 답장했다.

발신 버튼을 누르는 순간, 아스트리드가 전화해서 혹시 보드와 통화했느냐고 물었다. 나는 다음 주에 만나기로 했다고 말했다. 그랬더니 이 소식에 걱정하는 것 같은 느낌이 왔다.

맥을 덮고 잘 준비를 하는데, 클라라가 전화해서 롤프 산베르그가 죽었다는 소식을 전했다.

롤프 산베르그. 엄마의 거창했던 혼외정사 상대. 엄마가 성인 학생으로 공부했던 교육대학 교수. 엄마가 홀딱 반했던 남자. 상대 역시 유부남인데도 불구하고 관계를 시작했던 남자. 롤프 산베르그와의 열정적인 정사는 몇 년 동안 계속되었고, 결국 아빠가 발러의 오두막 서랍장 안 수놓은 손수건 밑에서 엄마가 쓴 연애편지 서두를 발견했다. 어쩌면 엄마가 일부러 눈에 띄도록 놓아 둔 것인지도 모른다. 아빠가 정사에 대해 알기를 바랐는지도, 알게 되면 이혼하고 롤프 산베르그와 결혼할 수 있을 거라고 생각했는지도. 하지만 아빠는 엄마가 기대한 대로 늘 그랬듯 분노와 폭력으로 반응하지 않았고, 롤프 산베르그 역시 엄마의 기대대로 반응하지 않았다. 남편이 편지를 발견했다는 엄마의 말을 듣고, 산베르그는 양쪽이 이혼하는 것보다 한쪽만 하는 게 낫다고 대꾸했다. 엄마는 약과 술을 들고 방에 들어가서 문을 잠갔고, 아빠는 문을 발로 차서 연 뒤 구급차를 불렀다. 엄마는 프레드릭스타드 병원으로 실려 가서 위세척을 받았다.

엄마는 혼자 사는 것도 시도해 보았으나, 수포로 돌아갔다. 아빠가 아파트를 빌려 주었지만, 일주일하고 절반 지난 뒤 아빠 곁으로, 아빠의 조건대로 돌아간 것이다. 그러나 롤프 산베르그와의 만남은 끝나지 않았고, 그를 사랑하는 것도 영원히 끝나지 않았던 것 같다. 엄마가 내게 직접 말했다. 엄마가 롤프 산베르그를 계속 만나고 있다는 것을 아스트리드나 오사가 알면 기겁을 하고 아빠한테 알리고 그쪽 편을 들게 뻔해서, 동생들에게는 말하지 않았다. 엄마는 내가 아빠 입장에서 분노하거나 고자질하지 않을 거라는 사실을 알고 있었다. 그것이 아빠와의 관계에 있어서 아스트리드와 오사, 그리고 나 사이의 차이점이었다.

이후 가족과 연락을 완전히 끊은 뒤 롤프 산베르그의 소식은 듣지 못했지만, 나는 엄마가 언젠가 그와 합쳐지기를 오랜 세월 동안 바랐을 거라고 생각한다. 산베르그의 아내가 죽었을 때, 엄마는 아마 틀림없이 아빠도 빨리 죽어서 롤프 산베르그와 같이 살 수 있기를 바랐을 것이다. 그런데 이제 롤프 산베르그는 죽었고, 엄마는 임종 소식을 듣고 약물을 복용했다. 어쩌면 꿈이 산산조각 났다는 사실을 깨달았기 때문일 것이다.

자정이 지난 시각이었지만, 나는 아스트리드에게 전화해서 롤프 산베르그가 죽었다, 엄마의 약물 과용은 보드의 문자 메시지가 아니라 롤프 산베르그의 죽음 때문일 거라고 말했다. 아스트리드는 초조해지는 것 같았다. 느낄 수 있었다.

　나는 보드에게도 롤프 산베르그가 죽었다, 엄마의 약물 과용은 그가 보낸 문자 메시지가 아니라 롤프 산베르그의 죽음 때문일 거라고 써 보냈다.

....

    클라라와 나 둘 다 이혼할 생각도 없고, 우리를 원하지도 않고, 호
텔방에서 섹스나 원하고, 그럼에도 불구하고 도무지 떨칠 수 없는 유
부남을 사랑했고, 둘 다 불행했다. 클라라는 혼자 살고 있었기 때문
에 나름대로 단점이 있었고, 나는 남편과 세 아이들과 같이 살았기
때문에 그 또한 나름대로 단점이었다. 내가 결혼해서 어린 아이들을
낳은 것은 더 이상 딸이 아니라 어머니가 되고 싶어서였다. 내 인생
을 이해하기 시작하면서 나는 이 사실을 깨닫게 되었다. 이제 나는
남편과 아이들을 속이고 있었고, 수치스러웠다. 클라라는 아무도 속
이고 있지는 않았지만, 돈이 없어서 레나 바에서 야간 웨이트리스로
일하며 근근이 생계를 꾸리고 있었다. 남편은 돈을 많이 벌었기 때
문에 나는 학자금 대출을 받지 않고 공부할 수 있었다. 나는 부정행
위자이자 기생충이었다. 나는 시간이 날 때마다 클라라를 찾아가서
그녀가 바에서 친구로 사귄 정신적으로 불안한 알콜 중독자들, 지적
인 사람들, 돈 없고 비참한 사람들, 사회 부적응자 외톨이들과 같이
술을 마셨다. 생존 기술이라고는 없는 주변부의 낯선 존재들이 언제
나 클라라의 집 문을 두드렸고, 나 역시 사회 부적응자들, 비참한 사
람들과 기꺼이 어울렸다. 나는 어디가 잘못된 걸까? 스스로의 파멸
을 갈구하는 이런 강박적인 충동, 도대체 어디가 잘못된 걸까? 클라
라를 찾아가서 낯선 사람들과 함께 술을 마신 뒤 거기서 밤을 보내고
다음 날 아침 환한 햇살 아래 눈을 떠 보면 지저분하고 망가진 사람

들에 둘러싸여 있었고, 서둘러 집으로 돌아가 아이들과 남편을 끌어안으며 이 크고, 시원스럽고, 깨끗한 집에서 영원히 살고 싶다고, 다시는 떠나지 않겠다고 다짐했지만, 나는 곧 클라라의 집으로, 스스로의 파멸을 향해 다시 이끌려 가곤 했다.

약물 과용 나흘 뒤, 롤프 산베르그의 부고가 신문에 실린 바로 그 날, 엄마와 아빠는 브로테바이엔에서 생일 파티를 열었다. 쇠렌과 에바가 참석한다는 소식을 듣고, 탈레는 분개했다. 도대체 왜 장단을 맞추지? 아무 일도 없었던 척 태연한 얼굴로 조부모님 입장에 맞장구만 치고 있으려고? 세상이 뒤죽박죽인 게 그 때문이지, 사람들이 확실하게 선을 긋지 않기 때문에, 누구의 기분도 상하게 하지 않으려고 부정직하고 위선적으로 행동하기 때문에. 쇠렌과 에바는 도대체 무엇 때문에 브로테바이엔에 가서 그 한심한 연극에 출연하겠다는 거지? 나는 브로테바이엔에 다시는 가지 않겠어, 지금 당장 조부모님한테 전하겠어.

나는 그러지 말라고 말렸다. 탈레가 상속 분쟁에 얽힌다면, 그들은 그저 그녀가 발러의 오두막을 원한다고 생각할 것이다.

생일 파티 날 나는 불안했다. 안전하다는 건 알고 있었지만 마찬가지였다. 대문은 잠겨 있고, 쇠렌과 에바는 성인이니 알아서 처신할 수 있는데도, 아이들이 브로테바이엔을 방문할 때마다 늘 그렇듯 초조했다. 파티 시각이 시시각각 다가오자, 나는 시한폭탄이라도 터질 것처럼 시계를 계속 확인했다. 쇠렌과 에바가 문지방을 넘어 내가 오랫동안 만나지 않은, 더 이상 알아볼 수 있을 것 같지도 않은 내 부모님과 포옹하는 모습이 떠올랐다. 아스트리드와 그녀의 남편과 아이들, 오사와 그녀의 남편과 아이들과 포옹하거나 악수를 나누고 있을 쇠렌과 에바의 얼굴이 떠올랐고, 그 애들이 불쌍했다. 아니, 아이들에게 이입하고 있을 뿐, 정말 불쌍한 건 나 자신일까? 무슨 말을 나누고 있을지 궁금했다. 아마 평범한 인사말과 축하만 오갈 뿐, 상속, 약물 과용, 롤프 산베르그의 부고, 그 자리에 없지만 모두가 의식하고 있을 사람들, 보드와 나, 보드의 아이들 같은 진짜 화제는 입에 오르지 않을 것이다.

시간은 천천히 흘렀고, 나는 무엇을 기다리는지도 모른 채 초조하게 기다렸다. 아이들이 뭐라고 할지는 알고 있었다. 잘 끝났다, 안전한 화제만 나누었다, 서로 사회생활과 학업 소식을 주고받았다. 하지만 불안했다. 매년 크리스마스 전 아이들이 브로테바이엔을 방문해서 선물을 받으면 돌아올 때까지 조바심을 치며 기다려야 했던 것과 마찬가지였다. 이 두려움은 비이성적인 것이었고, 양육 과정으로 인해 남은, 돈과 관계없는 유산이었다. 가족의 일원에서 빠져 연락을 끊었기 때문에, 하지 말아야 하는 일을 했기 때문에, 나이든 부모님을 만나기를 거부했기 때문에, 그런 인간, 비도덕적인 인간이기 때문에 생긴 비이성적인 죄책감이었다. 파티는 6시에 시작했고, 이제 8시, 아이들에게서는 전화가 없었고, 혹시 아직 그 자리에 있을까 봐 내가 먼저 전화하고 싶지도 않았다. 8시 30분, 쇠렌이 전화해서 잘 끝났다, 할머니는 아주 빨리 취했고 할아버지는 그냥 평소보다 더 말 없이 안락의자에 뚱하게 앉아 계셨다고 전했다. 보드와 그 집 아이들은 오지 않았지만, 아스트리드와 오사는 당연히 아이들을 데리고 왔다. 나와 오사는 엄마 아빠와 가까워서 행복하다, 항상 이렇게 같이 좋은 시간을 보낸다, 일주일에 몇 번씩 서로 자주 보고 물론 발러에서도 매년 길고 아름다운 여름을 즐기고 얼마나 좋으냐, 아스트리드는 이렇게 일장 연설을 한 모양이었다.

쇠렌은 약간 침울하게 들리는 목소리로 덧붙였다. 어쩌면 오사와 아스트리드가 '우리'보다 더 많이 상속받는다는 게 놀라운 일은 아니다, 그렇게 할아버지 할머니와 같이 오랜 시간을 보내고 그렇게 자기 부모님을 사랑하지 않느냐.

조부모님에게 자식이 두 명 더 있다는 걸 몰랐다면, 나도 아마 평범하고 행복한 가정이라고 생각했을 거다, 쇠렌은 말했다.

내가 보 셰르벤을 처음 만난 것은 일요일, 노르웨이 시어터의 '북데이' 행사였다. 극장 소속 몇몇 강당에서 그해 가을 신간 낭송회가 열렸고, 현관에는 각종 예술 및 문학잡지 가판이 설치되어 있었다. 문학적 야심을 지닌 레나 바 술친구 중 한 사람이 클라라의 아파트에서 새벽 시간에 기획, 창간한 새 잡지『불가해한 간행물들』도 그중에 자리 잡고 있었다. 클라라는 오후 1시부터 3시까지 가판을 지키기로 했고, 나도 찾아가기로 약속했다. 도착해 보니, 그녀는 극장의 커다란 화분 틈『불가해한 간행물들』이라는 제목이 찍힌 파라솔 아래 서 있었다. 불편한 표정이었다. 자기가 잡지에서 비판한 몇몇 작가들을 적대적으로 마주쳐야 했고, 심지어 한 범죄 작가는 칼로 그녀를 협박하기도 했다. 서평을 쓰는 게 출간하는 것보다 더 재미있었어, 그녀는 맥주가 필요하다고 했다. 그녀가 카페에 간 사이 내가 대신 가판에 서 있는데, 한 남자가 이쪽으로 오더니 잡지 한 부를 낚아채고 계단에 앉아 읽기 시작하다가 커다랗게 한숨을 쉬었다. 제발, 빨리 와, 클라라. 남자는 일어서서 내게 다가오더니 자기가『불가해한 간행물들』에서 특히 불가해한 간행물이라는 평을 받은 시 선집의 번역자라고 했다. 나는 잡지와 아무 관계없는 사람이라고 말했다. 안경을 쓴 키 작은 남자는 안경 테 너머로 나를 쳐다보면서『불가해한 간행물들』의 편집자가 혹시 1920년대 러시아의 정치적인 상황에 대해 아는 바가 있느냐고 물었다. 모른다, 나는『불가해한 간행물들』과 아무 관계가 없다고 다시 말했더니, 그는 그럼 왜 당신이 이 터무니없는 잡지 가판을 지키고 있느냐고 했다. 그리고 혹시 이 잡지 편집자가 1920년대 상트페테르부르크 문학계에서 인기 있던 혁명 사상들에 대해 아느냐고 물었다. 나는 모른다, 아마 편집자도 모를 것 같다고 답했다. 그랬더니 창백하고 심각한 남자는 혹시 편집자가 에세이 작가 이반 예고리예프에 대해 들어본 사람이냐고 물었다. 나는 몰랐다. 제발 빨리 와, 클라라. 그는 『불가해한 간행물들』의 편집자가 러시아 역사나 러시아 시를 읽어보기는 했느냐, 시 선집 『가을 사과』가 어떤 전통에 속한 책인지 아느냐고 물었다. 나는 몰랐다, 클라라도 모를 것 같았다. 제발 빨리 와, 클라라. 진지한 남자는 몸을 앞으로 내밀더니 『불가해한 간행물들』의 백치 같은 평자가 특히 불가해하다고 평한 구절이야말로 정치가 V. G. 코롤렌코의 제4차 공산당 대회 연설을 바꾸어 표현한 핵심 중의 핵심이라고 선언했다. 키 작은 남자는 이제 상당히 큰 목소리로, 내가 번역한 이런 종류의 시 선집을 평하려면 해당 주제에 대해 익숙해질 의무가 있다, 그것이 비평가의 책무다, 평자가 시를 진지하게 받아들이지 않는다면 누가 그러겠느냐고 말했다. 『불가해한 간행물들』에서 『가을 사과』를 평한, 새파랗게 젊은 나이일 것으로 짐작되는 구제불능의 건방진 여자가 자기가 다루게 될 주제에 대해 미리 알아봤더라면 어쩌면 그 선집에서 인생이 바뀔 수 있을 정도로 많은 것을 얻을 수 있었을 것이다. 그는 내 얼굴을 찬찬히 들여다보았다. 당신 인생도, 그는 말했다. 마음이 무거워졌다. 다행히 그때 그가 아는 사람이 나타났고, 그는 잡지를 내려놓고 떠났다. 나는 클라라를 찾아 주위를 둘러보았다. 더 이상 거기 앉아 있고 싶지 않았다. 그때 남자는 갑자기 돌아와서 100크로네만 빌려 달라고 부탁했다. 동생이 찾아와서 카페에서 커피 한잔하자는데, 돈이 없다, 동생을 걱정시키고 싶지 않아서 그렇게 말하고 싶지 않다는 것이었다. 100크로네를 건넸더니, 그는 계좌 번호를 알려 달라고 고집을 부렸다. 다음 주, 이자 10크로네를 합쳐서 110크로네가 내 은행 계좌로 들어왔다.

....

우리는 그랜드 호텔에서 만나기로 약속했다. 내 제안이었다. 워낙 드물게 외출하는 탓에 그냥 생각나는 장소를 불쑥 말해 버렸다. 나는 보드에게 자리를 예약해 주겠느냐고 문자를 보냈다.

가는 길에 엄마가 품위 있게 점심을 먹는 친구들과 함께 쇼핑을 할 때면 항상 그랜드 호텔에서 만나곤 했다는 기억이 문득 떠올랐다. 나도 몇 번 엄마와 같이 쇼핑하러 간 적이 있었다. 굳이 그랜드 호텔이 튀어나온 건 엄마의 기억 때문이었을까? 나는 유년기가 돌아오지 않기를, 내가 유년기로 돌아가는 것이 아니기를, 그 때문에 몸이 떨리는 것이기를 바랐다. 문을 열어 보니 크리스마스를 앞둔 성수기라 식당 앞에 손님들이 줄을 서 있었다. 말쑥하게 단장한 나이 지긋한 사람들이 많았다. 그랜드 호텔을 선택하지 말았어야 했다. 엄마와 친구들을 마주칠지도 모른다. 과연 엄마를 닮은, 내가 기억하는 엄마를 닮은 여자가 구석에 있었고, 나는 돌아섰다. 나가고 싶었다. 그때 그를 닮은 남자가, 내가 기억하는 뒷모습과 뒤통수를 닮은 남자가 눈에 띄었다. 보드, 부르니 그는 돌아섰다. 스무 살 더 먹은 보드였다. 그역시 스무 살 더 먹은 나를 알아보았고, 우리는 서로를 갈라놓는 유산 분쟁이 없는 남매답게 포옹했다. 우리가 아는 한. 그를 아는 여자가 다가왔고, 두 사람은 인사하고 포옹했고, 보드는 나를 여동생이라고, 가장 큰 여동생이라고 소개했다. 이어 침묵이 흘렀다. 줄을 서 있는 동안에는 좀처럼 대화를 시작할 수가 없었다. 우리는 23년 동안 연락하지 않던 사이였다. 마지막으로 서로를 본 것은 그의 큰딸이 견진성사를 받던 날이었다. 오는 길에 생각해 보니 그 이전에 만난 것도 10년 전이었고, 두 번 다 그랜드 호텔 같은 식당이 아니라 공공장소에서 열린 공식적인 행사였다. 그러고 보니 학교를 졸업한 뒤로는 사적으로 이야기를 나눈 적이 한 번도 없었고, 그 이전에도 거의 그런 적이 없었다. 우리 둘 다 가족과 거리를 두었지만, 동시에, 마음이 통해서 그렇게 된 것은 아니었다. 그냥 각자, 따로따로 그렇게 된 것이었다. 1년에 두 번 아스트리드와 연락할 때 보드의 소식을 전해 들었지만, 아이들이 공부를 잘한다는 이야기 정도였지 별다른 내용은 없었던 기억이었다. 요즘은 노스트란의 단독 주택에 살지 않고 파거보르그의 아파트로 옮겼다는 것은 모르고 있었다. 아스트리드는 이런 말을 하지 않았고, 나는 보드가 예약한 자리를 찾는 동안 외투를 맡기고 나온 뒤에야 알았다. 그가 내게 자기 옷까지 선뜻 맡긴 것은 우리가 한때 여동생들과 비좁은 자동차 뒷자리에 함께 끼어 앉던 사이였기 때문이었다. 외투 보관소에 옷을 걸고 나와 보니 그는 식탁에 앉아 있었다. 예전의 아빠를 닮은 모습이었다. 아빠는 많이 늙으셨지, 보드는 말했다. 우리는 커피를 주문했고, 운전해서 왔느냐고 물었더니 그는 트램을 타고 왔다고 하면서 더 이상 노스트란에 살지 않고 파거보르그로 이사했다고 했다. 8년 전에 이사했다는 것을 내가 모른다는 데 대해, 그간 아스트리드가—나와 아스트리드가 계속 연락하고 지낸 것은 그도 알고 있었다—그 말을 안 했다는 데 대해 그는 놀란 것 같았다. 보드는 내가 기억하지 못하는 걸음걸이로, 먼저 뷔

페로 가서 오픈 샌드위치를 갖고 왔다. 이어 나도 뷔페로 가서 오픈 샌드위치를 갖고 왔다. 그렇게 우리는 그랜드 호텔에 같이 앉았다.

알고 보니 오두막 분쟁은 내가 짐작했던 것보다 훨씬 역사가 길었다. 엄마와 아빠는 이미 몇 년 전 아스트리드와 오사에게 오두막을 물려주기로 결정했다. 보드는 이 사실을 자기 딸에게서 들었다. 조부모님을 찾아갔을 때, 아스트리드와 오사가 발러의 오두막을 물려받을 거라는 이야기를 들은 것이다. 보드의 딸은 놀랐지만, 무슨 말을 할 수 있었을까. 꼬마 시절부터 발러에 드나들던, 당황스러움과 실망감을 표현하기에는 아직 어리고 수줍음을 타는 손녀 입장에서. 굳이 어리고 예의바른 손녀에게 말한 이유도 그 때문이었을까, 말대답을 하지 않을 게 분명해서 나중에 그 애도 반대하지 않았다고 말할 수 있으니까? 보드의 딸은 집에 돌아가서 이 소식을 아버지에게 전했고, 보드가 찾아가니 엄마 아빠는 정말로 아스트리드와 오사에게 오두막을 상속하겠다고 했다. 자기들이 하는 말이 얼마나 중대한 일인지 알고 있었을까? 유일한 아들에게, 아이 시절부터 매년 여름을 발러에서 보냈고 부모님과 사이가 아주 불편해지기 전까지 매년 여름 가족을 데리고 오두막을 찾았던, 엄마 아빠가 돌아가시면 형제들도 다시 가까워질 수 있지 않을까 기대했던 아들에게 그런 말이 얼마나 충격일지? 그는 부모님에게 다시 생각해 보시라고 청했다. 부모님은 마음을 굳혔다고 대답했다. 몇 주 뒤 우편으로 오두막은 아스트리드와 오사에게 상속한다, 혹시 두 사람이—예상과 달리—오두막을 원하지 않으면 경매에 붙인다는 점을 명시한 유언장 사본이 날아왔다. 보드와 나는 물려받을 수 없게 되어 있었다.

그들은 우리가 거기 가는 걸 원치 않아, 보드는 말했다.

우리도 아마 진작 그 눈치를 챈 거야. 거기 가지 않은 것도 그 때문이겠지.

보드는 1년 뒤 엄마 아빠에게 편지를 보냈다며 내 앞에 사본을 내놓았다. 필요한 서류까지 모두 첨부해서, 네 자녀들이 오두막 두 채를 공동으로 소유하게 해 달라고 주장하는 우호적인 편지였다. 모두가 발러에 강한 애착을 갖고 있으니까, 수리비와 유지비도 공동으로 부담할 수 있으니까, 더 많은 사람들이 오두막에서 혜택을 얻을 수 있으니까, 대지도 넓으니 언젠가 새 오두막도 지을 수 있으니까.

부모님은 이미 마음을 정했다고 답했다.

그러자 보드는 아스트리드와 오사에게 편지를 써서 같은 주장을 펼쳤고, 두 사람은 재산을 어떻게 처분할 것인지 결정하는 것은 순전히 엄마 아빠한테 달린 문제라고 답했다. 이 문제에 대해 보낸 마지막 편지에서, 보드는 발러가 자신에게 가장 행복한 기억이 있는 곳이라고 썼다. 왜 네 자식들이 각자 오두막 절반씩 가지면 안 되나? 복잡할 이유가 없지 않나, 그는 썼다. 동기끼리 공동으로 오두막을 상속한 친구도 여럿 있지만, 대체로 문제가 없었다. 다시 생각해 보시라고 부탁드립니다. 언젠가 부모님이 세상을 떠난 뒤에 오두막 절반을 갖게 된다는 것은 저와 제 아이들에게 많은 의미가 있습니다. 마지막으로 그는 엄마 아빠가 자기 아들과 그 자식들보다 사위가 발러에 오는 것이 더 좋은 이유를 모르겠다고 덧붙였다.

　답장은 없었다. 그가 할 수 있는 일도 없었다. 부모님은 전적으로 자기들 마음대로 할 권리가 있다. 하지만 정말 자기들이 무슨 짓을 하는지 알고 있을까? 자기들이 상처를 칼로 헤집는 고통을 주고 있다는 걸? 아스트리드와 오사는 자기들의 묵인하에 부모님이 하는 일이 어떤 결과를 낳을지 이해하고 있나? 보드와의 관계에 영향을 끼칠 거라는 걸 모르는 건가? 부모님은 자식 넷의 관계가 변하지 않고 그대로 유지될 거라고 생각하나? 정말 부모님은 보드와 그의 자식들, 나와 내 자식들이 발러의 오두막을 절반씩 갖지 않기를 바라는 건가? 보드는 이미 결정이 끝난 문제라는 것을 모른 채 정중하게 요청했고 자기 입장을 전달했다. 엄마 아빠는 친아들과 그의 가족보다 사위들과 함께 휴가를 보내는 것이 더 좋은 모양이다. 크리스마스나 부활절, 가족의 생일 파티에 보드와 그의 아이들, 나와 내 아이들을 보고 싶다고 하면서도, 발러에서는 보고 싶지 않은 거다. 반면 아스트리드와 오사와는 아무 불화가 없으니 그들과 남편들, 아이들은 발러든 어디든 같이 있어도 좋은 모양이다.

　엄마와 아빠, 아스트리드, 오사는 오두막을 아스트리드와 오사가 갖는 걸로 결정하고 계획대로 밀고 나갔다. 공모한 거다. 보드는 결정을 바꿀 수 있을 거라고 생각하고 헛되이 간청했다. 가족 몇몇만 상황을 알고, 다른 사람들은 모르고 있었다. 분명 이건 불공평한데도, 부모님과 아스트리드, 오사는 아무 일 없는 척하고 있다. 그러고 보니 아스트리드가 이 일을 내게 한 번도 언급하지 않았다는 것도 이상

하지 않나?

파국이 다가오고 있는데, 몰라서 저러는 걸까, 알지만 개의치 않고 그저 소동이 지나가기만을 바라는 걸까?

보드는 발러의 오두막을 물려받지 못한다. 그는 그 사실을 받아들 여야 했고, 이미 받아들였다. 하지만 망가진 감정만은 돌이킬 수 없 었다.

여름이 지난 8월에 보드는 인사차 잠시 브로테바이엔으로 부모님 을 찾아갔다. 엄마는 아빠가 너무 늙어서 오두막 보수 작업이나 풀 깎기, 잡초 뽑기같이 예전에 하던 일들을 더 이상 못한다, 그래서 오 래된 오두막은 아스트리드에게, 새 오두막은 오사에게 이미 소유권 을 넘겼다고 말했다. 자기가 오두막을 못 받게 된다는 사실을 받아들 인 보드는 오두막 가격을 물었다. 엄마가 액수를 말하자, 보드는 일 어나서 밖으로 나갔다. 그것이 마지막 지푸라기였다. 터무니없이 낮 은 액수였다. 용의주도한 편애였다.

부모님은 보드와 내가 법적으로 최대한 적은 보상을 받기를 바랐 다. 의도적인 행동이었고, 아스트리드와 오사는 그저 지켜보고만 있 었다. 입장이 반대였다면 두 사람은 어땠을까? 둘 다 자식이 둘씩 있 는데, 언젠가 자기 자식들에게도 같은 짓을 할까. 이제 물려받게 된 오두막을 둘 중 하나에게만 물려줄까? 아니, 그럴 리가 없다. 오두막 을 물려받지 못하게 된 하나에게는 끔찍한 일이고, 부모님이 자기를 덜 사랑했다고 느낄 테니까.

보드가 나갈 때, 엄마는 뭐라도 받는 걸 다행이라고 생각하라고 외쳤다.

우리 둘 다 뭐라도 받는 걸 다행이라고 생각해야 하는 모양이다. 3년 전 크리스마스에 처음 들었던 유언장, 읽을 수 있도록 보드가 보내 달라고 했던 유언장은 언제든지 수정할 수 있는 문서고, 지금까지 존재한다 해도 이미 수정되었을 수도 있으며, 사실상 유효한 유언장이 없을지도 모른다. 그렇다면 그냥 오래된 오두막은 아스트리드에게, 새 오두막은 오사에게 선물로 넘긴 것으로 봐야 한다. 우리, 나란히 발음하기도 쉬운 보드와 베르기요트는 아무것도 못 받을 위험에 처해 있다.

부모님이 이렇게까지 노골적인 편애를 드러냈다는 데, 아스트리드와 오사가 조금의 망설임도 없이 이 부당함을 받아들이고, 동기 사이가 망가지고 보드가 무시당했다고 느끼고 불쾌해할 수도 있으니 그러지 마시라고 부모님을 설득 한 번 하려 하지 않았다는 데, 보드는 분한 기색이 역력했다. 아무도 그의 감정에 신경 쓰지 않고 적절한 대접을 할 생각조차 하지 않았으니, 당연히 그랬다. 보드는 여러 번 잔 주먹을 얻어맞다가 결정적인 한 방을 맞고 나가떨어진 상태였다. 나 역시 마찬가지였다. 여러 번 잔 주먹을 얻어맞다가 15년 전 결정적인 마지막 한 방에 연락을 완전히 끊기로 결심했던 것이다.

············

1999년 3월 13일, 보그스타드바이엔의 나르베센 가판대에서 있었던 일이었다.

그날까지만 해도 아주 오랫동안 나는 내가 없으면 조부모님과 이모, 외삼촌, 사촌들을 만나지 못하게 될 아직 어린 아이들을 위해서 가족과 연락을 유지하려고 노력하고 있었다. 그래야 엄마도 내 양심을 건드리고 쿡쿡 찌르는 짓을 하지 않았다. 하지만 겉으로 나를 사랑하는 척하는 사람들을 정중하게 대하려니 피곤했다. 로마에서 엄마에게 단순한 우편엽서 한 장을 써 보내면, 곧장 크리스마스에는 꼭 내 얼굴을 보고 평범한 가족처럼 크리스마스를 축하하고 싶다는 편지가 날아왔다. 그러면 나는 아무렇지도 않은 사람 취급을 받는 것이 분하고 히스테리컬해져서 감정을 추스를 수가 없었다. 절대 모든 것이 다시 평범해질 수는 없다, 우리는 평범하지 않다, 그토록 설명하고 또 설명했건만 그들은 듣지 않고 듣고 싶어 하지도 않았다. 우리가 어떻게 평범한 가족처럼 크리스마스를 축하하나? 생각만 해도 구역질이 치밀어서 전화를 걸었고, 아무도 전화를 받지 않았다. 나는 크리스마스 따위 기대하지 않는다, 가족들을 보고 싶지도 않다, 다시 얼굴을 본다는 생각만 해도 끔찍하고 역겨워서 견딜 수가 없다, 당신들과 같은 방에 있는 것은 육체적으로 불가능한 일이다, 이런 매몰찬 메시지를 남겼다. 그래도 다음 날 아침이 되면 화가 나서 공격적으로, 과도하게, 자제하지 못하고 유아적인 감정을 터뜨린 것이 부끄러워졌고, 나는 아스트리드에게 전화해서 브로테바이엔에 가서 내가 남긴 메시지를 지워 달라고 사정했다. 하지만 아스트리드는 떨리는 목소리로 아니, 이미 들었다고 대답했고, 그러면 나는 부모님이 심란하고 불쾌하시겠구나, 나이 많은 부모님의 마음을 어지럽히다니 아스트리드는 나를 얼마나 한심하게 생각할까 하는 생각이 들었다. 게다가 나 역시 기분이 나빴지만, 아스트리드가 내 감정도 배려해 주기를 바라는 마음이 있었는데 그러지 않았기 때문에 불쾌하기도 했다.

그날 늦게 나르베센 가판대에서 클라라를 만나 이런 감정을 쏟아붓자, 그녀는 영원히 연락을 끊어야 한다고 말했다. 만나지 말아야 한다고.

그래도 될까, 나는 흐느꼈다. 그럼, 그녀는 말했다. 많은 사람들이 그렇게 해. 다시는 그들을 보지 않아도 된다고 생각하니 순간 안도감이 밀려왔다. 다시는 그들을 상대하지 않아도 되고, 눈물과 비난과 협박에서 놓여날 수 있고, 변명을 만들어 내지 않아도 되고, 끊임없이 나를 방어하거나 설명하고도 이해받지 못하는 일도 없을 것이다. 연락을 끊다니, 그런 선택이 있기나 할까? 그럼, 클라라는 말했다. 뭐라고 말하거나 편지를 쓰지 않아도 돼, 그냥 마음만 먹으면. 나는 이미 마음을 먹었다. 이제 그들을 만나지 않겠어, 나는 보그스타드바이엔의 나르베센 가판대 밖에서 그렇게 결정했다.

엄마는 시도했다. 아스트리드도 시도했지만, 나는 침묵을 지켰다. 결국 그들은 포기했고, 세월이 흘렀고, 그러다 아스트리드가 특별한 날마다 다시 시도하기 시작했다. 엄마가 수술을 받으셨어. 엄마가 수술을 받을 예정이야, 언니도 알고 있어야 할 것 같아서. 그것으로 모든 것이 변했다는 듯. 내가 이제 그들에게 연락해야 한다는 뜻이라는 듯. 병을 고려하면, 죽음을 고려하면, 나도 입장을 바꿀 거라는 듯. 그런가? 아니, 이런 문자 메시지는 얼른 잊어버리면 된다. 다음 날 우연히 메시지를 다시 읽었을 때는 정말 잊어버린 것이 기뻤지만, 이어 이런 나 자신의 반응에 의문이 일었다. 이런 메시지가 스스로를 의심하게 할지도 모른다는 두려움이 마음 한구석에 늘 있었던 걸까? 그랬는지는 몰라도, 그런 의심은 생기지 않았다. 나는 기뻤다. 성공적으로 연을 잘라 버렸다는 것이, 40년 이상 내 안에 그렇게 강력하게 도사리고 있던 비난하는, 위협하는, 실망하는 목소리들을 잠재웠다는 것이 기뻤다. 나는 유감스러운 소식이다, 수술이 잘 되고 엄마가 빨리 회복하시기를 바란다고 답문을 보냈다. 아스트리드가 이 정도로 충분하지 않다고 생각한다는 것을 나는 곧 깨달았지만, 더 이상 어떻게 하나? 전화해서 뭐라고 말하지? 병원에 가서 엄마를 끌어안으라고? 병원으로 차를 몰고 가서 엄마 침대 옆으로 다가가는 장면을 상상했더니, 내 안의 모든 것이 저항했다. 그 감정을 되새기려고 다시 상상했지만, 내 안의 모든 것이 얼마나 거세게 항의하는지. 불가능했다. 나는 전적으로 동정 가득한 태도로 엄마를 만날 만큼 얼굴이 두껍지 않았다. 침대 옆에 앉아서 손을 잡고 사랑한다고 말할 수가 없었다. 사랑하지 않았으니까. 한때는 엄마를 사랑했다. 한때 너무나 가까웠고 의지했던 내 엄마였지만, 그런 감정은 과거일 뿐, 이후 일어난 일들 때문에 다시는 되살릴 수 없었다. 엄마에 대해 사랑도, 그리움도 느낄 수 없었고, 내게 이렇게 사랑과 그리움이 없다는 점을 가족들이 성격적인 결함으로 본다는 것도 알고 있었다. 이것은 내가 정당화하고 방어해야 할 문제였다. 아스트리드가 내게 "언니도 알아야 할 것 같아서" 같은 문장이 들어가는 메시지를 보낼 때마다, 나는 이런 점을 정당화하고 자신을 방어했다. 때로 분노의 메시지를 보내기도 했다. 아스트리드는 이것이 마치 의지력 문제라는 듯, 그냥 얼굴을 보이고 예의 바르게 대화하자고 마음만 먹으면 되는 문제인 듯 취급했기 때문이었다. 하지만 다음 날 아침 격한 메일을 보내서 미안하다고 수치심에 가득 차서 다시 써 보내면, 아스트리드는 그 이메일은 읽지 않고 삭제했다고 답하곤 했다. 내가 보낸 메일을 읽지도 않고 삭제했다니, 그건 그녀의 권리이고 이해할 수 있지만, 그렇다고 그 내용을 상대조차 하지 않았다니, 내가 제시한 이유를 언급조차 하지 않고 그 어마어마한 분노가 어디서 오는지 생각하려 들지도 않는다니, 거부당한 기분과 실망감이 드는 것은 어쩔 수가 없었다. 언니도 알아야 할 것 같아서. 계속 의식하고 있으라고, 전화를 걸거나 병원에 나타나라고, 그런 뜻이다. 그래서 나는 전화하지도 않았고 병원에도 가지 않았고, 내가 그들이 생각하는 그런 인간, 이기적이고 파괴적인, 무정한 딸이라는 사실을 다시금 입증했다. 언니도 알고 있어야 할 것 같아서, 언니가 얼마나 나쁜 사람인지 깨달으라고. 이렇게 나를 다시금 가족의 골칫덩어리 역할로 밀어붙이면, 나는 심란해졌다. 할 수가 없는걸! 다리가 움직이지를 않아! 모르는 번호에서 전화가 올 때마다 혹시 엄마 아닌가 싶어서 펄쩍 뛰곤 했다. 결국 나는 미리 확인하고 안 받을 수 있도록 전화번호를 찾아서 저장해 두었다. 병에 걸렸다면 정말 전화를 걸지도 모른다. 설마 아픈 사람, 죽어가고 있을 수도 있는 사람을 무시할 정도로 잔인한 인간은 아니겠지?

게다가 어찌 병원까지 간다 해도, 다리가 움직여 준다 해도, 병원 침대 옆에서 내가 하는 모든 말은—병문안 자리에서 부적절하니 격하게 쏘아붙일 수는 없다—회한으로, 그들의 요구가 타당했고 내 행동이 부당하고 악했다는 점을 인정하는 것으로 해석될 것이다. 그러니 불가능한 일이었다. 왜 오로지 나 자신을 배신하러 거기 가는가?

그러나 진정 내 안에 있는 그들의 목소리를 잠재우는 데 성공했다면, 그 목소리가 이제 내게 정녕 아무런 힘이 없다면, 병원에 가서 선의의 거짓말 정도 얼마든지 할 수 있어야 하지 않나? 엄마하고 병원 잡담이나 나누고 끝내 버리자. 엄마가 이제 정말 중요하지 않다면, 더 이상 아무 의미가 없는 인간에 대해 무엇 때문에 굳이 정직하고 싶은가? 왜 그냥 엄마가 원하는 것을, 가족이 원하는 것을 줘 버리지 못하나? 엄마가, 가족이 내가 반성한다고 생각하도록 거짓말 한마디 해 주지 못하나? 더 이상 내게 중요하지 않은 인간에 대해 왜 이렇게 고집을 부리고 있을까? 살면서 수많은 거짓말을 했으면서, 하나 더 한다고 뭐가 달라지지? 왜 그냥 병원에 가서 판에 박은 인사말이나 늘어놓고 모든 곤란한 상황에서 해방되지 못하지? 아, 그럼 어쨌든 곤란한 상황은 맞다는 거군, 그렇지? 아니야! 선택의 여지가 없었다. 그렇게 할 수 없다는 것을 알고 있었다. 나라는 사람은 얼마나 나약한지, 얼마나 깊은 감옥에 갇혀 있는지.

병원에 가서 속마음을 털어놓는 건 어떨까? 가서 말하는 거다, 원칙을 지키겠다고, 나는 후회하지 않는다고, 작별 인사를 하러 왔다고. 안 돼! 그건 불가능하다! 왜? 할 수가 없어! 철학자들, 필요할 때 당신들은 어디 있는 거지? 가족들을 다시 보지 않겠다는 결정, 감정적인 학대를 거부하겠다는 결정을 마음속으로 다시 내리고 연을 끊으려고 노력했지만, 1999년 보그스타드바이엔의 나르베센 가판대에서 결단을 내렸을 때 느꼈던 안도와 편안함은 경험할 수가 없었다.

어쩌면 그건 단순한 연기였을까, 해결할 수 없는 문제를 잠시 유예한 것에 지나지 않았나? 엄마가 죽기 전에 나를 보고 싶다는 말을 하지 않았다 해도, 어머니가 돌아가시면 아스트리드가 내게 연락할 것이고 나는 장례식, 혹은 그 이전에 가족들을 보아야 할 것이니 말이다. 분명 안 갈 수는 없겠지, 아니, 그래도 되나? 오랫동안 연락 없이 살았으니 가족들도 나를 무시하거나 탐탁잖다는 태도를 보일 것이다. 오랜 세월 동안 보지 못했던, 이제 알아볼 수도 없을 것 같은 아빠도, 그간 무슨 이유에서인지 몸이 좋지 않았다는 아빠도 거기서 슬퍼하고 있을 것이다. 나는 위로할 수도, 한마음으로 참여할 수도 없는, 그저 외부인으로 남겠지. 내가 내린 선택이었지만 내게는 진정한 선택의 여지가 없었고, 이제 그 선택의 결과를 내가 감당해야 한다. 하지만 이건 그들에게도 불편한 일 아닌가? 도대체 왜 계속해서 나를 귀찮게 하는 걸까? 내 존재가 그들에게 왜 중요한 거지? 그들에게도 불편하긴 하지만 내게 더 불편한 일이다. 그런 걸 원하는 걸까? 내가 부모님을 속상하게 했고 그 뒤처리를 자기들이 해야 했으니, 이제 내가 외톨이로 당혹스러워하는 모습을 바라보고 그간 쌓인 공격성을 표출할 수 있는 기회를 원하는 것일까?

아니면 의식적으로든 무의식적으로든, 자기들도 나처럼 족쇄를 풀고 달아나고 싶었기 때문에 내게 화가 나고 미운가? 내가 부모님의 억압에서 탈출해 버려서 자기들은 그러기 어렵게 되어 나에게 분한 마음을 품고 있기 때문에?

미국으로 이민이라도 갈까. 배를 타고 세상을 떠돌아다니다가 일이 생겼을 때 바다 한복판에 있는 거다, 그러다 모든 것이 다 끝난 뒤 어느 항구에서 이메일을 받는 거다. 바다가 우리의 작은 삶들을, 우리의 작은 죽음들을 보다 넓은 시각에서 바라보도록 해 주겠지.

하지만 혹시 성장과 해결의 기회가 있는데 도피하는 것은 아닐까? 깨달음의 순간이 다가온 거라면, 나는 자문했다. 어쩌면 이것이 바로 그 순간이 아닐까, 도전이 아닐까. 여기 맞서지 않는다면, 어쩌면 나는 가장 중요한 교훈을 영원히 얻지 못하고 적당히 노력했다가 쉬운 해답에 만족해 버린 인간으로 남을지도 모른다.

쉽지 않았어, 나는 항의했다. 투쟁이었어, 고통이었다고! 하지만 아직 끝나지 않았다면, 어쩌면 이것이 경주의 마지막 과정이고 지금 포기해서는 안 될 수도 있다.

　나는 언니도 알아야 할 것 같아서 보냈다는 아스트리드의 메시지를 거듭 읽느라 밤새도록 잠을 이루지 못했다. 화해하라고, 용서하라고? 하지만 사람들이 인정하기조차 거부하는 것을 내가 용서할 수는 없지 않나? 그들이 인정할 수 있을 거라고 생각하나? 억누르고 부정하기 위해 그토록 에너지를 쏟아부었던 바로 그 점에 대해 진실을 받아들일 거라고? 정말 그들이 나와 화해하기 위해 공공연한 비난을 감수할 거라고 생각하나? 아니, 그들에게 나는 그 정도의 가치가 없다, 그들은 여러 번 그 점을 매우 분명히 했다. 하지만 내 앞에서만이라도 인정하라고 해 볼까? 내게만 인정해도 된다, 다른 사람들에게 절대 말하지 않기로 약속한다고 부모님한테 편지를 보내 볼까? 아니, 그것도 불가능할 것이다, 확실했다. 두 분 사이에서는 존재조차 하지 않는 일, 서로 이야기한 적도 없는 일이니까, 평판을 지키고 어느 수준의 자존감을 유지하기 위해 그렇게 공모했으니까. 그들은 자기들이야말로 큰딸의 거짓말과 잔인함의 피해자라는, 깨뜨릴 수 없는 무언의 협약을 오래전에 굳게 맺었고, 사람들이 그 입장을 믿는 한 연민과 동정, 배려를 받을 수 있었다. 그 협약 없이 그들은 살아남을 수 없었고, 거기서 양분을 얻었다. 만약 내 앞에서 진실을 인정했다면, 아무리 그것이 우리 셋 사이의 비밀로 남았다 해도, 자기들이 피해자라는 공적인 이미지에 발맞추는 것이 더 힘들었을 것이다. 그들은 동정받아야만 했다. 실제로 내가 그들을 동정했던 시절도 있었다. 자기들 손으로 만든 문제를 짊어지고 있으니까, 나는 건강하고 아직 인생을 절반밖에 살지 않은 데 비해 그들은 아픈 노인, 아마 곧 죽을 사람이니까. 너도 언젠가 죽을 거야, 나는 나 자신을 위안하려고 말했다. 내일 당장 죽을지도 몰라, 나는 결의를 굳게 하려고 말했다. 도대체 왜 내게 신경을 쓰는 거지, 나는 하늘을 향해 외쳤다. 원하는 게 뭐야, 나는 어둠을 향해 외쳤다. 하지만 사실, 그들은 신경 쓰지 않았다. 오랜 세월 그랬다.

이틀 뒤 아스트리드에게서 엄마의 검사 결과가 모두 양호하다는 문자 메시지가 왔다. 완전히 건강을 회복하실 거고, 벌써 많이 좋아지셨다. 아빠도 마찬가지다. 나는 잘됐다, 대신 안부 전해드리라고 답장을 썼다. 나는 내 생활로 돌아갔다.

한 달 뒤 아스트리드가 전화했다. 쉰 살 생일이 얼마 남지 않았는데, 손님들을 많이 초대해서 파티를 열 계획이다, 언니도 만나면 즐거울 사람들이라고 했다. 그녀는 내게 날짜를 알렸고, 마침 나도 일정이 없었다. 잘됐네, 그녀는 잠시 사이를 두었다가 부모님도 오실 거라고 했다. 성대한 파티를 좋아하시잖아, 그녀는 말했다. '마지막'이라는 단어는 입에 올리지 않았지만, 둘 다 알고 있었다.

그녀는 뭔가 변했다고 생각하는 것 같았다. 비록 엄마가 수술을 받을 때 내가 병원을 찾지는 않았지만, 빨리 회복하시기를 바란다고 인사를 전한 걸 보니 아마 언제라도 돌아가실 수 있다는 걸 깨달은 모양이다. 그러니 내 마음이 바뀌었을 거라고 생각한 듯했다. 아스트리드에게는 그저 추상적인 장면이겠지, 나는 생각했다. 하지만 내게는 너무나 생생한 현실이었다. 부모님이 있는 방에 들어가서 악수를 나눈다? 포옹한다? 무슨 말을 하면서? 다른 사람들은 그 세월 동안 정기적으로 서로 만났으니 같이 있는 게 편하겠지만, 나는 가족의 골칫덩어리가 되기로 작정하고 거리를 둔 사람이었다. 그냥 불쑥 들어가서 미소를 지으며 "안녕하세요" 인사하라고? 세상을 서로 다르게, 서로 배타적인 방식으로 바라보는 사람들을 향해서, 나라는 인간을 직조한 재료를 부정하는 사람들을 향해서. 아스트리드는 내가 왜 그런 결정을 내렸는지, 그것이 얼마나 깊은 이유에서였는지 전혀 이해하지 못하는 걸까? 그녀는 그것을 마치 단순한 변덕인 양, 일시적인 유행인 양, 정말 중요한 일이 생기면 얼마든지 옆으로 밀어둘 수 있는 유치한 반항심의 결과인 양 이야기했다. 내가 "정신을 차리면" 시각을 바꾸는 지적인 결단을 내릴 수 있을 거라니, 오랜 세월 드나들지 않았던 아스트리드의 집, 엄마와 아빠는 늘 드나들던 집에 들어서서 그들을, 부모님을 바라본다는 생각만 해도 내가 어떤 육체적인 공포를 느끼는지 이해할 수 없는 걸까? 아스트리드나 다른 대부분의 사람들에게 부모님은 그저 무해하고 연약한 노인일 뿐이겠지만, 내게 그들은 그 손아귀에서 벗어나기 위해 수년 동안 정신과 상담을 받아야 했던 거인이었다. 그게 문제일까? 아스트리드는 구부정하고 희끗희끗한 노인들을 어떻게 두려워할 수 있는지 이해하지 못하지만, 나는 공항에 갈 때마다 그들을 우연히 마주칠지도 모른다는 두려움에 떨었다. 나는 무엇이 두려운 것일까, 공항으로 가는 기차 안에서 나는 자문했다. 공포증을 치료할 때처럼 그들을 목격하고 맞닥뜨리는 상상도 억지로 해 보았다. 공항에 갔는데 두 분이 탑승 수속 줄에 서 있다면? 두려움이 오싹 엄습했다! 그래, 그러면 어떻게 하지? 그냥 똑바로 지나칠까? 아니, 쉰 살 넘은 여자가 탑승 수속 줄에 서 있는 자기 부모님에게 인사 한 마디 못 하고 그냥 피해 간다는 것은 멍청하고 치기 어린 짓이다. 멈춰서 어디로 가시는지 물어보고, 부모님이 대답하고 내게 어디로 가는지 물어보면 알려 주고, 딱딱하게 미소 짓고 안전하게 비행하시라고 덧붙이고 싶었다. 단순하고 직접적인 대화, 거의 '평범한 가족'처럼 처신하는 것은 어쩌면 쉬울지도 모르지만, 아니야! 그러고 나면 나는 화장실에 가서 문을 잠그고 부들부들 떨며 변기에 주저앉아 내 항공편을 놓치는 한이 있어도 부모님이 확실하게 이륙할 때까지 기다릴 것이다. 나아진 것이 없다는 것이 우울했다. 과거에 쫓기는 것이 싫기 때문에 오히려 과거가 더 끈질기게 나를 따라다닌다는 것이, 과거로 돌아가고 싶지 않은데 이렇게 다시 와 있다는 것이! 어른이 되고 싶었고, 침착하고 평정하고 싶었다. 나는 아스트리드의 생일 파티에 가지 않기로 했다. 변명을 둘러 대고 잊어버리기로 했다. 하지만 그럴 수 없었다. 부모님이 초대되지 않았다면, 나는 아마 동생의 동료들을 만나기 위해 생일 파티에 갔을 것이다. 흥미진진하고 재미있는 사람들, 어쩌면 내게 도움이 될 사람들일 것이다. 이건 나의 손해였다. 꺼리는 것이 있고 트라우마가 남아 있어서 내게 이익이 될지도 모르는 뭔가에 다가가지 못한다는 것. 모두 그놈의 유년기 때문에. 나중에 묘비에 써야겠다. 모두 그놈의 유년기 때문에. 쉰 살이 넘었는데도, 나는 아직 어린 아이처럼 부모님의 권위에 대한 공포에 시달리고 있었다. 한데 동기들은 이제 떨쳐 버린 것 같았다. 혹시 아스트리드는 나도 이제 유년기에서 자유로울 거라고, 트라우마와 부모님에 대한 공포는 해소했을 거라고 생각하고 모두를 초대한 걸까? 어쩌면 내가 병원을 찾지 않은 것은 그저 습관일 뿐이라고, 이제 바뀔 때가 되었다고 생각했는지도 모른다. 그렇다면 이 초대는 아스트리드의 칭찬으로 볼 수도 있을 것이다. 그녀는 내가 실제보다 더 많이 나아졌다고 생각하는지도 모른다. 이제 부모님이 있든 없든 미소 지으며 모임에 나타날 수 있을 거라고, 두 분이 나를 어떻게 생각하든 더 이상 신경 쓰지 않는다고 생각하는지도.

나는 생각해 보겠다고 했다. 다른 생각은 하지 않았다. 숲의 공허 속에서 한참 산책하는 동안, 아무도 접근할 수 없는 다른 대륙에 있다고 상상했다. 스스로를 단절하면 아무도 내게 접근할 수 없다, 나는 자신에게 말했다. 나는 누구인가. 어떤 인간이 되고 싶은가. 어떤 잣대로 스스로를 재단하는가.

가장 큰 잣대에 따라?

조용한 토요일 오후 화창한 가을 햇살 속에서 아스트리드의 생일 파티에 참석하기 위해 낯익은 거리를 걷는 내 모습이 떠올랐다. 나뭇가지에 매달려서 무르익은 사과, 울타리 너머 묵직한 까치밥나무 관목, 웅웅거리는 호박벌, 갓 자른 향긋한 잔디 냄새. 나는 그 냄새, 대지의 풍성한 선물을 감사하게 들이마신다. 평온하게, 나는 초인종을 누르고 동생의 집에 들어간다.

과연 그 지점에 도달할 수 있을까? 아니. 간절히 자유로워지고 싶었지만, 나는 갇혀 있었다. 간절히 강해지고 싶었지만, 약했다. 심장이 쿵쿵거렸고, 어떻게 진정시켜야 할지 알 수 없었다. 나는 땅에 무릎을 꿇고 앉아 무릎에 얼굴을 대고 흐느꼈다.

그것이 3년 전이었다.
너무나 긴 여정이었다.
보드는 그 여정의 어디쯤에 있을까, 보드의 여정은 나의 여정과 어떻게 다를까.
고풍스러운 식당에 조용히, 어색하게 마주 앉아 있는 동안, 그에게 물어볼 수는 없었다.

그래서 나는 클라라와 내가 탈레와 그 친구들을 데리고 발러의 옛 오두막에 갔던 이야기를 했다. 오래전, 아이들을 위해 아직 미미하나마 가족과 연락하던 때였다. 음악을 틀고 춤을 추고 있었는데, 엄마가 나타나더니 아이들에게 엑스터시라도 먹였느냐고 내게 물었다.
보드는 웃었고 나도 웃었지만, 그 당시는 웃을 수가 없었다. 엄마는 정말 내가 아이들에게 마약을 줬을 거라고 생각하나? 충격으로 말이 나오지 않았지만, 상황을 파악한 클라라가 엄마에게 앉으시라고 권하고 와인 한 잔을 건넸다. 그녀는 엄마가 그저 함께 어울리고 싶었을 뿐이라는 것을 알아차렸던 것이다. 새 오두막에 앉아 있다가 흥겨운 소리가 들렸고 같이 어울리고 싶어서 왔을 뿐. 자신도 미처 깨닫지 못했겠지만, 엄마가 원한 것은 그것이었다. 클라라가 의자와 와인을 권했고, 엄마는 잠시 앉아 있다가 취해서 비틀거리며 캄캄한 새 오두막으로 돌아갔다. 불쌍한 엄마. 아빠와 같이 새 오두막에 갇혀 있다가 옛 오두막에서 흥겨운 소리가 나오는 것을 듣고 어울리려고 왔는데, 자기 자신도 그 사실을 이해하지 못하고 같이 어울리고 싶은 욕구를 질책으로 표현하다니. 아이들에게 엑스터시를 먹였니?

하지만 나도 방어적인 입장이었기 때문에 그 점을 깨닫지 못했다.

나는 보드에게 아스트리드의 쉰 번째 생일파티에 갔느냐고 물었다. 그는 가지 않았다. 초대는 받았지만, 그때 외국에 있었다. 나는 나도 초대받았지만 엄마와 아빠도 온다고 해서 가지 않았다고 했다. 그들이 두렵다, 엄마와 아빠를 생각하면 무섭다고 말했다. 무서움은 아니야, 보드는 말했다, 강렬한 반감이지.

무서움과 강렬한 반감이지, 나는 말했다. 우리는 미소 지었다.

나는 그에게 탈레는 브로테바이엔의 가족을 더 이상 만나려 하지 않는다, 겉치레를 거부했다고 전했다. 탈레와 그 가족이 어느 여름 주말 다른 부부 한 쌍과 발러의 옛 오두막에서 지냈던 이야기도 했다. 남자들은 배를 타고 나갔고, 엄마와 아빠가 인사하러 들렀다가 남자들은 어디 갔느냐고 물었다. 배를 타러 나갔다고 하니, 엄마는 히스테리컬해지면서 비가 오고 바다에 파도가 심하다, 이미 날도 기울었고 안개도 짙고 물은 차다, 혹시 빠지기라도 하면 죽을 거다, 이미 죽었는지도 모른다고 했다. 그러니 탈레도 초조해져서 어떻게 해야 할지 알 수가 없었다. 엄마의 초조함, 언제나 최악의 상황을 상상하는 신파적인 감정 표현이 그녀에게도 전염되기 시작했다. 아빠는 남자들이 자기에게 물어 보지도 않고 배를 끌고 나갔기 때문에 또 다른 이유로 화가 나 있었다. 어쨌거나 배와 오두막의 주인은 자기인데 손님들이 마음대로 사용하면서 전혀 자신을 존중하지 않았다는 것이었다. 집주인들의 너그러움을 빌려 거기 머물고 있던 탈레는 화 난 두 사람 앞에서 할 말이 없었다. 엄마는 그녀에게 같이 부두로 나가 보자고 했다. 압도적인 공포에 끌려 다니는, 자신이 만들어 낸 신경과민의 포로. 엄마의 공포는 주위에 전염되고 유년기 내내 나에게 전염되어서, 나 역시 술이나 록 음악처럼 엄마가 두려워했던 것들을 두려워하게 되었다. 탈레는 바다를 바라보며 부두 끝에 엄마와 같이 서 있었다. 나는 여기 수도 없이 서 있었어, 엄마는 말했다. 수많은 저녁과 밤을 거기 서서 바다를 내다보며 기도했지. 여러 목숨을 살렸어!

내가 엄마의 신파적인 말투를 흉내내자, 보드는 웃었다. 엄마는 정말 그랬지. 아빠의 꾸짖는 말투를 흉내내자, 보드는 또 웃었다. 아빠는 정말 그랬지.

그러나 탈레가 예정보다 하루 일찍 집으로 돌아간 뒤로 브로테바이엔에 가는 것을 꺼리게 된 진짜 이유는 따로 있었다. 그날 남자들이 배 여행에서 안전하게 돌아온 뒤 저녁 늦게, 탈레의 친구가 왜 네 어머니는 조부모님과 왕래가 없느냐고 묻자 그 이유를 설명하고 친구의 반응을 보아야 했기 때문이었다. 게다가 다음 날 아침 엄마는 오두막으로 와서 탈레에게 아이들을 잘 돌보고 있느냐고 물었다. 전날 밤 탈레가 딸을 제대로 돌보지 않는 악몽을 꾸었다는 것이었다. 네가 엠마를 돌보지 않는 끔찍한 꿈을 꿨어. 엠마는 잘 돌보고 있지, 그렇지?

탈레가 딸을 돌보지 않는 악몽을 꾼 엄마는 창피함도 모른 채 자신의 신경과민을 탈레에게 그대로 쏟아부었다. 탈레가 나쁜 엄마로 등장한 자신의 꿈을 분석할 능력이 없었거나, 분석하기 두려웠기 때문이었을 것이다. 자기 딸을 제대로 돌보지 못한 건 정말 누구였을까, 엄마는 왜 딸을 방치하는 어머니의 악몽을 꾸었을까? 아예 통찰력이 결여되었거나, 심연이 입을 벌리고 있다는 것을 알기 때문에 힘든 질문들을 자신에게 던지는 것이 무서웠을 것이다.

언젠가 내가 혼란에 빠져 있을 때, 부모님과 연락을 끊고 만나지 않기로 한 데 대한 죄책감에 짓눌려 있을 때, 이 일화를 상기시켜 준 것은 보 셰르벤이었다.

하지만 곧 돌아가실 분들이잖아, 나는 울었다.

당신도 언젠가 죽어, 그는 말했다.

나는 그걸 잊고 있었다.

....

그랜드 호텔을 떠나 전철역 쪽으로 칼 요한스 문을 걷고 있으니, 아까 도착했을 때보다 기분이 한결 가벼웠다. 엄마를 아는 사람과 엄마 이야기로 웃고, 우리 가족을 아는 사람과 가족에 대해 농담을 하니 좋았다. 아스트리드와 대화할 때는 엄마와 가족에 대해 웃은 적이 없었다. 그녀와 연락하면 언제나 무거운 짐을 짊어지는 것 같고, 언제나 아주 외로운 기분이 들었다.

나는 클라라에게 전화해서 그랜드 호텔에서 엄마와 아빠 이야기를 하며 웃었다는 말을 했다. 그녀는 물었다. 네게 선택의 여지가 있다면 뭘 고를래? 발러의 오두막과 네 부모님을 받을래, 아니면 아무것도 안 받을래?

아무것도 안 받겠지.

그날 오후 보드는 모든 구름 뒤에 한 가닥 햇빛이 있다고 문자를 보냈다. 사랑한다, 오빠가.

그와 내가 서로를 다시 발견한 것이야말로 한 가닥 햇빛이었다.

．．．．．．．．．．．

12월 강변 숲에 있는 라스의 오두막, 강은 부분적으로 얼어붙었고, 그래서 그런지 묘하게 고요했다. 종종 가만히 귀를 기울이면 졸졸거리며 물 흐르는 소리가 들린다. 어둡고, 춥고, 고요했다. 검은 나무들은 빼앗긴 여름을 애도하고 있었고, 하늘을 찌르는 앙상한 나뭇가지들은 눈 옷을 간절히 바라고 있었다. 거기 있을 때는 대체로 작업이 잘된다. 도시와 사람들은 멀리 떨어져 있고, 피도는 자유롭게 달린다.

그날 저녁은 눈발이 날리는 12월의 어둠이었지만, 다음 날 아침이 되자 풀은 파릇파릇했고 햇빛은 12월답지 않게 강렬했다. 그러다 다시 삭막한 12월, 저녁에는 갑작스러운 어둠과 레드와인, 밤에는 뒤숭숭한 꿈, 아침에는 안개가 낮게 깔렸다가 곧 봄 날씨처럼 화창하게 개어 햇빛이 쨍했다. 종잡을 수 없는 날씨였다. 집중할 수가 없었다. 산만했다. 편집해야 하는 연극 비평 원고가 쌓여 가고 있었다. 인기 소설을 연극으로 각색하는 모험에 대해 쓸 생각이었지만 몇 시간 동안 가닥을 잡지 못하고 있는데, 보드에게서 오사의 이메일을 받았다는 편지가 왔다. 새로 감정 평가액을 산정하겠다, 첫 평가액은 약간 낮았을 수도 있다, 물론 상속 이전에 증여한 선물에 대해 얼마를 공제할 것인가 하는 문제는 전적으로 상속하는 사람의 뜻에 달렸다, 그러나 견적을 더 많이 받으면 부모님이 보다 공정하게 계산하는 데 기초가 될 것이다, 이런 내용이었다. 그녀는 우리가 계산 방식에 대해 합의할 수 있다면 부모님도 받아들일 거라고 생각했다.

부모님이 결정할 문제다. 하지만 우리가 합의할 수 있다면, 부모님도 새 평가액을 받아들일 거라고 생각한다. 즉, 보드가 계속 반대한다면 부모님은 무시할 거라는 뜻이었다.

한 시간 뒤 보드가 아빠한테 보낸 이메일 사본이 날아왔다. 평상심을 잃은 편지라는 것을 알아볼 수 있었다. 그는 상속은 자식들에게 공평하게 하겠다고 늘 말하지 않았느냐고 아빠에게 상기시켰다. 그런데 어떻게 가치도 따져 보지 않고 상속 전에 미리 발러의 오두막을 자식 둘에게만 물려줄 수 있느냐? 그것도 다른 둘, 베르기요트와 내가 뭐라도 받기 한참 전에? 그는 내 이름을 적었다.

저는 문제를 일으킨 적도 없지 않습니까, 이건 부모님에게 근심과 슬픔을 안겨 주었던 나를 빗대는 이야기였다. 저와 제 아이들을 얼마나 사랑하는지 알려 주시면, 그에 보답하겠습니다. 말보다 행동이 더 중요합니다.

나는 숲에 앉은 채 마음의 평화를 찾지 못했다. 그들이 브로테바이엔에 모여 골칫거리 보드, 싸움쟁이 그 마누라 신화를 계속 써 내려가는 모습이 떠올랐다. 보드의 아내는 그를 유혹해서 가족에게서 멀어지게 한 악녀 역할을 맡고 있었다. 나는 그 장면이 정확히 어떻게 흘러갈지 알고 있었다. 한때 나도 그런 신화를 만드는 데 참여했으니까. 우리 가족이 직접 써 내려간 가족사에 완전히 얽매여 있었으니까. 내가 가족에게서 멀어지고, 거리를 두고 나서야 세상을 다른 눈으로 바라보기 시작했지만, 아직은 느리고 아장거리는 어린 아이 걸음이었다. 부모가 들려주는 이야기가 아이의 현실 인식에 미치는 영향력은 너무나 커서 거기서 벗어난다는 것은 거의 불가능할 정도다.

한데 내가 벗어나기는 했나? 아직 갇혀 있고, 그저 악당의 이름만 바뀐 건 아닌가?

나는 맥을 덮고, 옷을 입고, 개를 데리고 강가로 나가서 목줄을 풀어 주었다. 피도는 도망가지 않는다. 충성스럽다. 나는 강물의 돌을 세었다. 봄과 여름에는 돌이 보이지 않는다. 나는 머릿속에서 강물을 거슬러 올라 수원지까지, 물의 근원까지 올라갔다. 강둑을 따라 한 시간 가량, 다른 나라에 가지 않는 한 최대한으로 멀리 갔다가, 어둠 속에서 혼자 길을 따라 되돌아왔다. 집에 들어와서 맥을 켰더니 보드에게서 다시 이메일이 와 있었다. 그도 한창 강물을 거슬러 근원으로 올라가고 있었다. 오사가 그에게 이메일을 보냈다. 그와 내가 오두막에 해당하는 보상을 받는다고 명시된 유언장이 따로 있다, 견적은 다시 받겠다는 내용이었다. 몇 줄 띄운 뒤, 오사는 좀 덜 적대적인 말투를 쓴다면 소통이 훨씬 쉬울 거라고 썼다. 오빠에게서 이메일을 받는 게 거의 무서울 정도야.

보드는 동기 넷이 공평하게 오두막을 나눠 갖게 해 달라는 것이 원래 자신의 소망이었다는 점을 오사가 잊어서는 안 된다고 답했다. 그러면 자식들 모두가 자연스럽게 만날 수 있는 장소가 생기는 거 아니냐. 슬픈 일이다, 아스트리드와 네가 그 해법을 반대하다니, 그는 썼다. 이어 내게서 이메일을 받는 게 무섭다고 느꼈다면, 그건 너와 아스트리드가 우리에게 어떻게 행동했는지 읽는 것이 불편해서였을 것이다, 자기와 자기 아이들에게 발러의 오두막 절반이 돌아가는 것을 너희들이 왜 반대했는지 이해할 수가 없다고 썼다.

....

라스가 숲속의 집에 나타났다. 우리는 요리를 하고 와인을 마셨고, 나는 보드의 이메일에 대해 이야기했다. 우리는 같이 침대에 들었고, 나중에 나란히 누워 오사가 보드에게 쓴 편지와 보드가 오사에게 쓴 편지 내용을 들려주었다. 라스는 한숨을 푹 쉬더니 자기가 아는 한 내가 발러의 오두막에 관심을 보인 적은 없었다고 말하며 돌아누웠다. 나는 발러의 오두막을 원하는 게 아니지만, 보드가 왜 반대하는지 이해한다고! 나는 외쳤다. 보드가 왜 반대하는지, 왜 화가 났는지 모르겠어? 라스는 놀라서 나를 보더니 피곤하게 한숨을 쉬었다. 그래, 물론 알지.

평범한 인간으로 사는 것은 어떤 것일까?
평범한 인간으로, 망가지지 않은 인간으로 산다는 것이 어떤 것인지 나는 모른다. 내게는 나 자신의 인생 외에 다른 경험은 없다. 밤에 뒤숭숭한 꿈에서 깨면, 나는 라스에게 달라붙어 오른팔로 그의 등을 감고 틀림없이 평화로울 그의 꿈에 들어가려고 노력했다. 라스의 무해한 꿈이 내게 흘러들어오도록 그에게 마음을 열려고 노력했다. 잠든 그의 몸에서 꿈을 빨아들이려고 노력했지만, 잘 되지 않았다. 들어갈 길은 없었다. 나는 내 몸의 포로였다.

다음 날 정오 직후, 라스는 커피와 신문을 들고 온실에 앉아 있고 나는 소설에 기반한 극본 쓰기의 함정에 대해 글을 쓰고 있는데, 보드에게서 파일을 첨부한 이메일이 왔다. 밤새도록 잠을 이루지 못했는데, 이제 글로 적으니 전부 털어 버린 것 같다, 그는 썼다. 글로 분명하게 설명해서 보내니 좋구나, 보드는 그것을 우리 작은 가족 드라마의 최종장이라고 불렀다.

아버지께
제게 아들이 있었다면 어떤 아버지가 되었을지 말하고 싶습니다.
저는 아들과 가깝고 돈독한 관계를 만들려고 노력했을 것입니다.
아들이 어릴 때도, 더 커서도, 둘이 함께 즐길 수 있는 활동으로 유도하려고 노력했을 것입니다.
아들의 활동에 관심을 갖고 참여했을 것입니다.
아들이 힘들여 배운, 제가 뒷받침해 준 활동을 하며 행복한 모습을 바라볼 때, 진정한 즐거움과 기쁨, 자부심을 느꼈을 것입니다. 아들의 교육과 진로에 대해서도 같은 감정을 느끼고 표현했을 것입니다.
아들이 자라서 좋은 교육을 받고 사회생활을 시작하고, 아들이 저보다 유능한 업무 분야가 있다면 그에게 조언을 구했을 것입니다.
아버지로서, 한 인간으로서 아들과 경험을 공유하며 인생 최고의 순간들을 보냈을 것입니다.
당신이 외아들에게 이렇게 행동하지 않았다는 것을 우리 둘 다 알고 있습니다.

저는 하키와 핸드볼 경기를 수백 번은 했습니다. 아버지는 그중 단 한 번만 보러 오셨습니다.

우리 둘이 함께 즐길 수 있는 뭔가로 이어질 만한 활동을 소개해 주지 않으셨습니다.

저는 아버지보다 아버지의 몇몇 친구들을 더 잘 압니다. 아버지보다 트론의 아버지, 헬게의 아버지와 더 자주 스키를 탔습니다.

저는 세 가지 자격증이 있고, 사회에서 많은 것을 성취했습니다. 그러나 아버지는 제가 자랑스럽다, 저로 인해 기쁘다는 말이나 행동을 한 번도 하지 않으셨습니다.

저는 평생 여러 가지 스포츠에 재능이 있었지만, 아버지는 전혀 관심을 보이지도 않았고 뒷받침도 해 주지 않으셨습니다.

우리는 인생을 다시 살 수 없고, 각자 선택에 따라 살아가야 합니다.

저는 당신에게 아버지로서 많은 것을 요구한 적이 없지만, 이제 상속에 관한 한 우리 넷을 공정하게 대해 달라고 요구합니다. 당신과 나 둘 다 지금까지 전혀 그렇지 않았다는 것을 알고 있으니까요.

보드

온실로 가 보니, 라스는 두꺼운 퀼트 외투 차림으로 정원과 숲, 강을 향해 놓인 의자에 앉아 있었다. 신문을 읽지도, 담배를 피우지도 않았고, 그저 정원과 숲, 강을 응시하고 있을 뿐이었다. 그 풍경의 소유자라는 것이 뿌듯한 것 같았다. 인간은 뭔가를 소유할 때, 정치적으로 올바른 감정이라고는 할 수 없어도 그래도 가슴이 기분 좋게 따뜻해지는 묘한 기쁨을 느낀다. 법적으로는 제 것이 아니지만 그래도 황야를 바라보면서 케냐의 마사이족이나 그린랜드의 이누이트족이 느낄 것 같은 그런 기분. 오래전 젊었을 때 8월 초였나 3월이었나, 오두막들이 대부분 잠겨 있고 사람이 없는 오프 시즌에 어린 아이들만 데리고 혼자 밸러에 있을 때, 내가 너무나 잘 아는 군도와 바다, 바위를 바라보면서 느꼈던 소속감과 자부심이라고 할 수 있을 그런 감정. 가족과 멀어져서 밸러에 갈 수 없게 된 것은 큰 손실이었지만, 내게는 선택의 여지가 없었고 가족과 거리를 유지하면서 얻게 된 마음의 평화에 비하면 별것도 아니었다.

나는 라스의 어깨를 두드리고 뭘 읽어 줄까 물었다. 그는 상속과 관계없는 것이기를 바라며 나를 보았다. 나는 앉았고, 눈이 내리기 시작했다. 저기 봐, 그는 말했다. 커다란 눈송이가 땅에 내려앉기 싫은지, 사과나무와 체리나무에서 떨어지는 6월의 꽃처럼 허공을 떠돌고 있었다. 우리는 각자 눈송이를 하나씩 골라 땅에 떨어져서 녹을 때까지 지켜보았다. 곧 크리스마스군, 그는 말했다. 나는 시계를 보았다. 12월 10일. 피도는 눈송이를 잡으려고 쫓아다녔고, 유년기가 비현실처럼 느껴졌다. 아이스하키 경기도, 피아노 교습도 비현실 같았다. 과거를 돌아보게 되는 것이 싫었다. 3학년 때 너무나 자랑스럽던 새 오렌지색 옷차림으로 학교에 가면서 이 옷이 아니었어도 행복할 거라고 생각했던 것이 기억난다.

어쩌면 아빠는 지금 이 순간 보드의 편지를 읽고 있을지도 모른다. 아까 확인해 보니, 7분 전에 발송된 편지였다. 그를 상상해 보려고 했지만, 마지막으로 본 지 너무나 오래됐고 컴퓨터 앞에 앉아 있는 모습을 본 적도 없었다. 어떤 컴퓨터인지, 어디 두는지, 서재인지, 거실인지, 부엌인지도 몰랐다. 아버지가 아들에게, 맏아들이자 유일한 아들에게 그런 편지를 받는다는 것은 끔찍할 것이다. 불쌍한 노인네, 희끗희끗한 머리로 구부정하게 앉아서 콧등에 안경을 걸치고 모니터를 바라보며 편지함을 클릭하고 있겠지. 아버지께 보드가. 어마어마한 연민이 가슴에서 솟아올랐다. 과거에서 벗어날 수 없는, 지난 실수를 평생 짊어지고 가야 하는 노인, 그 불쌍한 노인에게서 벗어나기 위해 내가 한 일에 대한 죄책감이 나를 압도했다.

내가 동정하는 아버지는 내 아빠가 아니라 상상 속의 아빠, 원형적인 아버지, 신화 속의 아버지, 잃어버린 나의 아버지다, 나는 자신에게 일깨웠다. 진짜 아버지, 내가 아는 인간은 보드의 편지에 감동받지 않는다, 본능적으로 공격 태세를 취할 것이다. 아버지가 내게 한 마지막 말, 7년 전 우리가 마지막으로 통화했을 때 그가 한 말은 이것이었다. 사이코패스를 보고 싶으면, 거울을 보려무나.

6월이 시작되는 화창한 토요일 오전, 나는 한 해를 마무리하는 파티가 끝난 연회장 창틀에 행사 위원회 남자와 같이 앉아 있었다. 우리는 정리를 마치고 맥주를 즐기고 있었다.

그는 트론하임에서 내 동생 오사와 같이 공부했다고 했다. 몰랐다, 재미있네요, 그는 트론하임에서 대학에 다니던 시절의 재미있는 이야기를 들려주었다. 나는 키득거리며 몇 년 동안 대화한 적이 없던 오사에게 전화를 걸어서 내가 지금 누구와 맥주 한잔하고 있는지 모르지, 하면서 옆에 있던 남자에게 전화를 건넸다. 그는 통화했다. 다 좋았다. 즐거웠다. 이어서 나는 역시 몇 년 동안 대화한 적이 없던 보드에게도 전화를 걸어서 비슷한 말을 했다. 그는 웃었고, 즐거웠다. 취해서 방어벽이 내려갔을 때 전화를 건 걸 보니, 어쩌면 나는 속으로 보드와 오사를 그리워하고 있었던 것 같았다. 나는 아스트리드에게도 전화해서 비슷한 말을 했고 역시 좋았다. 나를 더 잘 아는 아스트리드는 보다 조심스러웠다. 내 기분이 변덕스럽다는 것도 알고, 목소리를 통해 취했다는 것도 짐작했을 것이다. 연달아 유쾌한 통화를 마치고 기분이 좋아진 나머지 나는 엄마와 아빠에게 전화했다. 깊이 생각하지 않았고, 다른 가족들과 즐겁게 대화했으니 부모님과도 마찬가지려니 생각하고 충동적으로 저지른 짓이었다. 엄마가 전화를 받았다. 트론하임에서 오사와 같이 공부한 남자에 대해 재미있는 이야기를 하려는데, 엄마가 속삭이는 목소리가 들렸다. 아빠에게 한 말 같았다. 베르기요트야. 어쩌면 스피커폰으로 돌렸는지도 모른다. 대화가 그런 식으로 끝난 뒤에 생각해 보니, 아마 아빠에게 자기가 아빠 편이라는 것을 알리고, 아빠가 듣지 못하는 가운데 둘만 소곤소곤 통화하지 않겠다는 걸 보여 주고 싶었던 것 같았다. 아니, 어쩌면 아빠가 스피커폰으로 돌리라고 했는지도 모르겠다. 엄마는 트론하임에서 오사와 같이 공부했던 남자 이야기는 한 마디도 하게 해 주지 않고, 곧장 본론으로 들어가서 너는 부모님에게 어쩌면 그렇게 심하게 굴 수 있느냐, 늘 내게 최선을 다하고 가능한 모든 방식으로 도운 부모님에게 왜 그렇게 배은망덕하게 구느냐, 도대체 우리가 네게 그렇게 잘못한 것이 무엇이냐, 공격적으로 물었다. 나는 이런 반응에 전혀 준비가 되어 있지 않았다. 돌아보면 그렇게 어리석었다는 게 신기할 정도였다. 도대체 부모님이 오사와 트론하임에서 공부했다는 남자에 대해 나와 가볍게 잡담이라도 나눌 거라고 생각했나? 나는 순진했고, 현실로 곤두박질쳤다. 나는 말했다. 아빠가 죽으면 엄마도 제정신을 차리고 더 이상 그런 질문을 안 하겠지, 하지만 그때는 너무 늦었을 거야. 스피커폰이었는지, 그때 아빠의 목소리가 들렸다. 사이코패스를 보고 싶으면, 거울을 보려무나.

나는 종종 아빠가 먼저 죽으면 엄마도 내 입장이 조금씩 보이기 시작할 거라고, 하지만 그때가 되면 너무 늦었을 거라고 생각했다. 그가 그런 말까지 내뱉은 뒤에는, 너무 늦었다. 나는 이미 그런 인간, 피도 눈물도 없는 인간이 되어 있었고, 그런 인간이 되기를 선택했다. 사이코패스를 보고 싶으면, 거울을 보라니! 아빠는 그런 인간이 되어 있었다. 아마 그런 인간이 되기를 선택했거나, 자신이 원했던 선택지가 없어서 무자비한 사람이 되었을 것이다. 나는 아빠가 보드가 원했던 그런 감정을 느낄 수 있는 사람이 아니라고 확신했고, 그러니 그의 이메일은 원했던 효과를 거두지 못했을 것이다. 아빠에게 보드의 이메일은 그와 내게 쓴 표현대로, 그저 배은망덕의 증거일 뿐이었다. 엄마와 아스트리드, 오사도 보드의 메일을 읽었다면 고개만 설레설레 저었을 것이다. 거의 예순이 다 된 다 큰 아들이 별것도 아닌 일로 늙은 아버지를 비난하다니.

두 분은 아스트리드와 오사 외에 다른 사람들에게는 그 메일을 보여 주지 않을 것이다. 꼭 이야기해야 할 상황이라 해도, 나머지 가족들에게 설명해야 한다 해도, 예순이 다 된 보드가 아직도 꼬마 시절 아버지가 핸드볼 경기에 더 자주 안 왔다고 토라져 있다니 유아적이지 않느냐고 흉을 볼 것이다.

이메일은 무용지물일 것이고, 보드도 알고 있었다. 자기가 이해받을 거라고 기대하지는 않았겠지만, 본인 마음의 평화를 위해 너무 늦기 전에 최대한 분명하게 입장을 밝혀야 한다고 생각했을 것이다.

나는 편지를 라스에게 읽어 주었다. 그는 주의 깊게 들었다. 이야, 편지를 다 읽자 그는 이렇게 말하고 생각에 잠겼다. 눈이 내렸다. 누구나 아버지가 자기를 알아 주길 바라지, 그는 이어 말했다. 결국 그거야. 눈이 내렸고, 개는 눈송이를 잡으려고 이리저리 뛰어다녔다. 아들에게 가장 중요한 건 그거야, 아버지가 자신을 알아 주는 것. 보드는 그래서 아버지에게 편지를 쓴 거야, 그는 말했다.

우리는 잠시 말없이 앉아 있었다. 문득 라스는 자기 아버지도 상당히 거리감이 있었다고 말했다. 그 세대 많은 아버지들이 그랬고, 당시는 아버지들이 하키 경기나 핸드볼 경기에 자주 구경 오는 요즘 같은 시대가 아니었다고. 당신 아버지도 그냥 약간 거리감이 있는 정도 아니었을까? 아니, 나는 말했다. 아무리 거리감 있는 아버지라도 아들이 항해 경주나 스키 대회에서 우승하면 뿌듯하게 여기고 다른 아버지에게 자랑은 할 텐데, 우리 아버지는 보드에게 단 한 마디의 칭찬도, 긍정적인 형용사도 말할 줄 모르는 사람이었다. 아빠는 두려웠다. 두려울 때 남에게 떠는 모습을 보이면 안 된다, 아빠는 타인 앞에서 떠는 모습이나 나약한 모습을 감히 보이지 못했다. 보드에 대한 칭찬이 나약함이라고 믿었던 것이다. 아빠의 통치는 공포로 유지되었다. 약점을 보이면 모든 것이 무너져 내릴지도 모른다는 공포. 아빠는 겸손하고 복종적일 때만 보드를 받아들일 수 있었지만, 보드는 그러기를 원하지 않았다. 아빠는 보드가 부유해지는 것을 싫어했다. 돈은 아빠의 잣대였지만, 보드가 부유해지면 아빠는 돈으로 표상되는, 그에 대한 권력을 잃는다.

내가 부자가 아닌 게 기뻐, 라스는 말했다.

어쩌면 아빠도 세월이 흘렀으니 부드러워졌을지도 모르지, 나는 말했다. 그게 내가 받은 인상이었지만, 보드에 관한 한 그는 완전히 구석에 몰려 있었다. 거기서 빠져나올 힘도, 의지도 없었다.

보드는 최악의 내용을 적지 않았어, 나는 말했다. 거기 열거한 건 그저 징후일 뿐이야. 최악을 적으려면 다시 어린 아이가 되어야 하기 때문에 아마 그 안에 다시 들어가서 표현하기가 너무 어려웠을 거야.

12월 10일, 눈이 내렸다. 나는 일하는 것을 포기했고, 우리는 눈 속에서 조용히 산책했다. 세상은 고요하고 온통 흰색이었다. 라스는 그날 밤 눈 폭풍을 뚫고 떠났고, 나는 다시 혼자 남았다. 어둠이 찾아왔고, 눈도 더 내렸다. 평소 담배를 피우지 않았지만, 나는 온실에 앉아 담배를 피웠다. 온실에는 나무를 때는 난로가 없기 때문에, 나는 온몸을 둘둘 감고 와인을 마시며 내리는 눈을 바라보았다. 글을 쓰고 편집 작업을 해야 했지만, 계속 어둠 속에서 담배를 피우고 와인을 마시며 눈을 바라보았다. 눈은 점점 높이 쌓여 갔다.

자정 직후 안으로 들어가 보니, 엄마가 전화한 기록이 있었다. 혹시 엄마가 전화했을 때 모르고 받지 않으려고 번호를 저장해 두었기 때문에 알 수 있었다. 엄마는 메시지를 남겼다. 보드와 오두막 문제로 전화하라는 부탁이었다. 목소리는 내 심경을 건드리고 싶을 때 종종 그렇듯 불안하게 흔들렸다. 어릴 때 엄마가 내 침대가에 앉아서 내가 자기 말대로 하지 않아서 너무나 마음이 아프다, 가슴이 찢어지는 것 같다고 말하던 목소리, 그 찢어지는 고통을 내게 들이붓고, 쿵쿵거리는 가슴으로 누워 있는 나를 뒤에 남기고, 아마도 홀가분했을 기분으로 문을 닫고 방을 나가던 그때 같았다. 얼마나 여러 번 엄마는 내게 전화해서 롤프 산베르그와의 관계에 대해 한탄하고, 얼마나 여러 번 죽어 버리겠다고 말했는지. 그럴 때마다 나는 우리가 당신을 너무나 사랑하고 필요로 하니까 그러지 마시라고 달랬고, 엄마는 고통을 토로하느라 고통받은 그 떨리는 목소리로 나를 실컷 이용했다.

엄마가 내게 전화한 것은, 내가 3년 전 유언에 대한 크리스마스 편지를 받고 얼마 지나지 않아 전화했을 때 했던 말을 되풀이할 거라고 생각했기 때문에, 자신이 듣고 싶은 말을 해 줄 거라고 생각했기 때문이었다. 그때 나는 발러의 오두막을 원하지 않는다, 너그러운 유언이라고 생각한다고 말했다. 크리스마스 편지에서 언급했던 유언장이 아직 그대로라면, 그랬다. 유언은 바뀌었을지도 모르고, 그렇든 아니든 이제 상황은 내가 산세바스티안에 있을 때 엄마가 전화했던 3년 전과 달랐다. 나는 잠자리에 들었지만 깊이 잠들지 못했다. 보드의 메일이 머릿속을 떠나지 않았다. 다음 날 아침 나는 보드에게 편지를 써서 내가 이번 갈등에서 그와 같은 입장이라고 가족들에게 말해 주기를 원하느냐고 물었다. 보드는 입을 다물고 있거나, 나 역시 불공정한 취급을 받았다고 말해야 한다고 답장했다.

나는 그가 무슨 말을 하고 있는지 알고 있었다. 그가 무엇을 지적하는지. 나는 그의 편을 들겠다고 했지만, 정작 갈등 상황에 참전해서 내 의견을 표명하는 데까지는 선뜻 나서지 못하고 있었다.

하지만 오두막이나 상속에 대해서는 왈가왈부하고 싶지 않은데! 나는 오래전부터 그런 데 관심이 없다고 말해 왔다. 지금 끼어들어 뭔가 요구할 수는 없는 일이다. 내 품위는 뭐가 되는가!

하지만 한편 나는 아빠에 대한 그의 실망감과, 아빠에게 충성스러운 엄마에 대한 실망감에 공감하고 있었다. 감정 평가액이 어처구니없는 액수라는 의견도 같았고, 오사와 아스트리드가 형편없이 행동하고 있다는 데도 동의했다. 이런 무대에 그를 악당처럼 혼자 내버려 두고 슬그머니 물러가서 그의 그림자 뒤에 숨어야 할까?

나는 클라라에게 전화했다.

그녀는 내가 너무 오랫동안 풍파를 일으키지 않은 것이 문제라고 했다. 3년 전 크리스마스 때 유언에 대해 내게 알리면서 부모님이 원했던 것이 바로 그것, 내가 풍파를 일으키지 않는 것이었다고. 덕분에 내가 아무 행동도 취하지 않고 자기들을 너그럽다고 생각하는 가운데, 그들은 마음대로 유언장을 찢어 버리거나 새 유언장을 쓸 수 있는 자유를 얻은 거라고.

나는 아스트리드와 오사에게 편지를 쓰겠다고 보드에게 알렸다.

··········

　『불가해한 간행물들』은 창간호를 남기고 곧장 폐간했고, 클라라는 생활고 때문에 저녁부터 밤까지 레나에서 일해야 했다. 클라라는 손님들과 직원들이 자기 아파트를 늦은 밤 술 마시는 소굴 취급하고 유부남이 자기를 먼지만도 못하게 대접해서 피곤하고 질린 상태였다. 유부남은 마침내 클라라와 관계를 끊었고, 그녀는 그 충격으로 빠르게 침잠했다. 기분 전환이 필요해, 그녀는 힘겹게 말했다.

．．．．．．．．．．

사설을 쓰는 동안, 보드에게 쓰겠다고 약속한 이메일의 내용이 머릿속에 준비되었다. 그날 저녁 원고를 전송한 다음 새 문서를 열고 결의를 돋우기 위해 와인 한 잔을 따르자, 갑자기 빨리 써야겠다는 충동이 솟구치고 이것이야말로 내게 무엇보다 중요한 일처럼 느껴졌다. 어쩌면 의욕이 식을까 봐 두려웠는지도 모른다. 나는 최면 상태처럼 마구 써내려 간 뒤, 너무 늦은 시각이었지만 보드에게 보내면서 너무 길지 않느냐고 물었다.

아스트리드와 오사에게
제목: 발러의 오두막

나는 애당초 유산을 기대하지 않았기 때문에 3년 전 자식들에게 공평하게 상속하겠다는 크리스마스 편지를 받고 기분 좋게 놀랐다고 썼다. 엄마가 전화해서 보드가 오두막 때문에 길길이 날뛰고 있다고 했을 때 내가 너그러운 유언이라고 생각한다고 말한 것도 그 때문이었다. 하지만 지금은 그때 보드에게 전화를 걸지 않은 것을 후회한다. 나중에 알고 보니 보드는 단지 부모님에게 더 공정한 다른 해법을 찾아 달라, 우리 네 자식들이 오두막을 공동으로 소유하면 모든 손자 손녀들이 같이 누릴 수 있지 않느냐고 요청한 것뿐이었으니까. 이 요청이 아무 설명 없이 묵살되었으니, 보드가 그 때문에 화를 낸 것도 그렇고, 그 후 소유권이 터무니없이 낮은 액수로 비밀리에 이전되었다는 소식을 듣고 화낸 것도 놀라운 일이 아니라고 생각한다. 어쨌거나 보드는 나처럼 가족에게서 거리를 두지도 않았는데, 왜 동생들과 다른 취급을 받아야 하나?

이제 오두막이 이미 비밀리에, 너무나 낮은 평가액으로 이전되었다는 것을 알게 됐으니, 이건 최종 유언에서 보드와 내게 최소한의 액수를 남기겠다는 의도로 간주할 수밖에 없다. 달리 말해, 자식 둘에게 더 많이 주고 다른 둘에게는 덜 주겠다는 뜻이다. 물론 이것은 불공평이고 배신으로 보인다. 게다가 엄마의 약물 과용을 보드 탓으로 뒤집어씌워서, 동생 둘이 병원에서 착하고 사려 깊은 딸 노릇을 하는 동안 오빠만 나쁜 사람으로 만든 것은 특히 고약하다. 현재 상황에 대한 책임은 부모님에게 영향력이 있으니 얼마든지 설득해서 말릴 수도 있었던 일을 보고만 있었던 너희 둘에게 있다, 나는 분노한 상태로 써 내려갔다.

다시 와인 한 잔을 채우고 진정한 뒤, 나는 계속 썼다. 최근 통화할 때 보드가 자기와 오사를 질투하는 게 아닌가 하고 아스트리드가 말한 적이 있다. 아니, 우리는 질투하는 게 아니다. 우리는 너희들과 아주 다른 유년기를 보냈고, 부모님에 대한 경험이 너희들과 아주 다르다. 너희 둘은 법 앞에서의 권리와 평등을 중시하며 사안의 양면을 살피는 것이 중요하다고 생각하는 분야에서 학위를 따고 직업에 종사하고 있는데도, 보드와 내가 이 상황을 어떻게 바라보는지 전혀 이해하려 하지 않는다는 것은 우울한 일이다. 그리고 덧붙였다. 너희

둘 다 단 한 번도 내 입장에서 바라본 이야기를 묻지 않았다는 사실이, 예전에도 그랬고 지금도 마찬가지로 가슴 깊이 아프다. 나는 이점을 꼭 말해야 한다고 느꼈다. 유년기와 성인기 내내 보드와 나는 너희들보다 감정적으로나 물질적으로 덜 받았고, 이제 이렇게까지 노골적으로 무시당한다는 사실, 특히 아스트리드와 오사가 명백하게 그런 차별을 묵인한다는 사실은 우리와 우리 각자의 가족들에게 매우 괴로운 일이다.

이만, 베르기요트.

보드는 전혀 길지 않다, 조금도 빠뜨리면 안 된다고 즉각 답장하면서 몇 군데 오타를 지적했다. 아침에 수정할게, 나는 답장했다. 늦은 시간이라 아스트리드가 또 밤에 격해져서 썼나 보다 생각할 수도 있으니 지금 보내고 싶지는 않았다. 그녀는 읽지 않고 지웠다고 둘러대는 사람이었다.

아스트리드의 골치 아픈 입장은 나도 알고 있었다. 모두에게서 언짢은 말을 듣게 되는 상황을 무릅쓰고 있었고, 아직도 나와 연락하는 유일한 식구이니 아마 엄마가 성가신 일들을 떠맡기고 있을 것이다. 나와 계속 연락한다고 귀찮게 하다가도 한편으로는 내게 부모님과 화해하라고 넌지시 찔러 보라는 압력을 받고 있겠지. 나는 아스트리드가 양쪽에 끼어 오도 가도 못하는 상황이라는 것, 나와 연락을 지속한 유일한 동기로서 내 분노도 고스란히 떠안아야 하는 이 상황이

부당하다는 것을 알고 있었다. 다음 날 아침 내가 간곡히 사과하면 그녀는 사과 받아들인다, 밤에 보낸 이메일은 읽지 않고 지워 버렸다고 답장하곤 했고, 나는 이해했다. 이해한다고 말했다. 어쩌면 나를 안심시키려고 그렇게 말했을 것이다. 정말 밤에 쓴 내 이메일이 내가 후회할 걸 미리 짐작하고 나를 위해서 읽지 않은 척해야 할 정도로 끔찍했나? 물론 나도 밤에 화나서 쓴 이메일들을 후회했고 다음 날 아침 일어나면 전날 쓴 편지 생각에 자책하고 공황 상태에 빠지곤 했지만, 한편으로는 읽었든 읽지 않았든, 아스트리드가 별거 아니라고 묵살해 버렸다는 것이 아팠다. 격분해서 쓴 늦은 밤의 그 이메일들은 가장 진실했기 때문에. 편지를 쓴 것을 후회한 것은 그저 진실을 말하는 것이 규칙 위반이고 벌을 받는다는 것을 배웠기 때문이지, 다른 이유가 아니었다.

클라라는 완전히 의기소침한 상태였다. 바닥을 친 상태였고, 거의 무일푼이었다. 기분 전환이 필요했다.

나는 학자금 대출을 받을 필요 없이 연극 과정을 시작했다. 나는 돈 많고 친절하고 품위 있는 남자와 결혼했지만, 유부남 대학교수와 불행한 사랑에 빠져 있었다. 교수는 이혼할 생각 없이 나와 바람을 피우고 있을 뿐이었고, 수많은 다른 여자들과 바람을 피우고 있었다. 나는 사랑하는 남자가 다른 여자를 만난다는 이야기를 수없이 들으며 그가 내 남편인 양 심장을 칼로 가르는 듯한 깊은 상처를 받았다. 유부남의 불륜을 견딜 수도 없었고, 다른 남자에게 이런 감정을 느끼면서 착하고 품위 있는 남자와 결혼 생활을 유지할 수도 없었다. 이혼하고 싶었지만, 엄마는 아이들을 생각하라고 했다. 나는 일곱 살, 여섯 살, 세 살이던 아이들을 생각했지만, 끊임없이 다른 남자를 생각하고 그와 침대에 들고 싶은 상태로는, 유부남의 자기 아내에 대한 배신과 나에 대한 배신 때문에 고통받는 상태로는, 착하고 품위 있는 남자와 한 침대를 쓸 수가 없었다. 나는 도대체 어디가 잘못됐기에 충실하고 친절한 남편보다 악명 높은 바람둥이를 사랑할 수 있을까? 뭐가 잘못됐기에 친절하고 느긋한 남편을 들볶고 그에게 고함치고 망가뜨리는 걸까, 아니 망가뜨린다고 느껴지는 걸까? 나는 그에게 한심하게 굴고 있었고, 그는 그저 텔레비전을 보다 잠드는 것뿐인데도 밤에 몰래 큰딸의 침실에 간 게 분명하다고 끔찍한 생각들을 하고 있었다. 이런 생각을 하다니 나는 뭐가 잘못된 걸까?

이혼해야 했다, 선택의 여지가 없었다. 나는 유부남을 잃고도 잊지 못하고 있었고, 이제 좋은 남자를 놓아주고 잊어야 했다. 그는 나보다 더 좋은 여자를 만날 자격이 있었다. 마음의 준비를 단단히 하고 클라라에게 갔더니, 그녀는 아버지가 자살했다는 사실을 막 알아내고 침대에 누워 부들부들 떨고 있었다. 원래 알던 대로 사고로 익사한 것이 아니라, 사실 자기 의지로 자살한 것이었다. 단어 하나의 차이라니. 클라라는 가족 모임에 갔다가 고모들이 수군거리는 말을 들어 알게 되었다. 닐스 올레가 자살하지만 않았어도. 그 말은 칼날처럼 클라라의 심장과 목을 갈랐고, 모든 조각이 제자리를 찾았다. 과거의 안개와 혼란은 걷혔지만, 깨달음은 살점을 도려내는 칼처럼, 눈에 박힌 날카로운 유리조각처럼, 강력하게 솟구치는 얼음물처럼 고통스러웠다. 그는 물에 빠져 자살했다. 취해서 부두에서 떨어진 것이 아니라, 의도적으로 바다에 들어가서 물에 빠져 죽을 때까지 계속 걸어갔던 것이다. 멀쩡한 정신 상태에서 죽을 생각으로 바다로 걸어 들어갔다. 클라라는 겨우 일곱 살이었지만, 아버지는 자살했고 그녀는 아빠를 잃었다. 클라라에게서 아빠를 빼앗고 다시는 딸을 보지 못할 바다로 들어갔을 때는 얼마나 절망적이었을까, 하지만 아빠를 사랑하는 클라라가 있었는데, 아이는 겨우 일곱 살이었는데, 무엇이 그렇게 절망적일 수 있었을까?

그녀 말고 모두 다 알고 있었다. 모두를 수치로 가득 채웠던, 아무도 입에 올리지 않고 딸에게도 알려 주지 않았던 가족의 비밀이었다.

한편으로 이 발견은 클라라를 자유롭게 해 주었다. 언제나 뭔가 끔찍한 일이 있었다는 것을 직감하면서도, 잘못된 것이 바로 자신이라는 결론을 내리곤 했기 때문이었다. 그렇지 않았다. 아버지는 자살했다.

더 이상 견딜 수가 없어, 그녀는 말했다. 기분 전환이 필요해.

···········

12월 14일 월요일 전날 밤, 나는 잠들 수가 없었다. 시계가 2시를 가리켰고, 3시를 가리켰다. 나는 이메일을 거듭 읽었다. 내일 보내리라. 내일 전투에 참여하리라.

12월 14일 월요일. 11시에 잠에서 깼을 때는 모든 것이 고요했다. 흰 눈이 두껍게, 고요히 쌓여 있었다. 바깥 잔디 위에, 나무 위에, 차 위에, 날카로운 모서리가 모두 사라지고, 바깥의 모든 사물은 부드러운 곡선을 그리고 있었다.

떨리는 손으로 커피를 끓이고 맥을 켜고 자리에 앉았지만, 텍스트를 다시 읽을 기력이 없었다. 얼른 해치워 버리고 싶은 기분에, 나는 내용을 대충 훑어본 뒤 오타가 있는 상태로 보냈다.

발신했다. 언제든지 읽힐 것이다. 나는 전투에 참여했다. 차라리 사람들이 범접하지 못하는 희고 고요한 숲에 머무르고 싶었다. 자동차보다, 고속도로보다, 50미터 떨어진 도로로 버스가 지나가기 때문에 승객이든 행인이든 이웃이든 내가 집에 있는지, 불이 켜져 있는지, 차가 진입로에 서 있는지, 개가 마당에 있는지, 집 안에서 인기척이 있는지, 겨울에 눈이 내릴 때면 눈 속에 발자국이 있는지 곧바로 확인할 수 있는 내 집보다, 한결 사람들이 범접할 수 없다고 느껴지는 숲속에. 전화를 안 받을 수도 있고, 온라인에 접속하는 것을 피할 수도 있고, 이불 아래 들어가서 외출 중인 척할 수도 있지만, 누구라도 문간에 와서 눈 위에 찍힌 발자국을 보면 내가 집 안에 있다는 것을 알 것이다. 누가 찾아와서 초인종을 누르고 문을 두드리고 집을 한 바퀴 돌아 정원 쪽 문도 두드리고 화가 나서 명령조로 이름을 부르면 어떻게 하나. 베르기요트!

라스의 외딴 숲속 집에 계속 머물고 싶었다. 초조한 내 발자국으로 저 예쁘고 몽글몽글한 눈 표면을 망치고 싶지 않았지만, 편집해야 할 텍스트가 집에 있어서 돌아가야 했다.

이메일은 발신했고, 언제든지 읽힐 것이다. 어쩌면 지금 이 순간 읽히고 있는지도 모른다. 내가 쓴 내용은 진심이었고, 그건 문제가 아니다. 그럼 뭐가 문제지?

라스의 집을 정돈하고 내 물건을 챙기는 동안에도 휴대전화가 울릴까 봐 두려웠다. 나는 초조하고 심란한 기분으로 차에 올랐다. 무엇 때문에, 무엇 때문에? 이제 일어날 일 때문에. 10분 뒤 고속도로에 올라가서 시속 100킬로미터로 달리는데, 옆자리에 놓아 둔 아이폰에서 이메일 알림이 들렸다. 아마 전쟁의 서막이겠지. 운전하는 동안에는 감히 열 엄두가 나지 않았지만, 아스트리드의 대응을 빨리 확인하고 싶어서 참을 수가 없었다. 긴급 대피 구역이나 출구가 어디 있나 찾았지만 보이지 않았다. 뭐라고 썼을까, 뭐라고 대답했을까?

그때 1킬로미터 전방에 스타토일 주유소가 있다는 알림판이 보였고, 나는 시속 120킬로미터로 주유소로 들어서서 차를 세웠다. 손이 떨렸고, 전화기 비밀번호가 생각나지 않았다. 뭘까, 뭐라고 썼을까?

그녀는 내가 현 상황에 대해 이메일을 보낸 것을 확인했다고 썼다. 자기도 상황에 대해 이메일을 썼다. 내 메일을 읽기 전에 자기 메일을 먼저 보내겠다. 자기 이야기도 이 문제에 대한 여러 진실 중의 하나라고 생각한다. 진작 보내지 않은 것이 후회스럽지만, 한동안 멀리 있었다. 오늘 오후 보드에게도 보낼 것이다, 하지만 지금은 회의에 참석해야 한다. 회의가 끝나는 대로 내 메일도 읽어 보겠다. 이런 내용이었다.

나는 머리가 빙글빙글 도는 기분으로 클라라에게 전화했다. 아스트리드와 연락하고 나면 종종 이런 기분이었다. 나는 폭탄을 터뜨렸는데, 아스트리드는 그냥 누가 "에비!" 하고 장난친 것처럼 반응한다. 나는 도끼로 협박했는데, 상대는 허공에 플라스틱 칼을 휘두르고 있는 것처럼 반응한다. 그녀는 나를 무서워하지도 않았고, 존중하지도 않았고, 진지하게 받아들이지도 않았다. 아스트리드 자신이 주도권을 잡으려는 거야, 클라라가 말했다. 자기 방향으로 논의를 이끌고 싶은 거야, 네 방향이 아니라.

나는 집으로 와서 눈 덮인 진입로에 차를 세웠다. 이제 내가 집에 있다는 것을 누구든지 알 수 있다. 나는 아스트리드의 이메일을 열지 않았다. 그녀가 그랬듯, 읽지 않고 지워 버릴 수도 있었다. 하지만 아스트리드가 읽지 않았다는 말은 거짓이었을 수도 있고, 아마 그럴 것이다. 거짓말이라면 나도 할 수 있었다.

안녕, 모두들. 그녀는 응답이 늦은 데 사과하고 출타 중이었다고 썼다. 전에 아무것도 쓴 적이 없는 것처럼 다시 이메일을 작성하기로 결심했다. 우리 모두가 서로의 말에 귀를 기울이는 것이 중요하다고 생각한다, 그래서 자기도 자기 입장을 분명하게 하고 싶다고.

상황이 아주 고약하게 돌아갔다, 나도 화가 나고 불쾌했다, 아스트리드는 썼다. 자기 관점에서 볼 때 갈등의 시작은 너무 낮은 감정 평가액이었지만, 오해와 불신, 미진한 의사소통 때문에 서로 비난하고 감정을 폭발시키는 일이 이어졌고, 상황은 악화되었다. 해법을 찾기 위해서는 시작점으로 돌아가야 한다. 오두막 가치산정이다. 그러나 구체적인 해법을 제안하기 전에, 우선 부모님에 대한 보드의 비난에 관해서 한마디하고 싶다.

부모님이 불공평하다, 공평하게 상속할 마음이 아니라고 생각하지 않는다. 반대로 부모님은 정확히 그런 마음이라고 확신한다. 최근 아주 많은 시간을 부모님과 함께 보냈지만, 두 분은 자주 그렇게 말씀하셨다. 유언장의 의도에도 그렇게 적혀 있다. 부모님은 자식들에게 뭔가 물려줄 수 있어서 기쁘다고 거듭 말씀하셨다. 그러니 우리가 얼마나 운이 좋은지 명심하고 감사하게 받아들여야 한다고 생각한다. 따라서 엄마와 아빠에게 너무나 큰 분노와 공격이 가해지는 것이 가슴 아프다. 완벽한 사람은 없고, 부모님도 마찬가지겠지만 모두가 실수를 한다. 그녀 자신도 살면서 실수를 저질렀고, 우리 모두 그럴 것이다. 우리가 일구지 않은 재산, 부모님이 평생 일하신 결과물을 놓고 우리가 다투는 모습을 보면서 부모님이 고통스러워하는 것을 보려니 슬프다.

돈 문제에 관해서는 산술적인 평등이 가장 명쾌하다고 생각하지만, 오두막에 적용하기는 보다 까다롭다. 그러나 사람들은 이런 문제를 해결해 왔고, 보통 현재 시가를 산정해서 받지 않는 사람들에게 금전적으로 보상하는 방식을 쓴다. 그렇기 때문에 보드와 내게 적절한 보상이 이루어진다면, 자신과 오사에게 오두막을 상속한다는 부모님의 결정을 불공평하다고 주장할 이유가 없다. 정확한 시세를 산정하는 것이 까다로울 뿐이다. 첫 평가액은 공인 감정 평가사가 산정한 것이지만 너무 낮았다고 볼 이유가 많다. 돌아보면 부동산 전문가 두 사람에게 따로 견적을 받지 않은 것이 유감스럽다. 그 액수 때문에 부모님의 의도에 대한 의심이 싹트고 불공정하다는 비난이 오갔기 때문이다.

자신과 내가 부당하게 대접받았다는 보드의 주장에는 어느 정도 공감하지만, 그래도 부모님의 결정은 이해해야 한다는 생각이다. 그녀가 볼 때는 자연스럽기 때문이다. 이건 지난 12년, 13년간 오두막을 둘러싸고 지속되었던 상황의 단순한 연장일 뿐이고, 그것이 부모님에게 가장 편안하다. 이건 중요한 지점이다, 아스트리드는 썼다. 오사와 자신은 최근 몇 년간 발러에서 부모님과 많은 시간을 함께 보냈고, 그들 모두 그 시간을 소중하게 여겼다. 오사와 자신이 오두막을 지금 물려받으면, 부모님이 앞으로 계속 발러에 머무는 것이 보장되는 현재 상태를 자연스럽게 유지할 수 있다. 이것이 부모님의 소망이고 두 분의 오두막이라는 점을 생각할 때, 우리는 이 결정을 존중해야 한다고 생각한다. 자기와 오사가 오두막을 물려받고 우리가 금전적으로 보장받는 것은 놀랍거나 불합리한 일이 아니라, 그저 각자 살아온 인생의 결과다. 오래전 네 동기가 옛 오두막을 같이 사용하게 됐을 때, 우리는 그 사용 방식과 유지 비용에 대해 합의했다. 하지만 13년 전 보드가 발을 끊은 뒤로 여동생들만 사용하면서 경제적 책임을 나눠 가졌다. 그러다 베르기요트도 옛 오두막을 사용하지 않게 되었고, 가끔 부모님의 새 오두막을 빌리거나 그 집 아이들이 옛 오두막을 가끔 사용하는 정도였다. 그러다가 자기와 오사가 비용 지출과 유지 보수를 완전히 넘겨받았고, 최근 오사의 가족은 부모님과 함께, 혹은 자기 가족들끼리 새 오두막에서 더 많은 시간을 보내고 있고 실질적인 관리 책임도 맡고 있다. 한편 자기는 옛 오두막의 비용을 정산하고 여러 가지 문제를 해결하고 있다. 에바와 탈레, 그녀의 가족도 매년 여름 옛 오두막에서 한두 주 시간을 보낸다, 아스트리드는 이렇게 썼지만 이건 사실이 아니었다. 과장이었다. 아스트리드는 쇠렌도 자기 일과 관련해서 오두막에 왔다, 모두 즐거웠다고 썼다. 보드의 아이들이 오두막에 찾아오겠다고 한다면, 그것 역시 반가운 일 아니겠느냐.

부모님이 증여를 연기해야 한다는 주장이 나올 수도 있겠지만, 오두막이 낡았고 수리가 필요하며 비용이 발생한다는 점을 생각할 때 두 분의 결정을 이해한다. 엄마와 아빠는 각자 여든과 여든다섯이다. 브로테바이엔도 소유하고 계시니, 전부 다 관리하려면 너무 번잡하다. 그간 관리 등으로 기울인 노력을 감안하면, 소유권을 확실하게 하는 것이 오사와 자신에게도 합당하다. 남은 평생 오두막이 팔리지 않고 계속 드나들 수 있다는 보장이 생기니, 부모님에게도 좋은 일이다. 너무나 명백하게 이해할 수 있는 감정이다, 아스트리드는 썼다. 이 문제에 대해서 우리가 각자 감정을 갖고 있듯이, 부모님의 감정 역시 존중해야 한다. 결국 부모님이 일구고 절대적인 소유권을 갖고 계시는 재산 아닌가, 그녀는 다시 강조했다. 의사소통이 원활해서 감정 평가 견적을 두 가지 받았다면 좋았겠지만, 이건 불공정의 문제가 아니다.

그러니 이제 별개의 감정 평가사에게서 새로 두 가지 견적을 받아 본다면 해결될 문제라고 생각한다. 이제 와서 말이지만, 두 번째 부동산 전문가가 양쪽 오두막에 대해 더 높은 가액을 매겼다. 네 종의 견적을 다시 받아본다면 아마 그것이 실제 시세와 가장 가까운 금액일 것이다. 그에 따라 오사와 자기가 미리 받은 액수를 상속에서 감액하면 된다. 이 과정에 얼마든지 참여해도 좋다, 아스트리드는 썼다. 우리 넷이 모두 액수에 동의하고 부모님에게 새 감정 평가액을 유언장에 사용하시라고 알려 드리면, 두 분도 그렇게 하겠다고 했다. 그러면 문제는 다 해결된다. 갈등을 해결하는 것이야말로 가장 중요하다고 생각한다. 부모님과 우리 네 동기에게 힘든 일일뿐 아니라, 우리 자식들에게도 상처를 남긴다. 자기 아이들은 사촌들을 아주 소중하게 생각하고 좀 더 자주 보고 싶다고 했다. 만나면 항상 너무나 좋은 시간을 보낸다. 부모들 때문에 서로 교류하는 것이 힘들어진다면, 아이들도 잃을 것이 많다. 부모님도 마리와 시리와 연락이 끊길까 봐 노심초사하신다.

자기와 옌스는 아이들에게 말해 두었다, 아스트리드는 썼다. 이 문제로 인한 의견 차이는 아이들과 아무 상관없다, 사촌끼리 좋은 사이에 영향을 끼쳐서는 안 된다고.

각자 원하는 것을 전부 얻을 수 없더라도 이제 갈등을 끝내기 위해 노력했으면 좋겠다, 그녀는 썼다. 이미 말했듯, 오사와 자신은 곧바로 현지 부동산 전문가를 만나 볼 생각이다. 사랑해, 아스트리드.

입에 올릴 수 없는 그 화제, 내가 애당초 발러와 브로테바이엔에 발을 끊은 진짜 이유는 언급되지 않았다. 마치 내가, 내 이야기가 존재하지 않는 것 같았다.

그럼 내 개인사가 이번 상속 문제와 오두막 갈등에 영향을 미쳐야 한다고 생각하나? 나는 자문했다.

그래, 나는 대답했다. 확신할 수는 없었다.

....

모든 것은 연결되어 있다. 이해하고자 하는 사람에게는 어떤 언어
도 완전히 결백하지 않다.

....

　아스트리드에게서 이메일이 도착한 지 한 시간 뒤, 다시 문자 메시지가 왔다.

　그 사이 내 이메일을 읽었는지, 그녀는 문제가 자신이 사실관계를 적은 편지에서 짐작했던 것만큼 단순하지 않다는 것을 깨달았다고 했다. 마침 근처에 와 있으니 잠시 들르고 싶다고.

　하지만 나는 그녀를 보고 싶지 않았다. 빙빙 변죽만 울리는 이야기를 듣고 싶지 않았고, 목소리를 낼 용기가 마침내 생긴 지금 정신과 의사인 척하는 언어를 귀에 담고 싶지 않았다. 나는 집에 없다, 라스의 숲속 집에 있다고 답장했다. 나는 휴대전화와 맥을 끄고, 귀마개를 끼고, 혹시 아스트리드가 집에 와서 눈 위에 갓 난 내 발자국과 개 발자국을 보고 내가 집에 있다는 걸 알고 창문과 문을 두드리더라도 들리지 않도록 이불을 머리까지 덮어쓰고, 제발 눈이 다시 내려서 발자국을 덮어 달라고 기도했다.

....

    클라라가 마지막으로 아버지를 본 것은 아버지가 차로 학교에 데려다 주었을 때였다. 그녀는 1학년이었다. 엄마는 점심 도시락과 커다란 녹색 사과를 챙겨 주었다. 당시 녹색 사과는 귀한 간식이었다. 클라라는 얼른 학교에 사과를 가지고 가서 책상 위에 올려 놓고 먹고 싶었다.

    막 차에서 내리려는데, 차를 학교 앞에 세운 뒤 작별 인사를 나누려는데, 아버지는 자기가 먹어도 되겠느냐고 물었다. 클라라는 어리둥절하고 속상했지만, 사과를 건넸다. 만약 그때 사과를 주지 않았더라면?

············

    나는 어둠이 짙어질 때까지, 세상이 조용해지고 버스가 끊기고 근처 집들의 불빛이 꺼질 때까지, 모든 이가, 인권 운동가들까지 잠들어 가장 덜 무서운 밤의 시간이 찾아올 때까지 이불 밑에 누워 있었다. 불을 피우고 마음을 달래기 위해 술을 마신 뒤, 나는 아스트리드의 이메일을 다시 읽었다. 그녀는 탈레가 매년 발러에서 몇 주씩 지낸다고 썼지만, 탈레는 지난 두 여름 동안 겨우 이틀 발러에 있었을 뿐이었고, 그 2년간 이틀 있을 때에도 아스트리드에게 용이한 시간을 찾기가 어려웠는지 옛 오두막에 머물러도 좋다는 허락을 받기 위해 거듭 청해야 했다. 아스트리드는 벌써 자기가 오두막 소유자로서 마음대로 쓸 수 있는 양 여름 계획을 미리 다 짜놓고 있었다. 탈레는 자신이 아스트리드에게 성가신 존재라는 느낌을 받았다. 발러에 있는 것도 그리 즐겁지 않았고, 아스트리드도 거기 없었고, 내 부모님은 매사에 간섭했다고 했다.

    게다가 아스트리드의 설교하는 투, 마치 자신은 국외자라도 된 것처럼 나머지 모두에게 갈등의 본질에 대해 가르치려는 욕망.

    정신을 추스르고 감사의 마음을 보이라고 간접적으로, 넌지시 말을 건네는, 정직한 중재자인 척하는 위치 선정. 모두가 원하는 것을 전부 얻을 수 없더라도 이제 갈등을 끝내기 위해 노력했으면 좋겠다, 그녀는 이렇게 썼다. 자신은 정확히 원하는 모든 것을 얻었으면서.

    하지만 최악은 실수가 어쩌고 한 부분이었다. 누구나 실수를 한다.

엄마와 아빠도 실수했을 것이다. 자기 자신도 실수했을 것이다. 보드나 나와 달리 스스로 실수를 저질렀다는 걸 알다니 얼마나 마음이 넓고 자신을 잘 돌아보시는지. 자신도 오류가 있을 수 있다는 걸 인정함으로써 우리 중에서 가장 흠결이 적은 사람이 된 것이다. 스스로를 돌아보고 깊이 생각한다면 우리 역시 실수를 저질렀다는 걸 깨달을 것이고, 그러면 엄마와 아빠의 이런저런 실수는 얼마든지 용서할 수 있을 것이다, 그녀는 사실상 이렇게 말하고 있었다. 자신을 돌아보라고 촉구하면서 연상의 동기에 대해 조언자 노릇, 어른 노릇을 하고 있었다. 마치 우리는 생각 없이 제멋대로 감정에 휘둘리는 어린 아이라서 인간 사회와 심리에 대해 더 배워야 한다는 듯이. 술을 더 마시고 점점 더 열이 받다 보니, 나는 결국 감정에 휘둘려서 글을 쓰지 않을 수가 없었고 쓰고 싶은 욕망을 억누를 수도 없었다. 누구나 실수를 한다니, 지금 농담하니, 나는 불처럼 화가 나서, 하지만 더없이 또렷한 정신으로 썼고, 내 안의 뭔가가 만류하는데도 불구하고 12월 14일 자정에서 10분 지난 시각에 메일을 보냈다.

누구나 실수를 한다고 썼지, 나는 편지에서 이렇게 썼다. 너 자신도 실수를 저질렀다, 누구나 그럴 것이다, 어쩌고저쩌고 하면서 너는 애매하고 정치적으로 올바른 말투로 내게 있었던 일을 사소한 일로 만드는구나. 아니, 그 오랜 세월 동안 정말 아무것도 이해하지 못한 거냐? 한 번도 진지하게 생각해 보지 않았어? 그런 것 같구나. 그 자체가 학대처럼 느껴진다. 인권 침해 피해자를 만나면 넌 그렇게 말하니? 누구나 실수를 한다고?

나는 불처럼 노한 상태로 키보드를 계속 두드렸다. 내가 다섯 살 때, 네가 두 살 정도였고 엄마가 막 오사를 낳았을 때, 엄마는 너와 오사를 잠시 볼다의 할머니, 할아버지 댁에 데려갔고, 보드와 나는 아빠와 함께 스카우스 바이 22번지에 남았다. 위층에서 나쁜 일이 있었어. 아빠는 술을 많이 마셨다. 보드는 여섯 살이었으니 상황을 잘 이해하지는 못했겠지만, 뭔가 아주 잘못됐다는 것만 짐작했겠지. 더 자세히 말해 줄까?

나는 편지를 아스트리드에게 보내고, 보드와 오사에게도 참조로 보냈다. 응답은 없었다. 물론 모두 자고 있을 것이다. 자고 있을 때 우리 모두는 어린 아이다, 롤프 야콥슨은 썼지만 그건 사실이 아니다. 우리는 꿈에서 전투를 다시 경험한다, 이건 예외가 아닌 규칙이다. 자는 것이 두려워서, 나는 잠들기 위해 술을 마시면서 내가 쓴 편지를 읽고 또 읽으며 계속 마시다 잠들었다. 다음 날 아침 늦게 일어나 보니 시계는 5시를 가리키고 있었지만, 아니었다. 밖은 환했다. 맥을 확인해 보니, 12시 10분이었다. 배터리가 다 된 것 같았다. 오사나 아스트리드에게서는 메일이 오지 않았고, 나는 기대하지도 않았다. 특히 오사에게는. 그녀가 뭐라고 할 수 있을까, 전에는 내가 그런 식으로 써 보낸 적이 없었다. 만약 오사가 그 이야기를 들었다면, 아니, 분명 들었을 것이다. 내가 가족과 어울리지 않는 이유를 설명하려다 보니 엄마와 아빠가 말해 줬을 것이고, 부모님이 뭐라고 했는지 내가 알 수는 없지만 아마 아이 때부터 과민했던 내 상상력을 탓했을 것이다. 얼마나 잘 지어내서 이야기하고 다니는지, 자신의 불행과 터무니없는 행동, 이혼을 탓할 사람이 필요했나 보다, 아니, 혹시 심리상담사가 그런 상상을 머릿속에 심어 넣었거나, 가능성은 무궁무진했다. 어쩌면 오사는 아스트리드의 조언대로 편지를 읽지 않고 지웠을 수도 있고, 아스트리드 역시 마찬가지일지도 모른다. 아스트리드는 사과를 기다리고 있겠지만, 이번에는 받지 못할 것이다. 숙취에도 불구하고 다음 날 아침, 나는 아직 화가 나 있었다. 아니, 나는 아스트리드까지 부모님과 멀어지게 하고 싶지 않았다. 그녀가 부모님을 변호한다는 것이 오히려 내게 유리하니까, 나를 자유롭게 하니까. 오사와 아스트리드가 부모님 편을 들지 않았다면, 가족과 절교하는 것이 훨씬 더 어려웠을 것이고 죄책감도 훨씬 컸을 것이다. 지금도 물론 죄책감은 고약했지만, 진실과 내가 말한 이야기의 무게에 마음을 연 적이 한 번도 없는 아스트리드가 부모님 역시 누구나 그렇듯 실수를 한다고 쓴 것이 나를 도발했다. 그것이야말로 아스트리드의 실수였다. 그녀는 자신이 중립이라고 주장하고 있지만, 마음 깊은 곳에서는 그렇지 않았다. 한쪽이 다른 쪽에게 상처를 주었는데, 그런 상황을 고려하지 않거나 믿지도 않으면서 모두에게 좋은 말만 하는 것은 중립이 아니다. 아스트리드는 자신이 원하는 방식대로 해결될 수 없는 갈등이 있다는 것을, 양쪽의 균형을 잡거나 대화로 설득할 수 없고 어느쪽이든 편을 들어야 하는 상황이 있다는 것을, 이해하려고도, 받아들이려고도 하지 않는 것 같았다.

....

클라라는 기분 전환이 필요했다. 안톤 빈드스케프가 답을 가지고 있었다. 클라라는 레나에서 안톤 빈드스케프를 처음 만났다. 그가 양고기 케밥을 주문했는데 마침 다 떨어졌다고 하니, 그의 여자 친구가 건방을 떨면서 안톤 빈드스케프는 노르웨이 최고의 시인이니 당장 양고기 케밥을 대접하라고 고집을 부렸다. 클라라는 믿을 수 없다고 대꾸했다. 그럼 당신 생각에는 누가 노르웨이 최고의 시인이냐, 그가 물었다. 스타인 메렌이나 얀 에릭 볼드, 클라라는 대답했다, 하지만 당신은 분명 아니다. 이렇게 클라라와 안톤 빈드스케프는 친구가 되었다. 이후 그는 코펜하겐에서 글이 더 잘 써진다며 이사했다. 아버지가 자살했다는 것을 안 뒤 바닥을 치고 기분 전환이 필요하게 되자, 안톤은 코펜하겐의 자기 아파트 방 하나를 빌려주겠다고 했다. 클라라는 신선한 공기를 찾아 코펜하겐으로 떠났다.

나는 착하고 품위 있는 남자와 이혼했다. 크고 시원스러운 집에서 더 작은 집으로 옮겼고, 탁자와 의자, 접시, 결혼 생활 동안 같이 소유했던 재산의 절반을 내 차에 싣고 큰 집에서 작은 집으로 직접 차를 몰았다. 고통스러웠다. 나는 품위 있고 착한 남자를 잃었고, 그전에 나의 열정적인 사랑, 유부남 교수도 잃었다. 두 남자를 잃고 고통스러웠지만, 나는 내가 올바른 일을 하고 있다는 것을, 피할 수 없는 종착지를 향해 첫 걸음을 내디뎠다는 것을 알고 있었다. 이건 해야만 하는 일이었다. 나는 탁자와 의자를 날랐고, 올바른 일을 하고 있다는 것을 확신하며 전부 다 날랐다. 하지만 이런 확신을 누구에게도, 나 자신에게도, 아니, 누구보다 나 자신에게 더 설명할 수가 없었다. 나는 잃었고, 이건 나 자신의 잘못이었다. 내가 잃고 싶었을까? 하지만 왜? 아이들이 집을 잃은 것은 내 잘못이었다. 엄마는 이혼하지 말라고 내게 사정했고, 아이들을, 불쌍한 아이들을 생각하라고 간청했다. 하지만 나는 떠났다.

클라라는 코펜하겐에 있었다. 나는 이혼했고, 혼자였고, 그것은 나의 선택이었다. 스스로 뿌린 씨앗이니 내가 거둘 수 있었다.

유부남은 새 정부를 찾았고, 그를 탓할 수는 없었다. 내 전남편도 곧 새 여자 친구, 친절하게 대해 줄 다른 여자를 찾았고, 역시 그를 탓할 수는 없었다. 씩 웃고 견뎌야 했다. 스스로 선택한 길이었다. 가족에게도 불평하지 않았다. 가족들은 아이들을 생각하라고 진작 경고했고, 나도 아이들을 생각하기는 했지만 가족들이 원하는 방식대로 생각하지 않았기 때문에 이혼했다. 아빠는 새 집의 욕실 개조를 도와주었다. 때로 차를 몰고 새 집에 돌아와서 아빠의 차가 밖에 서 있는 것이 보이면, 나는 긴장했다. 아빠에게 내 집 열쇠를 줄 수는 없었다. 그건 받아들일 수 없는 일이었다. 원하는 대로 언제든지 왔다 갔다 갑자기 불쑥 나타나게 내버려 둘 수는 없었다. 심지어 한밤중에도 아빠가 갑자기 나타나지 않을까 하는 생각에 차츰 두려워졌다. 감히 말할 수조차 없었지만, 열쇠를 줄 수 없다는 말은 해야 했다. 나는 빨리 욕실 개조가 끝나기만을 바랐다. 욕실이 끝난 뒤에도, 나는 아직 아빠에게 열쇠를 돌려달라는 말을 하지 못하고 있었다. 하지만 열쇠를 갖고 있는 한 그는 언제든지 내 새 집에 들어올 수 있었다.

나는 공포와 상실감에 멍한 상태로 존재했다. 모든 것이 뿌연 안개로 혼란스러운 상태에서 나는 빨래를 했다. 마치 빨래 안에 빠져들어가는 기분이었다. 일상이 평범했을 때 나는 빨래를 싫어했다. 끝없이 쏟아져 나오는 빨래는 따분하기만 했고, 그 무엇보다 지루하고 진이 빠졌다. 빨래 바구니 안의 내용물, 흘러넘치는 바구니 옆에 산처럼 쌓인 옷가지, 묵직한 침대보, 이불 커버, 식탁보와 커튼, 속옷과 양말, 지저분한 행주 더미, 일상이 단순하고 극적이지 않던 시절, 나는 이 모든 세탁물을 저주했다. 빨래만 아니면 더 만족스러운 일상일 텐데, 읽어야 하는 책, 읽고 싶은 책을 읽을 수 있을 텐데, 나는 당시 이렇게 생각했다. 또 세탁을 한 판 더 한 뒤에 끝나면 무거운 침대보를 널어 말려야 하는데, 빨래 건조대는 너무 작고 이미 양말과 바지, 셔츠, 윗옷이 가득 널려 있기 때문에 비가 오거나 겨울이 되면 문과 의자에 널어야 한다. 나는 빨래를 저주했다. 그러나 이제 내 세상이 폭발하고 내가 분노하고 있을 때, 나를 계속 살아가게 한 것은 빨래였다. 빨래를 하고, 널고, 마침내 다 마르면 아이들이 자는 밤에 접어서 서랍에 넣어 두는 일, 그 일을 다 끝내고 나면 나도 빨래를 다 끝내고 말리고 접어서 깨끗한 상태로 다시 사용하도록 서랍 안에 보관했다는 것을 알고 잠들 수 있었다. 빨래 덕분에 사는구나, 나는 생각했다.

나는 빨래를 하고, 집 청소를 하고, 현대 독일 희곡에 대한 졸업 논문과 작은 신문에 실리는 연극 평을 썼고, 단막극을 쓰기 시작했다. 일상을 살아가려고, 일상적으로 보이려고, 추락하고 있다는 어지러운 감각을 억누르려고 노력했다. 어느 화창한 5월의 일요일 아침 아이들이 정원에서 놀고 있는데, 문득 형용할 수 없는 통증이 엄습했다. 신체의 특정 부위를 중심으로 한 아픔은 아니었지만, 정신적이라기보다 육체적인 아픔이었다. 움직일 수도, 일어설 수도, 말을 할 수도 없었다. 침대에 웅크리고 누워 있는 것 말고 아무것도 할 수가 없었다. 통증은 세 시간 동안 계속되다가 사라졌다. 다시 나 자신 같은 기분이 들었지만, 아직 멍했다. 사흘 뒤, 5월의 어느 화창한 수요일, 아이들이 학교에 가 있을 때 다시 통증이 돌아왔다. 그저 고통뿐인 세 시간이었다. 금요일에도, 다음 주 화요일에도. 다섯 번째 통증에서 회복된 뒤, 나는 내가 그 통증 직전 몇 시간 동안 뭘 했는지 매번 발작 시점을 기록해 두었던 일기장을 훑어보았다. 단막극을 쓰고 있었다. 무슨 내용을 썼지? 나는 맥으로 가서 텍스트를 읽고, 충격을 받았다. 어안이 벙벙했다. 그 진실의 순간, 나는 영원히 다른 사람으로 변했다. 일상적인 규칙에 기초해서 유지되던 내 삶은 진실과 잔인하게 대면한 이 순간 전복되고 말았다.

나는 이후 이어진 번민을 감당할 수가 없었고, 깨달음을 반추할 수도 없었다. 끔찍한 자각을 혼자 힘으로 정리해 낼 수도 없었지만, 입밖에 내어 이야기할 수도 없었다. 고통에 대한 시, 평소 나를 달래 주던 군보르 호스모, 군나르 에켈뢰프, 실비아 플라스 같은 시인들을 읽었지만, 그들도 내 아픔을 누그러뜨리지 못했다. 하느님에게 기도했지만, 신은 응답하지 않았다. 신을 믿지도 않았지만 그저 복종하고 싶었고 도움이 된다면 뭐든지 하고 싶었다. 나는 도움이 필요했다. 도움이 필요했다! 나는 공허 속에서 외쳤다. 밤에는 노르웨이의 정신분석가들에게 애원하는 메일을 썼다. 자신을 이해하고 치유하기 위해서 심리학 서적도 독파했다. 물론 프로이트에 대해서는 알고 있었다. 프로이트도 읽었고, 융도 읽었다. 나와 비슷한 세대의 심리학자 몇도 알고 있었지만, 그들에게 연락한다는 것은 꿈도 꾸지 않았다. 어쨌든 내가 볼 때는 나보다 더 현명할 것도 없는 사람들이었다. 내가 타인을 신뢰하고 마음을 열 수 있으려면 정신 분석가여야만 했다.

나는 편지에 대해 아무에게도 말하지 않았다. 아이들을 학교에 보내고, 점심 도시락, 제헌절 장식, 새 축구화를 준비해 주고, 수영 레슨과 농구 연습에 데려다 주고, 세탁을 하고, 식료품 장을 보고, 저녁을 만들고, 아이들을 침대에 보내고, 나는 그렇게 간신히 버티고 있었다. 그러던 6월 초 목요일 오후 쇠렌을 축구 연습에 데려갈 준비를 하고 있는데, 어떤 남자에게서 내 편지를 읽었다는 전화가 왔다. 처음에는 그가 무슨 이야기를 하는지 알 수가 없었다. 그러다 문득 깨닫는 순간, 다시 아픔이 엄습했다. 나는 바닥에 쓰러졌다. 말을 할 수가 없었다. 그는 소감을 말했다. 내가 편지를 얼마나 억압하며 썼는지 알 수 있었다고, 매사를 억압하는 사람이라는 것을 알 수 있었다고 했다. 그는 상담을 제안했다. 내가 죄책감과 부끄러움에 떨며 상담실에 앉자, 그는 엄숙한 얼굴로 내 편지를 도움을 구하는 외침으로 읽었다고 했다. 그는 이해했다. 그는 진지하게 받아들였다.

나는 이런저런 검사를 받기 위해 국립병원으로 갔다. 검사를 시행한 남자는 궁극적으로는 분석이 내 인생을 바꿀 수 있을지도 모른다, 하지만 인간관계가 끊기거나 망가질지도 모른다고 경고했다. 나는 알고 있었다. 하지만 너무 늦었다. 나는 잃을 것이 없었다. 이틀 뒤, 일주일에 네 번, 필요한 기간 동안 국비 지원 정신 분석을 받게 되었다는 연락이 왔다.

이것은 새로운 상황이었다. 절망적인 불행은 그대로였지만, 변화를 향해 한 걸음 내디딘 것이었다.

일주일에 네 번 나는 소파에 누워 상담자를 바라보지 않고, 상대가 내 말을 들었는지 확인하지도 않았다. 상대의 얼굴과 동작에서 일체의 반응, 알아들었다는 표현, 이해, 놀라움, 공감의 표현을 찾지도 않았다. 몸짓도, 미소도 아무 의미가 없었다. 속눈썹을 깜빡이며 매력적으로 보일 필요도 없었고, 얼굴을 찡그리거나 손을 내저을 필요도 없었다. 그저 내 언어와 그것을 전달하는 목소리뿐, 종종 목소리는 허공에 맴돌았고, 나는 내가 한 말을, 내가 한 거짓말을 내 귀로 다시 들었다. 소파에서 내가 가장 처음 말한 문장은 이것이었다. 우리 네 명 중에 내가 가장 사랑받았어요.

아무 반응이 없었고, 더 이상 말을 이을 수도 없었다. 뒤따른 당혹스러운 침묵 속에서, 전율이 온몸을 흘러내려갔다. 나 자신에 대한 이야기를 시작할 때 단골로 사용하던 이 문장이 나의 허위를 드러내고 있었다. 그것은 사실이 아니었다. 정확히 반대였다! 하지만 이 명백한 사실조차 나는 그때까지 깨닫지 못하고 있었다. 어째서 스스로를 그렇게 세뇌시켰을까? 나머지 이야기도 똑같은 거짓일까?

일주일에 네 번. 상담실을 찾기 전, 나는 들어가면 무슨 말을 해야 할까 생각했다. 나올 때는 내가 무슨 말을 했던가, 그러다 다음에는 무슨 말을 해야 할까 생각했다. 나는 고통과 수치감 속에 존재했다. 그 상태를 없던 일처럼 되돌릴 수는 없었지만, 아무 고찰 없이 그냥 살아갈 수도 없었다.

············

어린 시절, 나는 종종 아빠와 단둘이 지냈다. 같이 과자 가게에 가서 아빠가 과자를 사 주기도 했다. 과자 가게에 가기 전후의 일은 별로 기억나지 않지만, 가게에 갔던 일은 기억난다. 아빠가 나만을 위해 과자를 사 준다는 게 좋았다. 한번은 아빠와 같이 가게에 있을 때, 내가 좋아했던 소년이 들어온 적이 있었다. 아주 어린 나이부터 나는 소년들을 좋아했고, 유난히 관심이 많았다. 좋아하던 소년이 가게에 들어와서 내가 아빠와 같이 있는 것을 보았고, 나는 얼굴을 붉히며 몸둘 바를 몰랐다.

어른이 된 뒤에는 거의 아빠와 단둘이 있지 않았지만, 때로 브로테바이엔에 둘만 남으면 분위기는 어색했다. 한번은 아빠가 자기가 꾼 꿈 이야기를 한 적이 있었다. 아빠는 꿈에, 융에 관심이 많았다. 그는 알콜중독 여자가 허름하고 낡은 드레싱 가운 차림으로 브로테바이엔의 집을 비틀비틀 돌아다니는 꿈을 꿨다, 무시무시한 악몽이었다고 했다. 내 꿈을 꾸다니 신기하다, 내 미래의 모습에 아빠가 그렇게 겁을 먹다니, 대뜸 이런 생각이 들었다. 아빠가 꿈과 융에 관심이 많았던 이유는, 꿈은 통제할 수 없다는 사실을 알고 있었기 때문이었다.

....

12월 15일. 한낮 12시 10분이었는데, 시계는 멈춰서 5시를 가리키고 있었다. 이메일을 확인했지만, 수신된 편지는 없었다. 혼자 끊임없이 이메일만 확인하며 집에 틀어박혀 있는 것은 견딜 수가 없었다. 나는 따뜻한 옷을 입고, 엘프리데 옐리네크(1946~, 오스트리아의 작가, 노벨문학상 수상자-옮긴이)에 대한 기사를 가방에 넣고, 7킬로미터를 걸어 배터리를 갈기 위해 시계를 맡겼던 가게에 갔다. 기차역 근처 카페에 들어가서 커피를 마시며, 이메일을 확인하지 않으려고 일부러 맥 대신 직접 펜을 들고 손으로 기사를 수정했다. 그런데 전화로 이메일을 확인했더니 보드에게서 편지가 와 있었다. 내게 일어났던 일을 자세히 듣고 싶다는 내용이었다. 나는 언젠가 듣게 될 거라고 답했다. 말하고 싶지 않다, 그가, 모두가 알고 있었으면 좋겠지만, 역겨운 일이라 직접 말하면 속이 미식거리기 때문에 직접 말하고 싶지 않은 것뿐이라고 적었다. 다시 휴대전화로 이메일을 확인해 보니, 2시 10분 전에 보드가 어제 아스트리드의 이메일에 답장을 쓰면서 내게도 참조로 보낸 메일이 와 있었다. 나는 엘프리데 옐리네크에 대한 글을 밀어놓았다. 어차피 집중할 수도 없었다.

보드는 엄마와 아빠가 정말 우리를 공평하게 대하고 싶었다면, 평등을 명문화한 상속법대로 하면 되지 유언장을 쓸 필요도 없었다는 말로 시작했다.

오랫동안 왕래가 없었기 때문에 나는 모르는 이야기였지만, 그는 지금까지 있었던 상황들을 꼼꼼히 열거했다. 아파트 매매와 다양한 경제적 지원에 관한 이야기였는데, 보드가 지금껏 아빠에게 여러 번 언급한 문제였다. 그때마다 아빠는 모두 다 기록해 두었으니 빠짐없이 계산에 넣을 것이다, 실제 상속이 이루어질 때 이자까지 계산하게 된다고 둘러댔지만, 이제 보니 전부 보드가 불평등한 대접을 일시적인 것으로 받아들여서 풍파를 일으키지 않도록 하려는 거짓말이었다, 보드는 클라라와 같은 표현을 썼다.

그는 아스트리드가 정말 오두막 하나의 유지비를 다 댔다 해도 그 세월 동안 오두막을 혼자 사용하는 편의를 누렸으니 당연한 일이라고 지적했다. 엄마와 아빠는 얼마 전 오두막에 공공 상하수도를 연결했고, 상당한 공사비를 지불한 뒤에야 소유권을 이전했다. 인지세도 아빠가 지불했고, 두 번째 감정 평가액은 첫 번째 평가액보다 40퍼센트나 높은 액수다. 도대체 첫 번째 부동산 전문가는 어떤 지시를 받았기에 그런 평가를 내렸을까? 아스트리드가 최대한 싸게 오두막을 증여받고 베르기요트와 자신이 손해를 보도록 최대한 낮은 액수로 산정하라는 지시 아니었을까? 다시 내 이름이 나왔다.

아이들에 관해서라면, 보드는 마지막에 썼다, 모두 성인이니 굳이 이 갈등에 대해 알려 줄 필요가 없다, 다들 알아서 판단할 수 있다.

아스트리드의 답장은 겨우 한 시간 뒤인 3시 10분 전, 내가 새 배터리를 넣은 시계를 찾아서 기차역 근처 카페에 다시 앉아 있을 때 도착했다. 보드가 오해했다는 내용이었고, 보드는 곧장 그렇지 않다고 답했다. 내가 모르는 사이 금전적인, 현실적인 문제에 대해 이미 격한 설전이 오갔던 모양이었다. 내게 보낸 이메일에서 아스트리드 는 당연히 언니 말을 진지하게 받아들인다, 항상 그랬다, 그래서 어 젯밤 언니가 보낸 이메일도 지우지 않은 거라고 썼다. 다 좋았지만, 아마 자기 말고 다른 사람들에게도 보낸 편지였기 때문이었을 것이 다. 그녀는 직접 만나자고 했다. 바로 어제 물어보지 않았느냐, 직접 만나겠다면 기꺼이 집에 들르겠다고.

용감한 노력이었지만, 나는 그러고 싶지 않았다. 내 안의 모든 것 이 저항했다. 그래 봤자 좋은 결과가 나올 리 없다, 그런 적이 없었 다. 나는 언제나 이해해야 하는 입장이 되고, 언제나 내 행동이 다른 사람들에게 안 좋은 영향을 끼치고 부모님을 고통스럽게 한다는 말 을 들어야 하는 입장이 된다. 나는 아스트리드의 언어를 너무 잘 알 았고, 그 언어를 듣고 나면 대체로 슬프고 화가 났다. 아스트리드는 선의에서 하는 말일 것이다. 그렇지 않다고 생각하지는 않았다. 아마 최대한 선의로 화해와 협력을 구하고 있겠지만, 이쪽에는 그저 삭제 해 버릴 수 없는 반대항이 있다. 때로 우리는 선택을 해야 한다.

두 번째로 보 셰르벤을 만난 곳은 포르네부 공항 탑승 수속 카운터였다. 보 셰르벤과 나는 신진작가 협회 강연 차 슬로바키아로 가는 길이었다. 보는 노르웨이 작가 협회를 대표했고, 나는 노르웨이 잡지사 협회에서 파견되었다. 잡지사 협회 선거위원회 부위원장이었던 클라라가 코펜하겐으로 이사 가기 전 마지막 업무로 나를 추천해서 위원으로 선출된 것이었다. 슬로바키아 초청 건은 내가 처음으로 참석한 위원회 회의 안건이었는데, 일정이 비는 사람이 아무도 없었다. 나는 기꺼이 나섰다. 떠나고 싶었다.

노르웨이 시어터 로비에서 보 셰르벤을 처음 만난 뒤 일곱 달 사이에, 내 인생은 완전히 바뀌었다. 이제 혼자 살고 있었고, 아이들의 양육을 공동으로 책임지고 있었고, 무시무시한 깨달음이 있었고, 부모님과 정면으로 부딪쳤고, 태어났을 때 얻은 가족을 잃었고, 정신 분석을 시작했다. 정신 분석 상담실에서 곧장 공항으로 나온 길이었기 때문에, 나는 신경이 곤두서고 혼란스러운 상태였다. 보 셰르벤과 나는 같이 탑승 수속을 밟았고, 출국장 안 카페에서 나는 그에게 속마음을 털어놓았다.

나는 기본적으로 깊은 고통과 충격, 슬픔에 빠져 있었지만, 정신 분석을 시작했고, 변화를 향한 첫 걸음을 내디뎠고, 고통스럽고 위험이 도사린 자기 성찰의 과정을 밟고 있었다. 이제 침대에서 일어나서 샤워하고 옷을 입고 이를 닦고 짐을 꾸릴 수 있었고, 여권과 돈을 챙기는 것도 잊지 않았다. 기이한 느낌이었지만, 마치 빨래하는 것 같았다. 나는 보 셰르벤과 함께 어떻게 탑승 수속도 했고, 같이 슬로바키아행 비행기에 올랐다. 비행기는 흰색이었다. 구름도 흰색, 구름 위 하늘은 파란색과 흰색, 화이트 와인을 마시니 가볍고 거의 공기처럼 투명한 기분이었다. 우리는 착륙한 뒤 흰 버스 편으로 꽃이 활짝 핀 체리나무로 둘러싸인 공원 안 흰 성으로 향했다. 방도 흰색, 침대도 흰색, 아침도 흰색, 빵과 밤도 흰색, 슬로바키아 시인들은 창백한 피부였다. 다들 어떻게 버티는지? 우리 모두 다 어떻게 버티고 있지? 우리는 투명한 슈냅스를 마시고 체리 꽃으로 희게 물든 잔디 위에 누운 채, 슬로바키아 시인들이 읊는 이해할 수 없는, 분명 흰색인 시를 들었다. 보는 흰 천사로 변해서 나무 밑에서 춤을 추었다. 새벽에 잠에서 깨어 보니 희게 칠한 밝고 넓은 식당이었고, 흰 식탁보 위에 흰 빵과 흰 치즈, 우유가 놓여 있었다. 동시에 두 가지 상태로 존재하는 것도 가능하다. 근본적으로 불행하고 뼛속까지 불안하면서도, 아마도 그 근본적인 불행으로 인해 순간의 행복을, 아니, 그저 순간이 아니라 몇 시간, 혹은 이틀 내내 슬로바키아에서의 행복을 보다 강렬하게 느끼는 것도.

....

12월 16일 수요일 아침. 눈은 녹았고, 어둡고 비가 내렸고, 진눈깨비가 회색으로 날렸다. 커피를 마시며 엘프리데 옐리네크에 대한 글을 편집하는 동안에도, 아스트리드에게 답장을 써야 할까 계속 마음에 걸렸다. 어쨌든 아스트리드는 내게 손을 내밀었다. 자신은 그렇게 하고 있다고 믿었을 것이고, 그 표현이 내게 초대라기보다 명령으로 해석될 거라는 것을 알 리가 없다. 그녀가 내민 올리브 가지를 내가 어떻게 받아들였는지 설명하지 않는다는 건 부당한 일이다. 나는 엘프리데 옐리네크에 대한 글을 밀어 두고 아스트리드에게 편지를 썼다. 그래, 만나서 이야기를 할 수는 있다, 하지만 내게 가장 중요한 문제를 네가 언급하지 않으려 하고 절대 입에 올리지도 건드리지도 않는다면 어려울 것이다. 지금과 같은 상황이 여러 번 있었는데, 그때마다 그랬다, 나는 썼다. 부모님과 나 사이에서 한쪽을 선택하라는 것이 아니다, 너와 부모님의 관계는 원래부터 나와 부모님의 관계와 아주 달랐고, 네 어린 시절도 그랬다. 하지만 아무리 불편하고 상대하기 힘들더라도, 내가 했던 이야기가 아예 존재하지 않은 척하면 안 된다. 그건 네가 해결해야 할 문제다. 나와 계속 관계를 맺기 원한다면, 내가 했던 이야기가 그 관계의 핵심이라는 점을 네가 직시해야 한다.

오두막을 둘러싼 갈등이 끝나면 다시 이야기할 수도 있겠지만, 그건 위에 적은 조건하에서다, 나는 글을 맺었다. 행복한 크리스마스와 신년 맞이하길.

요점을 분명하게 전달했다. 이제 즐거운 크리스마스를 보낼 수 있겠다는 기분이 들었다. 클라라에게 이메일을 읽어 주었더니, 늘 내가 그렇듯 너무 유하게 적었지만 그래도 보내고 나면 다시 일상으로 돌아갈 수 있을 거라고 했다. 나는 클라라와 통화하는 도중에 편지를 보냈다. 전화가 걸려왔다는 것을 알리는 신호음이 들렸지만, 클라라와 통화하느라 바빴다. 전화를 끊은 뒤 확인하니 아스트리드였다. 전화를 받지 않았다는 것이, 내 입장을 분명히 하는 이메일을 보낸 것이 흡족했다.

그때 쇠렌이 전화했다. 아스트리드가 전화했는데, 아빠가 브로테바이엔의 계단에서 넘어져서 울레볼 병원 집중 치료실에 있다는 소식이었다.

....

아빠? 클라라는 코펜하겐에서 밤마다 외치곤 했지만, 대답은 없었다. 아빠! 어두운 밤에 고함을 질렀지만, 대답은 없었다. 당신이 자살하지 않았다면, 나는 어떻게 됐을까? 아마 훨씬 더 잘 풀렸겠지, 클라라는 투덜거리다 이내 사과했다. 미안해, 아빠, 용서해 줘, 그녀는 애원했다. 나만 생각해서, 차가운 물로 걸어 들어갈 때 아빠 마음이 얼마나 끔찍했을까 생각하지 않아서 미안해.

....

　나는 곧장 아스트리드에게 전화했다. 디아코네메 병원에서 전화했을 때와 달리 심각한 목소리였다. 그날 아침 8시 배관공 두 사람을 집 안에 들이려다 계단에서 헛디뎠는지 콘크리트 벽에 머리를 부딪쳤다는 것이었다. 현관까지 가지도 못했다. 아빠 목소리도, 배관공 목소리도, 공사하는 소리도 들리지 않는 것이 이상해서 침대에 있던 엄마가 일어나 보니, 아빠는 피투성이로 구겨진 채 계단 아래에 죽은 듯이 쓰러져 있었다. 엄마는 아빠가 죽은 줄 알고 비명을 지르며 현관으로 달려 내려가서 문을 열어 주었다. 집에 들어온 배관공들은 급히 계단을 올라가서 아빠를 회복 자세로 눕히고 인공호흡을 시도했다. 한 사람이 앱을 보면서 방법을 알려 주고 다른 한 사람이 구강 대 구강 호흡을 시도한 끝에, 20분 뒤 심장은 다시 뛰기 시작했다. 배관공들은 구급차를 불렀다. 엄마는 오사에게 연락했는데, 마침 차를 직접 몰고 출근하던 참이라 곧장 차를 돌려 구급차보다 먼저 브로테바이엔에 도착했다. 아빠는 구급차로 울레볼 병원으로 옮겨졌고, 이제 집중 치료실에서 인공호흡기를 달고 있었다.

　심각한 것 같았다. 하지만 워낙 사소한 일에도 소란을 피우는 가족이라 어떻게 반응해야 할지 알 수 없었다. 아빠와 같이 울레볼에 있어, 아스트리드가 말했다. 그녀와 오사, 그리고 엄마. 의사도 아직 뇌 손상 여부는 모른다, 몇 시간 뒤 MRI 검사를 하고 나면 좀 더 자세히 알 수 있을 것이다. 당분간은 그저 기다리는 수밖에 없다.

나는 클라라에게 전화했다. 과장하는 거야, 그녀는 말했다. 아버지의 사고를 이용해서 보드와 네 입을 막고 따돌리려는 거야. 하지만 시간이 흘러도 아스트리드에게서는 연락이 없었다. 그저 과장이고 작전이라면 진작 전화가 왔어야 하는데, 난리를 피우며 최대한 시끄럽게 만들어야 하는데. 그러나 그녀는 전화하지 않았다. 나보다 더 급한 용무가 있는 것이다.

아이들에게 말해 보았지만, 우리 모두 어떻게 받아들여야 할지 몰랐다. 나는 약속이 있었고, 라스와 국립극장에 〈페르 귄트〉를 보러 가기로 한 저녁까지 계속 바빴다. 약속이 다 끝난 뒤에도 아스트리드에게서 연락이 없는 것을 보니 정말 심각한 것 같았다. 나보다 더 중요한 용무가 있는 것 같았다. 아빠는 좀 어떠냐고 문자로 물었더니, 아스트리드는 안 좋다, 심각하다, 20분 동안 심장이 멈췄다고 답했다. 그녀답지 않게 사무적인 어조인 것을 보니 정말 심각한 것 같았다. 편집회의가 끝난 뒤 12월의 어둠과 함께 스토로 전철역에서 표를 사는데, 베르겐 학생회에서 전화가 와서 내년 3월 22일 페터 한트케에 대해 강연을 요청했다. 아버지가 병원에 계신다, 심각한 문제라서 지금 당장은 이야기할 수가 없다고 대답하는데, 놀랍게도 목소리가 쉬어 나왔다. 기차가 도착했고, 나는 울음이 터질 것 같은 기분으로 표를 사지 않고 객차에 올랐다. 오두막 갈등 때문에 아빠는 지난 며칠 동안 내 생활에서 거대한 존재감을 드리우고 있었다. 보드와의 만남, 그의 이메일, 되돌아온 내 어린 시절, 발러에서의 기억, 이제 주배수관에 연결된 화장실, 더 이상 사용하지 않는 우물, 나는 아빠가 부동산 업자와 함께 두 오두막의 방들을 돌아다니며 단점을 지적하는 모습을 상상했고, 보드의 이메일을 읽을 때는 아빠가 보드의 메일을 읽고 있을 모습을 상상했다.

나는 국립극장에서 기차를 내린 뒤 막내딸 에바에게 전화해서 일이 심각하다고 알렸다. 나는 아직 눈물을 터뜨릴 것 같은 상태였고, 내 목소리를 들은 에바도 울먹이기 시작했다. 우리 둘 다 이유도 모른 채 울먹이고 있었다. 〈페르 귄트〉는 45분 뒤에 시작할 예정이었다. 극장에 들어가기 전에 번스에서 맥주 한잔하겠다고 라스에게 문자 메시지를 보내니, 그는 이미 그 집 야외 난롯가에서 맥주를 마시며 담배를 피우고 있다고 알려왔다. 나는 맥주 한 잔을 사서 눈 깜짝할 사이에 들이켰다. 한 잔 더 마시고 싶었다. 아버지가 울레볼 병원 집중 치료실에서 죽어가고 있는 마당에, 라스도 내가 한 잔이든, 세 잔이든, 마음대로 마시는 것을 말릴 수는 없었다.

나는 코펜하겐으로 클라라를 찾아갔다. 이제 나는 전국 신문에 연극 비평가로 글을 싣고 있었고, 왕립극장에서 절찬리 공연 중인 〈유령〉을 평하기 위해 코펜하겐 출장 허가를 받았다. 연극은 죽은 알빙 대위와 살아 있는 알빙 부인을 가차 없이 묘사하고 있었다. 내 가족을 비롯한 수많은 사람들이 노르웨이 신문에 실린 내 언어를 읽을 거라는 생각에 두려운 기분으로, 나는 신들린 듯 리뷰를 써서 보냈다. 하지만 나는 멀리 코펜하겐에 있었고, 안톤 빈드스케프가 좋아하는 클럽 에펠에서 클라라와 술을 마시고 있었다. 클라라의 존재가, 코가 비뚤어지도록 마실 수 있는 어둑어둑한 술집의 존재가 고마웠다. 다른 모든 것이 언제나 환하게 불을 밝히고 있으면, 어둠은 자기 자신 속에 담아 둘 수밖에 없다. 견딜 수 없다. 안톤 빈드스케프는 우스운 일화로 우리의 불행을 잊게 해 주었다. 그와 하랄 스베르드루프가 스웨덴에서 열린 시 대회 때 스톡홀름 근교 거대한 공원 안의 성에서 묵었는데, 술을 마시러 스톡홀름 시내로 나갔다가 하랄 스베르드루프는 너무 취해서 다시 성으로 자러 돌아갔고 그는 식물을 수집하는 여자를 만났다고 했다. 여자는 가방에 전정가위를 갖고 다녔는데 공원에 들어가자 좋은 표본이 눈에 띄었다. 아, 저거 멋지군요! 아, 이것도 좋아요! 여자는 가방을 열고 가위를 꺼내 직접 식물을 잘랐다. 안톤은 결국 여자를 데리고 성 안의 객실로 들어갔는데, 하랄 스베르드루프가 티셔츠 차림으로 성기를 옷단 아래 늘어뜨린 채 문을 두드렸다. 하랄은 같이 재미 보자고 했지만, 안톤은 가위가 든 가방만 침대 아래 겨우 밀어 넣은 차라 재미를 나누어 갖고 싶지는 않았다. 그래서 대신 보드카 한 병을 건넸더니, 하랄은 여전히 성기를 훤히 내보인 채 술병을 들고 떠났다. 다음 날 아침 하랄은 바깥 공원에 누워 있었고, 옆에는 쪽지 한 장이 포크로 땅에 꽂혀 있었다. 살려 줘. 할랄드! 자기 이름도 잘못 적혀 있었다.

웃으니 기분이 좋았다.

일요일, 우리는 기차를 타고 마리나 아브라모비치의 1974년 영상 '리듬 0'가 전시되고 있는 루이지애나 현대미술관으로 갔다. 긴 탁자 위에 깃털, 권총, 체인, 장미 등 일흔두 개의 서로 다른 물건이 놓여 있었고, 탁자 뒤 벽에는 여섯 시간 길이의 퍼포먼스 비디오가 상영되고 있었다. 관객들은 그 물건들을 원하는 대로 탁자 앞에 서 있는 마리나 아브라모비치에게 사용할 수 있고, 그녀는 여섯 시간 동안 무슨 행동이 가해지든지 견디면서 계속 서 있는 퍼포먼스였다. 관객들이 어떤 행동을 하는지 보고 싶다는 것이 예술가의 의도였다. 처음에는 관객들도 수줍어서 가만히 선 채 아브라모비치가 먼저 무슨 행동을 하겠거니 하면서 기다렸다. 하지만 그녀는 아무것도 하지 않았다. 그러다가 한 사람이 조심스럽게 접근했고, 두 번째, 이어 세 번째가 사회적인 장벽을 뚫고 다가섰다. 다음 사람은 더 가까이 다가갔고, 그다음 사람은 그녀를 만졌고, 사람들은 차츰 심한 행동을 하기 시작했다. 셔츠를 갈기갈기 찢고, 서로 부추기고, 대담한 행동을 격려하고,

서로 누가 더 과감한 짓을 하나 경쟁하고, 위협적으로 변했다. 누군가 찢어진 셔츠를 벗겨서 모욕을 주었고, 마치 아브라모비치의 수동적인, 어쩌면 그래서 더욱 강력해진 존재가 도발이 되었는지 관객들은 공격적으로 변했다. 한 사람이 그녀의 손에 권총을 쥐어 주고 총구가 곧바로 머리를 향하도록 들어 올리더니 속삭였다. "쏴!"였나? 퍼포먼스가 끝나고, 시계 종이 울리고, 그녀가 마침내 움직이고, 관객 쪽으로 한 걸음 다가서자, 그들은 경악과 혐오 속에서 물러났다. "그들은 자기들이 내게 한 짓 때문에 나의 존재를 견딜 수 없었다."

············

페르는 흰 정장 차림이었다. 페르는 샴페인을 마시고 자신의 자아에 취했다. 페르는 중용에 익숙하지 않은 사람이었다. 페르는 오만한 자기 확신에 차 있었다. 경계를 몰랐고, 여자와 모험, 권력과 육욕을 마음껏 누렸다. 페르는 앞서가기를 원했고, 황제가 되고 싶었고, 한계가 아닌 가능성에 집중했다. 페르는 하늘 아래 자신의 한계가 없다, 무슨 일이든 해도 된다고 자신에게 말했다. 아빠와 동류인 인물, 부자가 되고 싶었고 부자가 된 인물, 필요할 때 그 부를 자신에게 유리하게 이용하는 법을 아는 인물. 페르의 어머니 오제가 죽어 가는 장면에서, 지금 아빠가 인공호흡기와 같이 달고 있는 심전도기를 단 오제가 현대의 병원 침대에 누워 있는 장면에서, 나는 울기 시작했다. 아빠는 바로 지금, 오제가 누워 있는 곳과 비슷한 작은 병실에 있었다. 벌써 세상을 떠났을까, 그랬다면 아스트리드가 전화했을 것이고 나는 극장을 나와서 그녀에게 전화했을 것이다. 그러니 아빠는 지금 무대에서 오제에게 달린 것과 같은 기계에 연결된 채 살아 있을 것이다. 나는 울기 시작했다. 오제가 죽는 장면 내내 나는 가눌 수 없이 흐느꼈다.

늘 그랬듯 페르가 따뜻한 환영을 기대하며 솔베이지에게 돌아가는 마지막 장면에서, 솔베이지는 무대를 나간다. 솔베이지는 노라의 언어, 현대 여성의 언어를 남기고 페르를 떠난다. 그녀는 떠난다.

페르를 떠난다. 엄마가 하지 않았던 행동, 평생 제 돈으로 청구서 한 번 내 본 적이 없던 의존적이고 무능한 여자, 엄마가 절대 할 수 없었던 행동을 한다. 솔베이지는 페르를 떠난다. 혼자 서 있는 페르를 보는 순간, 문득 아빠의 인생도 쉬운 것이 아니었다는 생각이 떠올랐다. 아빠와 아빠의 인생을 생각하니 깊은 연민이 솟아올랐다. 젊은 남자로서 돌이킬 수 없고 고칠 수 없는 어리석은 짓을 저지른 인간, 그 대가를 어떻게 짊어져야 할지, 짊어지고 어떻게 살아가야 할지 몰랐던 인간. 그래서 그는 잊으려고 애썼고 억압하려고 애썼다. 오랫동안 그가 다치게 한 인간도 그 상처를 잊어버리고 억압한 것 같았고, 누구에게 무슨 일이 있었는지 아는 사람들도 모두 잊어버린 척, 억압한 척 행동했다. 하지만 억압당하고 잊혔던 일도 언제든지 되돌아올 수 있으며 망각과 억압의 심연에서 수면으로 올라올 수 있다. 그랬다면? 분명 힘든 인생, 두려움과 공포 속에서 살아야 했던 인생일 것이다. 아빠는 자신의 죄를 상기시키는 손위 자녀 둘을 피하고 두려워했다. 자신이 그들에게 저지른 짓 때문에 그들을 견딜 수가 없었던 것이다.

페르는 자신이 지나쳤다는 것을 이해하지 못했다. 페르는 언제 자신이 지나쳤는지 알지 못했다. 페르는 선이 어디 있는지 몰랐기 때문에 마음껏 넘나들었지만, 설사 선이 어디 있는지 알았더라도 아마 넘었을 것이고 넘기를 선택했을 것이다. 그저 넘고 싶으니까, 참을 수 없도록 짜릿하니까, 자신은 무슨 짓을 해도 무사할 거라고 생각했으니까, 자신의 행동이 다른 사람에게 어떤 결과를 가져올지 진지하게 생각하지 않고 용서받을 거라고 생각했으니까, 일이 언제나 자신에게 잘 풀릴 거라고 생각했으니까.

너무 늦었어, 페르. 솔베이지는 그에게 말했다. 카타르시스의 순간이었다. 너무 늦었어, 페르, 솔베이지는 말했다. 때로 너무 늦는다. 때로 보상할 수 없다. 때로 손상은 바로잡을 수 없다.

············

코펜하겐에서 클라라를 만나고 돌아와 보니, 유부남에게서 온 수수께끼의 카드가 우편함에 들어 있었다. 내 코를 꿰어서 놓지 않으려는 수작이었다. 나는 답하지 않았지만, 이미 꿰어 있었다. 그 가을 내내, 그 겨울 내내, 그해 내내, 다음 해에도, 유부남에게서 수수께끼의 카드와 암시가 날아왔고, 나는 답하지 않았지만 꿰어 있었다. 당신을 우아하다고 해야 할까, 코끼리 같다고 해야 할까. 그는 썼다. 당신은 우아한 코끼리야, 나는 답하고 싶었지만 하지 않았다. 나는 정신 분석에 몰두했다. 정신 분석이 그 자체로 입증해 주는 것은 없었지만, 뭔가 변하게 할 수는 있었다. 그런데 그러려면 정신 분석가에게, 다른 누구도 아니고 그에게만 전적으로, 충실하게 연애하듯 몰두해야 했다. 나는 이미 유부남과 사랑에 빠져 있었는데, 손에 넣을 수 없는 사랑의 대상이 이미 있었는데.

전쟁이 벌어지는 꿈을 꾸었다. 나는 툭 트인 평지 외곽의 나무 사이에 한 군인과 함께 서 있었고, 우리는 평지를 가로질러야 했다. 가까운 곳에 있는 적군이 우리를 환히 볼 수 있기 때문에 위험했다. 밤이었다. 곧 해가 뜨기 전에 이동해야 했다. 나는 두려움에 떨며 평야를 굽어보았다. 내가 임박한 진군을 앞두고 마음을 굳건히 하려고 애쓰는 동안, 동료 군인은 나무에 기대앉아 있었다. 시계를 보았다. 이제 가야 할 시간이었다. 동료 군인을 돌아보니, 그는 계속 나무에 기

대앉아 있었다. 전쟁에서는 쓸모가 없군, 나는 생각하고 달리기 시작
했다.

나는 정신 분석가에게 꿈 이야기를 하면서 그 군인은 이혼도 못
하는 유부남 같았다고 말했다. 내가 실제로 참전해서 이혼하는 동안
수동적으로 가만히 있는 유부남. 나는 한참 동안 유부남 이야기를 했
다. 그러나 정신 분석가는 자신이 그 군인인 것 같다, 내가 소파에 누
워 전투를 치르는 동안 책상 뒤 의자에 가만히 앉아 있지 않느냐고
했다. 자만심도 대단하군, 그때 나는 이렇게 생각했지만, 유부남에 대
한 감정이 사라지고 정신 분석에 대한 마음은 여전한 지금, 다시 생
각해 보니 그의 말에 동의하고 싶은 생각이 든다. 그것이 그였건 다
른 사람이었건 둘이 합쳐진 인물이었건, 나는 종종 전투 상황에서 고
립된 것과 비슷한 기분이었다. 나는 정신 분석가에게 그가 최적의 수
준으로 작동하기 위해서 필요로 했던 내 안의 자리를 내주지 않았고,
내줄 수도 없었다. 그러나 몇몇 순간들은 아름다웠고, 우리는 서로
가까워졌다. 언젠가 내가 무슨 이유에서인지 그를 비난했을 때, 그는
우리가 정신 분석의 이름으로 단결해서 나를 돕기 위해 그 방에 함께
있는 거라고 했다.

극장에서 돌아와서, 우리는, 나는 술을 마셨다. 아스트리드는 병원
에서 일단 집에 갔다가 내일 아침에 다시 오라고 했다, 오사와 같이
엄마 집에서 밤을 보내기로 했다고 문자를 보냈다. 나는 자리를 지켜

쥐서 고맙다고 답했다.

나는 술을 마시고 미친 듯이 떠들었다. 진정할 수가 없었다. 라스가 침대에 든 뒤에도 혼자 깨어 레드 와인 잔을 가득 채우고 다시 비웠다. 심각한 상태라면 병원에서 가족들을 집으로 보내지 않았을 거야, 클라라에게 전화했더니 그녀가 다독여 주었다. 나는 방 안을 빙빙 돌며 긴장을 풀고 잠을 청하려고 술을 계속 들이켰지만, 점점 더 초조해지고 구역질이 나더니 결국 토하고 변기를 껴안은 채 밤을 지샜다. 나는 아침에 아스트리드에게 전화했다. 그들은 병원에 가는 중이었다. 목요일이었다. 내 수첩에는 공병을 재활용 쓰레기통에 갖다 놓는다, 탈레 가족이 스톡홀름에서 곧 돌아올 예정이니 돼지고기 관절 부위를 사 놓고 침대 시트를 갈아야 한다는 알림뿐, 다른 일정은 없었다. 하지만 나는 라스의 집을 나서지 않고 그와 함께 계속 서성거렸다. 아스트리드는 정오에 전화했다. 가족들은 의사를 만났다. 엄마와 아스트리드, 오사, 그리고 의사인 운니, 역시 의사인 시슬 아주머니도 같이 갔다. 내게 오라고 하지는 않았는데, 어차피 가지 않았을 테니 다행이었다. 하지만 모든 것이 명확해졌다. 이번에는 정말 심각하다는 것, 심각할 때는 내가 곁에 없기를 바란다는 것, 내 존재가 그들의 단합과 조화를 깨뜨린다는 것, 나 같은 문제아는 이런 상황에 초대하지 않겠다는 것. 아빠의, 죽어 가는 사람의 딸인데도 불구하고, 그들은 나를 이런 상황에 부르지 않았다. 만약 오라고 했다면 뭐라고 했을까 생각해 보면, 다행일까? 모든 것이 투명해졌다. 그것이 이 상황의 현실이었다. 지난 모든 경우에 아스트리드가 그렇지 않은 척했던 것, 다른 모든 상황에서 무시하고 지워 버린 것이야말로. 지금처럼 상황이 악화되고 심각해지니, 우리가 '화합'과는 거리가 멀고 '평범한' 가족이 아니라는 보드와 나의 관점에 아스트리드와 오사, 엄마도 전적으로 동의한다는 것이 너무나 극명하게 드러났다.

　병원 의사들은 아빠가 자력으로 호흡하지 못한다고 했다. 목이 부러졌다. 목 아래가 마비될 가능성이 높았고, 가능성은 희박하지만 의식을 되찾는다 해도 목 아래가 마비되고 말도 할 수 없을 가능성이 높았다. 문제는 호흡기를 떼느냐 마느냐였다. 의사들은 신중하고 전문가다운 태도로 그렇게 하는 것이 아빠를 위해 최선일 거라고, 환자가 자기 친척이라면 그렇게 했을 거라고 암시했다. 의사인 운니 아주머니와 시슬 아주머니도 올레볼 병원 의사들과 같은 의견이었고, 오사와 엄마도 동의했지만, 나중에 알고 보니 유일하게 망설인 것은 아스트리드였다. 하지만 결국 모두 다 호흡기를 떼는 데 동의했다. 아스트리드가 전화했던 것도 그 말을 하기 위해서였다. 물론 나도 반대하지 않았지만, 그녀는 내 동의 여부를 물으려는 것이 아니라 그저 알려 주려고 전화한 것이었다. 한 시간 안에 끝난다.

　나는 아이들에게 전화해서 한 시간 안에 호흡기를 뗀다고 알렸다. 클라라에게도 전화하고, 가장 가까운 친구들에게 이메일을 보냈다. 아스트리드는 45분 뒤에 전화해서 알렸다. 아빠가 죽었어.

....

　일주일에 네 번, 나는 소파에 앉아 고통과 수치심, 자잘한 일상에
대해 번갈아가며 이야기했고, 우리는 이따금 갑작스러운 돌파구를
경험했다. 나는 드뢰박으로 가는 히치하이커를 차에 태운 꿈을 꾸었
다. 마침 나도 거기 가는 길이었다. 한데 길을 잘못 들었다. 드뢰박으
로 가는 큰 도로에서 어쩌다 벗어나서 돌아가는 길을 찾을 수가 없었
다. 내 무능함 때문에 불편을 겪고 드뢰박에 늦게 도착할 히치하이커
에게 죄책감이 들었다. 문득 큰 도로가 보인 것 같았다. 도로의 불빛
이었다. 내 앞의 차고 문만 지나가면, 다시 도로로 올라갈 수 있다. 문
이 닫히기 시작해서, 완전히 닫히기 전에 빠져나가려고 액셀을 밟았
지만, 지나가지 못했다. 문이 너무 빨리 내려와서 차 위에 쿵 떨어졌
다. 우리는 놀라 기겁을 했지만, 그래도 살아 있었다. 히치하이커는
창백하게 질린 얼굴이었고, 바지 주머니는 뒤집혀 빠져 나와 있었고,
차는 완전히 박살났다. 그때 엄마가 나타나서 평소의 활기찬 태도로
고칠 수 있을 거라고 했다. 누가 봐도 불가능하다는 게 뻔했는데도.
　그때 길에 떨어진 5외레 동전이 눈에 띄어 허리를 굽혀 주웠다. 돈
을 발견하는 것은 행운이지, 나는 그래도 오늘은 운 좋은 날이었다고
위안 삼아 중얼거렸다. 그런데 자세히 보니 단추였다.
　다섯 살이요? 정신분석가는 물었다.
　아뇨, 5외레 동전이요. 나는 말했다.
　방금 다섯 살이라고 하셨습니다.

5외레 동전 말이었어요. 나는 꿈 이야기를 되풀이했다. 차고 문이 내려올 때, 내가 찌그러지는 기분이었다고.

다섯 살 난 아이처럼 찌그러지는 기분이었겠죠, 그는 말했다. 순간 전기에 감전되는 듯한 충격이 나를 뚫고 지나갔다.

....

오사와 아스트리드, 운니 아주머니와 시슬 아주머니가 엄마를 돌보았다. 그들은 엄마가 혼자 있지 않도록 순번을 정해 브로테바이엔에 머물렀다. 나는 다들 와 주어서 고맙다, 엄마에게 안부 전해 달라고 아스트리드에게 말했다. 다들 브로테바이엔에 있으니까 언제든지 와도 돼, 그녀는 말했다. 나는 잠시 들를 생각조차 없었다. 곧 마음이 놓이기 시작했다. 나는 아버지가 쓰러진 날부터 돌아가신 날 사이에 겪었던 구역질과 미식거림은 사실 아픈 상태가 오래가면 어쩌나 하는 무의식적인 두려움 때문이었다는 결론을 내렸다. 아빠가 요양원에서 몇 년이고 마비 상태로 누워 계셨다면 그 상황을 내가 어떻게 감당했을까? 침상에 누운 아빠가 와 달라고 나를 부르면, 안 가고 아빠를 실망시키든가, 가고 나 자신을 실망시키든가 양자택일을 해야 한다. 내가 원한 것, 인정과 사과를 언젠가 아빠에게서 얻을 수 있을 거라고는 생각지 않았다. 그런 희망을 가지고 병실에 들어갔다면, 아빠와 만날 때마다 자주 그랬듯 실망했을 것이다. 오랫동안 품었던 내 희망은 늘 물거품으로 돌아갔다. 나는 상상 속에서 부모님의 방문을 수없이 두드렸다. 그 문 앞에 서서 부모님이 열어 주기를, 내게 있었던 일을 인정하고, 나를 인정하고, 방 안에 들여 주기를 바랐지만, 그런 일은 일어나지 않았다. 부모님은 나를 방 안에 들이지 않았고, 문은 굳게 닫혀 있었고, 나는 갑갑하고 화난 기분으로 문지방에 서서 문을 계속 두드렸다. 그러다 결국 문 두드리는 것을 포기하고, 희망도 포기하고, 돌아서서 떠났다. 그렇게 어느 정도 자유를 얻었다. 나는 아빠의 병실에 가지 않았을 것이다. 희망하건대 굳게 마음을 먹었을 것이다. 페르 귄트를 떠난 솔베이지처럼 말했을 것이다. 너무 늦었어. 아스트리드와 엄마는 내게 계속 압박을 가하고 귀찮게 굴고 큰딸과 화해하고 싶다는 희망밖에 없는 무력한 마비환자를 괴롭힌다고 나무랐을 것이다. 그가 딸에게 저질렀던 일만 없었던 척하면 되는데, 정말 그 정도도 못 해 드리겠다고? 마치 십자군 운동에 참여하라는 듯, 깊디깊은 감정 문제 정도는 접어 두라는 듯. 그들은 나를 탓했을 것이고 상황은 불쾌해졌을 것이다. 아빠가 오랫동안 병상을 지켰다면, 엄마와 아스트리드와 오사와 함께 힘든 병간호를 도우라는 압력도 가해졌을 것이다. 나는 거절했을 것이고, 그들은 화가 나서 요양원 직원들을 포함한 모든 사람들에게 내 무관심과 이기심, 냉정함에 대해 떠벌였을 것이다. 하지만 그런 일은 일어나지 않았고, 아빠는 죽었다. 돌아가셨다. 나는 마음이 놓였다. 나는 아빠를 너무나 두려워하고 있었구나, 가족 저쪽 편이 언제든지 일으킬 수 있었던 이 불쾌한 시나리오에 대한 두려움도 이제 같이 사라졌구나, 나는 깨달았다. 이제 그럴 일은 없다. 아빠는 죽었다. 비난과 질책, 가시 돋친 말들, 사이코패스를 보고 싶으면 거울을 보려무나, 이제 이런 것도 없다. 아빠는 죽었다. 아빠는 이제 더 이상 나를 아프게 할 수 없다. 엄밀히 말하자면 이미 오랫동안 아빠는 나를 아프게 할 수 없었다. 매일같이 아빠가 두렵다는 마음을 안고 돌아다니지도 않았다. 아니, 어쩌면 그랬는지도, 아빠에 대한 이 두려움이 내 안에 살아 있었는지도. 예측 불가능하고 공격적인 사자가 살아 있는 한 그에 대한 두려움을 정복한다는 것은 어렵지만, 이제 그 사자는 죽었다.

....

프로이트는 정신 분석에 대한 어떤 설명도 실제 상담 중 받는 인상을 제대로 묘사하지 못하는 것은 불행한 일이며, 가장 결정적인 경험은 책을 통해서가 아니라 오로지 경험을 통해서 전달할 수 있다고 어디서 쓴 적이 있다. 나도 동의한다. 설명하기는 불가능하다. 마찬가지로 정신 분석을 왜 끝내는지, 때가 되었다는 것을 어떻게 깨달았는지 역시 말로 설명하기는 불가능하다.

3년 동안 일주일에 여러 번 상담을 받던 어느 날, 나는 정말 필요했기 때문에 급히 약속 시간에 달려갔다. 전날 밤 술을 마셨고, 같이 자서는 안 되는 남자와 잤고, 내 옷을 입고 있지도 않았고, 콘택트렌즈도 잃어버린 상태로, 얼른 소파에 누워 속마음을 쏟아붓고 울고 절망하고 싶은 마음이 간절했지만, 정신 분석가는 평소 나오던 시간에 나를 맞이하지 않았다. 30분 뒤 문을 두드렸지만, 대답도 없었고 나오지도 않았다. 손잡이를 돌려 보았지만, 문은 잠겨 있었다. 나는 손잡이를 흔들었고, 소리도 지른 것 같다. 정신 분석 연구소 대기실에 자주 찾아오던 심리학과 학생들이 필사적인 내 모습을 쳐다보던 기억도 희미하게 난다. 아, 환자들이 찾아올 때는 저런 모습이군. 그중 한 사람이 내 어깨를 두드리더니 담당 정신 분석가가 3주 휴가 중이라는 공지가 적힌 알림판을 가리켰다. 아마 정신 분석가는 내게 미리 말했을 텐데, 불쾌한 많은 것들을 억누르듯 아마도 내가 억눌렀을 것이다. 이제 어떻게 하지? 언젠가 미칠지도 모른다는 생각을 늘 하고 있었는데, 그날이 온 것 같았다. 무릎에서 힘이 빠졌고, 나는 신경쇠약을 지켜보는 학생들을 희미하게 의식하면서 바닥에 쓰러졌다. 그대로 발광하지 않을까 생각했지만, 그렇게 되지는 않았다. 나는 약간 놀라 일어서서 주위를 둘러본 뒤 대기실을 나갔다. 달리 뭘 할 수 있었을까? 청명하고 반짝거리는 8월의 낮, 미처 깨닫지도 못했던 풍경이 눈에 들어왔다. 공기는 따뜻했다. 이 역시 미처 알아차리지 못했다. 나는 보그스타드바이엔을 걸었다. 달리 뭘 할 수 있었을까? 나는 놀랄 정도로 침착했다. 늦은 여름, 공기는 따뜻했고, 날씨는 아름다웠다. 나는 그때까지 깨닫지 못하고 있었다. 앞으로 3주 동안 정신 분석 없이 지내야 한다. 나는 다른 거리로 접어들었다. 달리 뭘 할 수 있었을까? 가게 앞을 지나치는데 유리창 안에서 나를 닮은 사람이 보였지만, 상태가 좋아 보였기 때문에 나일 리가 없었다. 나는 우뚝 멈춰 왔던 길을 되돌아간 뒤 유리창 안의 내 모습을 바라보았다. 겉보기에는 정상적으로 작동하는 여자 같았다. 저 여자의 눈을 통해 나 자신을 볼 수 있을까? 당신은 영리하지, 나는 그녀에게 말했다. 나빠 보이지도 않아. 이제 세상에 나가서 살아가야 하지 않나?

나는 그 3주를 견디고 상담을 끝내기로 결정했지만, 정신 분석가는 지속해야 한다, 고통 속에 더 깊숙이 파고들어 보다 나은 시각을 얻어야 한다고 생각하고 있었다. 돌아보면 그의 말에 동의하는 것은 쉽지만, 당시 나는 고통은 충분히 경험했고 고통스러운 시간은 충분히 보냈다고 생각했다. 유부남은 마침내 이혼했고 내 것이 된다, 나는 행복해지고 싶었다!

....

아빠가 아파서 병원에 있었던 24시간 동안, 나는 아스트리드의 문자 메시지에 일일이 답장을 썼다. 그녀는 내게 계속 연락했고, 오사는 보드와 연락을 계속했다. 메시지는 대체로 실질적인 문제, 아스트리드와 오사가 일선에서 대응하고 있는 급작스러운 상황에 대한 정보들이었다. 아스트리드는 엄마와 오사와 함께 브로테바이엔에 있다, 나도 언제든지 와도 된다고 썼다. 엄마가 밤에 혼자 계시는지 물어보니 그렇지 않다, 운니 아주머니, 시슬 아주머니까지 다들 번갈아 가며 그 집에서 같이 잔다, 엄마는 계단에서 떨어질까 봐 무서워하신다는 답장이 왔다. 나는 다들 와 주어서 고맙다, 모두에게, 특히 엄마에게 안부 전해 달라고 부탁했다. 아스트리드도 따뜻한 인삿말을 보냈다. 언제든지 와도 좋아, 그녀는 적었다. 어쩌면 수사적인 표현이었을 것이고, 어쩌면 아스트리드와 오사, 엄마도 상황이 달라졌다, 아빠가 죽었으니 이제 우리도 다시 한 가족이 될 수 있다고 생각하는지도 몰랐다. 한데 내가 눈물을 터뜨리거나 갑자기 얼마나 아빠를 사랑했는지 깨닫고 그간의 행실에 대한 회한을 표하지 않으면, 내가 거기 가는 것을 정말 바라지는 않을 것 같았다. 가족의 일원으로 마음을 나누기 위해 오라는 것 같지는 않았다. 아마 지금은 그 어느 때보다 감정적인 상태라 아는 사람들, 편한 사람들과 같이 있고 싶을 것이고, 그건 자연스러운 일이었다. 어쩌면 집안에 별 문제가 업고 모든 것이 긍정적이라는 인상을 줄 수 있도록 내가 상징적으로 찾아 주었으면 하는 걸까. 분명 지금 브로테바이엔에는 많은 사람들이 찾아오고 있을 것이다. 먼 친척들, 이웃들, 친구들이 꽃과 온기, 공감의 마음을 품고 방문할 테니, 나도 친구처럼, 이웃처럼 갈 수도 있다. 크리스마스 파티는 어쨌든 계속 추진할 생각이야, 아스트리드는 썼다. 그들은 브로테바이엔의 부모님 집에서 모두 함께할 수 있는 성대한 크리스마스 파티를 계획했었다. 이제 그 집은 엄마만의 곳이었지만, 어떤 면에서는 동시에 여동생들의 집이기도 했다. 오사와 아스트리드는 각자 남편과 아이들과 함께 참석할 것이고, 아마 운니 아주머니, 시슬 아주머니 등 많은 사람들이 올 것이다. 나는 문자 메시지에 일일이 답장을 쓰고 따뜻한 포옹을 보낸다는 인삿말도 꼬박꼬박 붙였지만, 집에 오라는 초대에는 대답하지 않았다. 그럴 생각도 없었다. 나는 "가족 모두를 생각하고 있어."라고 썼고, 그것이 거짓말은 아니었다. 나는 그들을 생각하고 있었고, 마음의 눈으로 그들을 보고 있었다. 나는 그들이 거기서 엄마를 돌보고 이런저런 일을 처리하고 있어서 기쁘다고 다시 썼다.

아빠?

거기 어디 계시나요?

죽는 건 어떤 기분인가요?

아빠를 불러내고 싶다고 생각하는 것은 올바르지 않은 일 같았지
만, 그는 내 자매들의 아버지였듯이 내 아버지이기도 했다.

....

아빠는 12월 17일 목요일에 세상을 떠났다. 장례식은 크리스마스 이후인 12월 28일이었다. 사망 이틀 뒤인 12월 19일 토요일, 아스트리드는 내게 이메일을 보내 이야기를 할 수 있겠느냐고 물었다. 마침 라스의 오슬로 집을 떠나기 위해 차에 가방을 실으려던 참이었기 때문에, 나는 10분 뒤 차에 있을 때 전화하라고 답했다.

안도감으로 홀가분해진 상태였다. 나는 가벼운 기분으로 맑고 고요한 12월의 아침, 차에 쌓인 눈을 치우러 라스의 집 계단을 내려왔다. 스메스타드크리세트 교차로에서 신호를 기다리고 있을 때, 아스트리드가 전화해서 뭔가 기대하는 목소리로, 심지어 희망찬 목소리로 기분이 어떠냐고 물었다. 실망스러운 대답이었겠지만, 나는 솔직히 안도감을 느낀다고 답했다. 그녀는 입을 다물었다. 아마 아빠와 화해하지도 못했는데 돌아가셔서 절망으로 제정신이 아닐 거라고, 이제 그렇게 완고하게 고집을 부리고 가족과 멀어졌던 것을 후회할 거라고, 아빠에게 사과하고 싶어도 너무 늦어서 죄책감에 시달릴 거라고 생각했을 것이다. 내가 뉘우치지 않고 안도감을 느꼈다면 내 이야기는 신뢰감을 더하는 셈이고, 내 서술이 사실이라면 그녀는 실수한 것이 된다. 아스트리드는 힘든 입장에 서 있었고 심지어 불가능한 입장이기도 했지만, 나는 그녀가 불가능한 상황을 인정하기만을 바랐을 뿐 어느 한쪽을 선택하라고 한 적이 없었다. 내가 자신의 쉰 번째 생일 파티에 기분 좋게 참석하기를 바라지 않고, 압력을 가하지 않고, 내가 불가능한 일을 가능하게 만들 수 있다는 듯 행동하고 나를 대하지 않기를 바랐을 뿐이었다.

엄마가 장례식 전에 언니를 보고 싶어 해, 그녀는 말했다. 엄마는 15년 동안 나를 만난 적이 없으니, 장례식 당일 갑자기 만나는 게 엄마에게 너무 큰 부담이면 어쩌나 걱정스러운 것이었다. 아빠를 땅에 묻고, 15년 만에 나를 보고, 오두막 일로 화가 나 있는 보드를 만나고, 동시에 다 해내지 못하면 어쩌나. 아스트리드는 엄마가 장례식에서 무너질까 봐 걱정스러웠다. 아스트리드와 오사와 엄마는 장례식을 품위 있게 치르기를 원했다. 보드에게도 미리 만나자고 했지만, 그는 거절했다. 하지만 나와의 문제는 보드의 상속 문제보다 더 뿌리가 깊기 때문에, 먼저 나를 보는 것이 더 중요했다. 잠시 산책할까, 우리가 언니 집으로 갈 수도 있어, 아스트리드는 말했다. 그건 싫다, 너무 사적이다, 카페에서 만나자. 내일, 일요일 아침, 아스트리드는 제안했고, 나도 동의했다.

나는 쇠렌에게 전화해서 같이 가지 않겠느냐고 물었다. 그는 그러겠다고 하고 그날 저녁 내 집으로 왔다. 나는 아버지의 죽음 때문에 눈물범벅으로 뒹굴고 있기는커녕 아스트리드와 오사, 15년 동안 보지 못했던 엄마를 내일 만나기로 해서 초조한 상태였다.

같이 벽난로 앞에 앉아 있는데, 보드에게서 만나는 이유가 뭐냐고 묻는 문자 메시지가 왔다. 아버지가 돌아가셨으니 이제 마음이 흔들리고 누그러져서 상속 분쟁에서 저쪽 편을 들까 봐 걱정스러운 모양이군, 쇠렌이 말했다. 애당초 엄마는 보드도 만나고 싶어 했지만, 그는 만나자는 이유가 뭐냐고 물었고, 오사는 그냥 그간 있었던 이야기를 하자는 거라고 답했다. 아버지의 죽음도 워낙 극적이었으니 엄마가 장례식 전에 얼굴을 한번 보아야 하지 않겠느냐, 상속 분쟁이 시작된 뒤 한 번도 못 보지 않았느냐. 엄마가 장례식을 두려워하기를 원치 않는다, 혹시 그전에 우리를 보지 않으면 장례식 도중에 무너지지 않을까 걱정스럽다. 보드는 알아야 할 것은 다 알고 있다, 엄마는 너희들이 생각하는 것보다 훨씬 강한 사람이라고 오사에게 답했다. 그 말은 맞았다. 엄마는 오사와 아스트리드가 생각한 것보다, 스스로 겉으로 내보였던 것보다 훨씬 강한 사람이었다. 엄마는 언제나 엉터리 나약함을 가장했다. 어쩌면 무의식적이었을 것이고, 어쩌면 진심으로 그렇게 믿었을지도 모르겠다. 하지만 애도하는 가족 앞이라 해도 상속 분쟁에서 물러설 수는 없었다. 나는 보드에게 상속 문제는 언급하지 않을 것이다, 혹시 무슨 극적인 장면이 연출된다거나 상속 문제가 화제에 오르면 나는 곧장 자리를 뜨겠다고 아스트리드에게도 말해 두었다고 답장을 썼다.

죄다 너무 연극적이야, 보드는 말했다.

엄마의 연극과 눈물, 상대의 영역에 침범해서 서로의 감정을 분간할 수 없게 만드는 폭력적이고 압도적인 감정을 상대할 에너지는 없었다. 다음 날이 무서워지기 시작했다. 나는 아스트리드에게 문자 메시지 대신 이메일을 보냈다. 아스트리드는 엄마와 같이 있을 테니 휴대전화에서 삑 소리가 날 때마다 서로 전화를 보여 줄 게 뻔했고, 브로테바이엔에서는 여기저기서 안부를 묻고 조문을 보내는 전화가 끊임없이 울리고 있을 것이다. 엄마가 이번 만남이나 미래에 대해 큰 기대를 갖지 않았으면 좋겠다, 내가 가기로 한 것은 오로지 상황의 예외성 때문이고 엄마가 안쓰럽기 때문이다. 극적인 장면이 펼쳐지는 않았으면 한다, 나는 썼다. 아스트리드는 곧장 답했다. 동의한다, 극적인 일은 없을 것이다, 큰 기대는 없다, 한 번에 한 가지씩 문제를 해결하자.

카페에서 만나고, 장례식을 치르고, 그런 다음에는?

우리는 넉넉히 여유를 두고 출발했다. 얼른 아침 식사를 하고 일찌감치 집을 나섰다. 차를 대려고 했던 곳에는 주차 공간이 없었다. 일요일이었지만 크리스마스가 다가오고 있었기 때문에, 가게는 모두 열려 있었고 온통 자동차와 인파가 북적거렸다. 나는 다른 곳에 세우자고 했지만 쇠렌은 생각이 달랐다. 우리는 기분이 상해서 말싸움을 시작하다가 빈 공간을 발견하고 차를 댄 뒤 내렸다. 만나기로 한 카페는 아이들을 데려온 가족들, 김이 오르는 외투, 크리스마스 쇼핑으로 가득 차 있었고, 빈 탁자가 없었다. 추운 밖에서 기다려야 할까? 누구라도 일어나기를 기다리며 북적거리는 실내에서 초조하게 기다렸지만, 아무도 일어나지 않았다. 슬픈 대화를 나눌 만한 장소도 아니었다. 내가 잘못 선택했다. 아스트리드에게 전화해서 장소를 잘못

골랐다, 너무 북적거린다, 다른 곳을 찾자고 할까, 그냥 도착할 때까지 기다릴까? 강변의 펍은 아마 사람들이 벌써 술을 마시고 있을 것이고, 쇼핑 센터의 아이스크림 가게는 편안하지 않다. 우리는 카페의 혼돈 속에서 조바심치며 기다렸다. 어린 소녀가 아장아장 내게 다가왔고, 그 엄마도 뒤따라오더니 넘어지면 받아 주려고 팔을 내민 채 딸 위에 허리를 굽혔다. 내가 첫걸음마를 내디딜 때 엄마도 저렇게 뒤따라왔을 것이다. 지금은 상상하기 힘들지만, 엄마도 그때는 좋은 엄마, 본능과 몸이 시키는 대로 직관력 있고 늘 곁을 지키는 엄마였겠지만, 그것은 오래전 일이다. 하지만 나는 아직 걷고 있고, 아직 걸을 수 있다. 우리는 카페 밖으로 나가서 추위 속에 기다렸다. 쇠렌은 커다란 퀼트 재킷 차림으로 우뚝 서서 서성거렸다. 우리는 이제 일어날 일에 대해, 우리를 기다리는 불편한 일들에 대해 생각하지 않으려고 달리 갈 만한 곳이 어딜까 이야기를 나누었다. 쇠렌이 무엇을 예상하는지 알 수 없었고 묻지도 않았다. 그 이야기는 하고 싶지 않았고, 그저 일이 되어가는 대로 놓아두고 싶었다. 혼자가 아니라는 것이 좋았고, 쇠렌이 성인이라는 것이, 언제나 거기 있을 거라는 사실이 좋았다.

아스트리드에게 전화해서 다른 곳으로 가야 한다고 이야기해야 할까. 하지만 아직 갈 만한 곳이 생각나지 않았다. 처음 그녀가 제안한 대로 추운 바깥에서, 강변을 따라 산책이나 하는 것이 좋을지도 모른다. 그때 아스트리드가 전화해서 다리 건너 피자 가게 옆에 있다고 했다. 마침 우리도 거기를 잊고 있어서 다리를 건너 보니, 거기 그들이 있었다. 피자 가게 밖에 불편한 인물 셋, 엄마는 내가 기억하는 그대로였고, 모두 다 약간 덜 볼 만할 뿐, 어느 정도는 내 기억 속 그 대로의 모습이었다. 나도 화려하지는 않았지만 신경 써서 차려입었다. 간밤에 뭘 입을까 미리 정해서 의자 위에 내놓았고, 세상을 대면하기에 적당한 얼굴도 하고 있었다. 그들은 그런 옷차림과 얼굴이 아니었다. 우리는 서로 포옹했다. 나는 엄마를 제일 먼저 껴안았고, 엄마는 말했다. 내 소녀, 오래전 내 남자 친구들이 부르던 것처럼, 나의 소녀. 이어 나는 오사와 아스트리드도 포옹했다. 쇠렌도 엄마와 아스트리드, 오사를 껴안았고, 우리는 피자 가게에 들어가서 조용한 식탁을 찾았다. 누가 대화의 주도권을 잡아야 하지? 나는 아니다, 초대한 사람은 내가 아니었다. 오사가 조용한 식탁을 찾았고, 그들은 엄마와 같이, 엄마를 보호하려는 듯이 각각 양옆에 가까이 서서 그쪽으로 향했고, 엄마 양쪽에 앉았다. 쇠렌과 나는 그 맞은편에 앉았다. 아스트리드, 오사, 엄마는 한쪽에, 쇠렌과 나는 다른 한쪽에, 이제 누가, 어떻게 이야기를 시작할까? 오사는 나를 보면서 뭘 원하느냐고 물었다. 내가 교류를 끊은 상태로 아빠가 돌아가셨으니 마음속 깊은 곳에서 죄책감으로 너무나 고통스러워 제정신이 아닐 거라고, 그렇다면 맥주가 필요할 거라고 생각했을까. 아니, 나는 커피를 마시겠다고 했다. 오사는 모두 다 커피로 할까 물었고, 모두 동의하자, 오사는 카운터로 가서 커피를 주문했다.

우리는 울고 또 울었어, 엄마가 말했다. 우리 모두 눈물이 마르도록 울었다, 마치 지금 울지 않는 것을 사과라도 하는 말투였다. 그들은 눈물을 글썽이지 않았다. 불안하고 약간 정신없어 보였다. 커피를 마시며, 그들은 무슨 일이 있었는지 처음부터 끝까지, 서로 말을 가로채기도 하면서 완전히 몰입해서 이야기했다. 너무나 극적이었어, 그들은 말했다. 그렇게 극적인 사건은 아무도 전에 겪어 본 적이 없었어. 오사는 사고 현장을 목격한 적 있느냐고 물었다. 자기는 자동차 사고 현장을 직접 본 적이 있는데 운전자가 사고로 사망했고 온통 피투성이였다, 그때 자신은 비위가 강하지 않고 피를 감당하지 못한다는 것을 깨달았다, 하지만 잠시 교통 지휘를 했다, 누군가 해야 했고 자기도 할 일이 있었고, 모두 다 각자 역할이 있었다는 것이었다. 배관공은 8시에 오기로 되어 있었고, 아빠는 초인종이 울리자 일어나서 문을 열어 주려고 아래층으로 내려갔는데, 계단에서 넘어진 것 같다, 발을 헛디뎌서 쓰러졌는지, 현기증 때문에 쓰러졌는지, 심장마비로 쓰러졌는지, 왜 쓰러졌는지 아무도 정확히 알 수는 없지만, 배관 공사 소리와 사람들 목소리, 아빠 목소리가 들리지 않아서 엄마가 이상하다고 생각하고 일어나 보니 아빠는 피를 흘리며 목과 머리가 부자연스럽게 뒤로 비틀린 채 계단참에 구겨져 있었다, 배관공이 다시 초인종을 울리자 엄마는 속옷 바람으로 달려 내려가서 문을 열어 주었다. 이 대목에서 다들 킬킬거렸다. 웃음에 대해 사과라도 하듯, 엄마는 우리 모두 눈물이 마르도록 울었다고 다시 말했다. 모두 계속 울다가 웃다가 울다가 웃다가 했어, 엄마는 말했다. 쇠렌과 나는 울지도 않았고 웃지도 않았다. 우리는 국외자였고, 같은 피자 가게에서 커피를 마시고 있었지만 그들과 같은 자리에 있지 않았다.

엄마는 배관공에게 남편이 죽은 것 같다고 비명을 질렀고, 아주 젊은 두 배관공들은 계단을 뛰어 올라가서 아빠를 회복 자세로 눕히고 구강 대 구강 인공호흡을 시작했다. 아주 젊은 두 남자, 갑작스레 사고 현장을 접해서 힘들었겠지만 아주 잘 대처했어, 엄마가 말했다. 그러다가 엄마는 오사를 불렀고, 마침 오사도 그날 직접 운전해서 출근하던 길에 곧바로 차를 돌려 구급차보다 먼저 브로테바이엔에 도착했다. 배관공들은 아빠의 심장을 다시 뛰게 해 놓았다. 20분 동안 인공호흡을 계속해서 구급차가 도착하기 전에 심장은 다시 뛰기 시작했다. 구급차가 도착했고, 아빠, 엄마, 아스트리드, 오사는 구급차를 타고 출발했고, 배관공들은 뒤에 남아 공사를 시작했다, 아주 잘해 줬어, 오사가 말했다. 나중에 여력이 생기면 감사의 뜻으로 꽃이라도 보낼 생각이야, 지금은 할 일이 많지만. 배관공들은 너무 훌륭했고, 뒤에 남아서 온수 탱크 공사까지 했어. 아빠는 오래전에 절대 브로테바이엔을 떠나지 않겠다, 내게 부츠를 신겨서 브로테바이엔에서 실어 가라, 그렇게 선언했는데, 그 말대로 돼 버렸지 뭐야, 엄마가 말했다. 부츠를 신고 브로테바이엔에서 실려 나갔지, 아니, 슬리퍼를 신었던가. 아빠는 끊임없이 움직이다가 가셨어, 아스트리드가 말했다. 그래, 그 말이 정확하다, 아스트리드, 계속 움직이다가 가셨어, 엄마가 말했다. 아빠답지, 정말 아빠다워, 오사가 말했다. 살던 대로 돌아가셨지, 늘 그렇게 급했어, 아스트리드가 말했다. 맞아, 오사가 미소짓고 뭐라 덧붙이려는데, 엄마가 끼어들더니 내게 장례식에 원하는 게 있느냐고 물었다. 장례식에 원하는 것? 아뇨, 난 장례식에 원하는 게 없어요. 엄마는 장례식에 자기가 원하는 음악이 뭔지 이야기했다. 라디오에서 나오는 무슨 음악을 아빠가 아주 좋아했는데, 아빠는 안락의자에 앉아 저널을 읽을 때 늘 라디오를 들었어, 온갖 저널을 다 읽었지, 엄마는 나를 보면서 말했다, 너도 알았으면 좋겠지만, 베르기요트, 아빠는 온갖 어려운 저널을 읽었다. 나는 아무 말도 하지 않았다. 뭐라고 말해야 할지 알 수 없었다. 좋은 장례식이 되었으면 좋겠어, 아스트리드가 말했다, 발러의 오두막 이웃 중 한 사람이 바이올린을 연주하기로 했어, 좋은 취향의 음악일 거야, 노래 부를 사람도 아마 있을 거고. 해야 할 모든 일들, 생각나는 모든 것들, 함께 내려야 하는 모든 결정 때문에 그들은 불안한 것 같았고, 이 다급한 상황 때문에 몸이 떨리는 것 같았다. 장의사들이 대부분 알아서 할 거야, 엄마는 말했다, 음식, 음료, 이런 것들은, 하지만 연회장은 됐어, 연회장은 빌리고 싶지 않구나, 엄마는 나를 보며 말했다. 브로테바이엔에 자리를 마련하고 싶어, 브로테바이엔에 방이 그렇게 많은데, 그곳이 있는데 굳이 연회장을 빌릴 필요는 없지, 아빠도 언제나 브로테바이엔을 좋아하셨고. 부고에 대해 생각해 봤니, 엄마는 물었고, 나는 고개를 저었다. 생각해 본 적도 없었다. 노르웨이 보건당국은 훌륭해, 오사가 말했다. 세금을 기쁘게 내야 한다니까. 의사 두 명이 항상 아빠 곁에 있었어, 항상은 아니더라도. 세 사람은 서로 마주보더니 그 이야기에 고개를 끄덕이며 동의했다. 대부분의 시간 동안 의사 둘이 아빠와 같이 있었고, 운니 아주머니도, 시슬 아주머니도 있었어. 둘 다 큰 도움이 되었고 의사들에게 복잡한 의료 관련 질문을 했다. 온갖 검사를 했는데, 아빠의 뇌로 공급되는 혈액이 20분 동안 끊겼고 의식을 회복하지 못했어. 온갖 소소한 이야기들이 계속 되풀이되었고, 그들은 그 상황 이야기에 완전히 몰입해 있었다. 게다가 당연히 극적이었다. 극적인 사건은 계속 이야기하고 또 이야기하면서 마음속에서 정리하기 마련이니까. 아스트리드는 주머니에서 귤을 꺼내 껍질을 벗겨 한 조각 입에 넣더니 나머지를 쇠렌에게 건넸고, 쇠렌은 잠시 어리둥절하다가 한 조각 먹고 내게 건네라는 뜻이라는 것을 깨달았다. 그는 한 조각을 입에 넣은 뒤 귤을 내게 건넸고, 나도 한 조각 먹고 엄마에게 건넸고, 엄마도 한 조각 먹고 오사에게 건넸다. 마치 노르웨이 잡지사 협회 위원회에서 잡지사와 까다로운 협상을 할 때 오렌지 껍질을 벗겨 다들 한 조각씩 먹으라고 돌렸던 것과 똑같은 광경이었다. 갈등의 수위를 낮추고 싶을 때 아프리카 관습대로, 같은 음식을 나누어 먹으면 분위기가 부드러워진다. 호흡기를 떼기로 결정을 내린 뒤, 그들은 아빠와 작별 인사를 나누러 갔다. 이제 아빠를 위해서 호흡기를 떼기로 했어, 아빠 같은 남자가 온몸이 마비되어서 말도 못하고 호흡기에 의존한 채 살아간다는 것은 품위를 훼손하는 일이니까, 아빠는 언제나 움직여야 하는 분이잖아, 오사는 이렇게 아빠에게 말을 건넸다. 오사는 잘했어, 아스트리드가 말했지만, 엄마는 끝까지 아빠 곁에 앉아서 생명이 몸에서 흘러나가고, 목에서 뛰던 맥박이 멈추고, 평온한 얼굴로 임종하는 모습을 지켜본 아스트리드가 잘했다고 말했다. 계단에서 떨어지면서 놀라움과 경련으로 일그러져 있던 그전에 비하면, 워낙 피투성이고 멍투성이로 낯선 모습이어서 아스트리드의 딸은 병문안조차 할 수 없었다. 엄마도 잘했어, 아스트리드가 말했다, 그런 상황에서도 너무나 침착했고, 그런 상황에서도 평정했어, 아스트리드는 엄마와 오사를 향해 미소지었고, 엄마도 딸들을 향해 미소지으며 감사의 표정을 지었다. 수면제와 레드와인을 상당히 많이 섭취한 건 솔직히 인정해, 세 사람은 말하며 일제히 웃음을 터뜨렸다. 운니 아주머니도 잘했어, 아스트리드가 말했다. 정말 침착하고 평정했지, 의학적인 문제에 대해 의사들과 논의한 건 운니 아주머니였고, 시슬 아주머니도 잘했어, 복잡한 의학적인 문제를 의사들에게 물어봤어, 의사들이 운니 아주머니와 시슬 아주머니에게 감탄했어, 아빠의 뇌에 알츠하이머의 흔적은 없었어, 그들은 내게 굳이 말했다. 오사가 잘했어, 엄마가 말했다. 이런 방식으로 그들은 내가 가족과 절연하고 발길을 끊었던 것을 반성해야 한다고 말하고 있었다. 그렇지 않았다면 나도 이 중요한 경험을 나누었을 것이고, 쇠렌 또한 이 중요한 경험을 나누었을 텐데 나 같은 엄마를 둔 탓에 여기 가만히 앉아서 놓친 경험에 대해 듣고만 있어야 하는 신세가 되었으니까.

그들은 내일, 그러니까 월요일에 장의사와 만나기로 했다, 할 일이 얼마나 눈 깜짝할 사이에 닥치는지. 크리스마스에는 브로테바이엔에서 성대한 파티를 열기로 했다, 우리는 이런 일 때문에 시름에 잠기는 가족이 아니다, 비록 돌아가셨지만 아빠를 기억하는 파티를 열 거다. 성대한 파티가 될 것이고, 모두 다 초대할 거다, 운니 아주머니, 시슬 아주머니, 아스트리드와 오사의 아이들. 크리스마스 이브 전날 밤도 여느 때처럼 축하할 텐데, 너희 집 아이들도 평소대로 브로테바이엔에 올 거지? 쇠렌은 가라앉은 분위기로 고개만 끄덕였다. 그는 매년 23일 에바와 함께 크리스마스 모임에 참석해 왔다. 탈레와 그 집 아이들도 오겠지, 안 그러니? 엄마는 물었다. 탈레 집 막내 안나가 몇 살이더라, 엠마는 크리스마스 선물로 뭘 갖고 싶을까? 벌써 다섯 살이잖니. 하지만 우리, 쇠렌과 나는 탈레와 그 가족이 23일 브로테바이엔에 가지 않을 거라는 것을 알고 있었다. 그해 여름 발러에서 이틀 머물 때 엄마가 딸을 잘 돌보고 있느냐고 물은 뒤로 탈레는 더 이상 행복한 가족인 척하기 싫다고 했지만, 내 아이들이라도 가서 어울리면 내게 가해지는 압박이 덜했기 때문에 나는 계속 가라고 했다. 하지만 탈레는 이제 어른이고 스스로 결정을 내렸다, 그녀는 조부모님에게 다시는 보고 싶지 않다고 편지를 쓸까 생각했지만, 그러면 부모님이 탈레도 상속 분쟁에 끼어들었구나, 발러의 오두막을 갖고 싶은 거로구나 생각할까 봐 내가 말려서 그만두었다. 한데 아빠가 돌아가신 것이다. 탈레는 자신의 입장을 분명하게 말할 필요를 느꼈고, 분명한 입장을 취하고 싶었다. 그러지 않는 사람들 때문에, 입장을 확실히 정하지 못하는 사람들 때문에, 스스로의 신념에 대한 용기를 낼 줄 모르고 세상이 엉망진창이 되는 데도 한 마디 항의 없이 졸졸 따라가는 사람들 때문에, 다른 사람의 비위를 맞추기 위해, 분명한 입장을 정할 때 생기는 불편한 일을 피하기 위해 뭐든 삼키는 사람들 때문에 모든 일이 생기는 거니까, 그래서 세상이 뒤집어지고 있으니까, 그녀는 그런 짓거리에 가담하지 않겠다고 했다. 하지만 마침 아빠가 돌아가셨으니, 지금은 원칙 문제를 분명히 하기 적당한 때는 아니다, 그러면 어떻게 해야 할까?

탈레 가족들은 스톡홀름에 있는데 귀국이 늦어졌어, 나는 중얼거렸다. 아직 이야기는 못 해 봤는데, 오늘 밤쯤 돌아올 거야.

음, 그러면 어쨌든 23일 우리 파티 날에는 돌아와 있겠구나, 엄마가 말했다. 엠마는 크리스마스에 뭘 원할까? 그녀는 점점 더 불편한 기분으로 어색해하는 쇠렌을 향해 말하고 있었다. 그건 지금 걱정하지 마세요, 나는 말했다. 그런 일로 힘 낭비하지 마세요.

그런 일로 힘을 낭비하다니, 오사가 말했다, 그런 일로 힘이 생기는 거지.

그래, 엄마는 말했다. 그 말이 맞다, 오사. 그런 일로 힘을 낭비하다니, 힘이 생기는 거지. 엠마가 크리스마스에 뭘 원할까? 인형? 옷?

옷이라면 실패할 리가 없지 않을까요, 쇠렌이 말했다.

그러면 옷으로 하자, 엄마는 활짝 웃으며 말했다.

....

　아빠는 브로테바이엔에 사는 것을 좋아하셨다. 아빠는 스카우스 바이에서 브로테바이엔으로 이사 가는 것을 기뻐하셨고, 엄마도 그랬다. 엄마는 스카우스 바이에서 브로테바이엔으로 이사한 것을 한 번도 후회하지 않는다, 스카우스 바이는 1초도 그립지 않다고 말한 적이 있다. 당연하지. 범행 현장에서 살고 싶은 사람이 누가 있을까?

....

유부남은 이혼하고 내 것이 되었다. 그와 같이 지내는 동안, 나는 보와 클라라를 별로 만나지 않았다. 마침내 내 것이 된 남자에게, 구세주에게 헌신했다. 내가 그와, 구세주와 지내던 시절 보와 클라라를 더 자주 만났다면 그와 그렇게 오래가지 않았을지도 모른다. 그 관계가 우리 둘에게 파괴적으로 변하기 전에 관계가 끝났을지도. 그와, 구세주와 같이 지내던 동안, 나는 클라라와 전화로 통화하고 외국에 있을 때는 우편엽서를 보냈다. 교수는 노르웨이 각지와 해외의 대학에서 강연을 했고, 나는 아이가 없어서 그와 동행하며 현대 독일 극에 대한 박사 논문 작업을 했다. 클라라는 코펜하겐의 에펠 카페에서 시 낭송회를 개최하고, 안톤 빈드스케프에 대한 책을 쓰기 시작했다. 교수, 구세주와의 관계가 끝났을 때, 좋았던 몇 년과 파괴적이었던 몇 년을 지나 마침내 그를 잃었을 때, 나는 코펜하겐으로 클라라를 만나러 갔다. 관계가 끝났을 때, 마침내 좌초했을 때, 클라라를 만났다. 실연의 고통이 견딜 수 없을 정도로 커서, 가기 전에 정신 분석가와 상담을 했다. 그토록 많이 이야기했던 교수와의 관계가 끝났다고 말하니, 전쟁터에는 같이 데려가지 않을 내 동료 병사는 이렇게 말했다. 그럼 마침내 마음을 확고하게 정하셨군요.

나는 그가 그것을 건강의 증거로 본다는 것, 내 통증은 질병이 아니라는 것, 그것이야말로 듣고 싶었던 말이었다는 것을 깨달았다.

통증은 질병이 아니었지만, 나를 모조리 소모했다. 나는 나 같은 사람에게 무슨 말을 해야 하는지, 무엇이 도움이 되는지 아는 클라라와 안톤 빈드스케프를 만나러 코펜하겐으로 갔다. 외부인으로 살다 보면 슬기가 쌓인다. 상실은 인간을 슬기롭게 한다. 빈곤은 인간을 슬기롭게 한다. 국세청과 싸우는 경험도, 압제도 인간을 슬기롭게 한다. 운 좋게 성공한다면, 깊이 불행하던 시절 얻은 기술을 잊지 말아야 한다.

우리는 코트를 입고 추운 밖으로 나갔다. 이미 날이 어두워지고 있었고, 폭풍이 오려는지 피자 가게 밖에 서서 작별 인사를 나누는 동안 한층 더 어두워졌다. 내리는 어둠, 흘러 퍼지는 어둠, 건물과 집들을 관통하고, 아무리 많은 불을 켜고 탁자와 창틀에 아무리 많은 초를 켜도, 가게와 상가 입구와 크리스마스 파티를 여는 집집마다 진입로에 아무리 많은 횃불을 밝혀도 모조리 뒤덮어 버리는 그런 어둠이었다. 위에서, 하늘에서 내려오는 어둠이 아니라, 아래에서, 죽은 자가 어둠 속에서 썩고 있는 차가운 땅에서 나오는 어둠, 얼음장처럼 떨고 있는 검고 뻣뻣한 나뭇가지와 작고 흉한 덤불에서 솟아나는 어둠, 칼로 가득 찬 어둠, 육신과 영혼을 베는 어둠, 눈에 띄는 상처를 남기지 않지만 혈류와 림프, 생각의 흐름을 막고 단절된 흐름이 풀 수 없는 퍼즐로 단단히 부풀어 올라 울퉁불퉁한 상흔과 혹으로 남는 어둠. 나는 집에 가고 싶었고, 쇠렌도 집에 가고 싶었고, 오사도 집에 가고 싶었다. 주위는 어둠, 우리는 피자 가게 밖에서 작별 인사를 하고 있었지만, 엄마와 아스트리드가 안녕을 질질 끌었다. 우릴 만나 줘서 반가웠어, 엄마가 말했다. 그런 말씀 마세요, 중요한 일이라는 건 우리도 알아요, 순간의 분위기에 휩쓸려서 나는 그 비슷한 대답을 했다. 좋은 장례식이 되었으면 좋겠구나, 엄마가 말했다. 그럼요, 그럴 거예요, 나는 말했다. 집에 가고 싶었다, 거기서 빠져 나오고 싶었다, 쇠렌도 빠져 나가고 싶다는 것을 느낄 수 있었다, 어둠이 그에게 드리우고 있었다, 오사도 빠져 나가고 싶었다. 그렇게 생각해? 오사는 내 눈을 쳐다보며 말했다. 응, 나는 말했다. 그녀는 다시 내 눈을 바라보며 확답을 찾으려는 듯 반복했다. 그렇게 생각해? 오사는 내가 장례식을 망칠 거라고 생각하는 건가? 소동을 벌이고, 일장연설을 할 거라고? 그럼, 나는 말했다. 거기서 빠져 나오고 싶었다, 집에 가고 싶었다, 나는 한계에 이르렀다, 어둠이 내 뇌에 드리웠다. 보드와 같이 있을게, 나는 말했다. 잘될 거야, 어둠이 내 골수까지 침투해서 궤뚫고 번져 나왔다. 나는 충분히 희생했다.

우리는 서로 포옹하고 각자 차로 걸어갔다. 끝났어, 나는 말했다. 이제 엄마를 봤어, 변한 데가 없구나, 나는 쇠렌에게 말했다. 하지만 넌 엄마를 나보다 더 자주 만났지.

그는 탈레가 가지 않겠다고 하면 자기가 엠마와 안나를 브로테바이엔의 파티에 데려가겠다고 말했다.

그토록 오랫동안 원했고 그렇게 오래 살았던 남자와의 관계가 끝난 뒤, 나는 클라라를 만나러 코펜하겐으로 갔다. 내 아픔은 질병이 아니었지만, 나를 모조리 소모했다. 클라라는 나를 끌고 코펜하겐의 공원을 돌아다니며 입에 음식을 넣어 주었다. 고통의 원인이 된 남자에게 전화하고 싶다고 하자, 그녀는 내 전화를 숨기고, 약과 칼, 기타 사람들이 자살할 때 사용하는 모든 도구를 숨기고, 내 이름으로 송년회 초대장을 써서 예순세 명에게 보냈다. 예순세 명이 내 집에서 열리는 송년회 초대를 받아들였다. 세 가지 코스의 디너, 자정에 불꽃놀이 일정까지 있었다. 나는 예순세 명이 쓸 탁자와 의자를 빌리고 쇼핑을 하고 파티 준비를 해야 했고, 6주 동안 파티 준비를 했고, 클라라와 남은 레나 술집 손님 세 명과 새해 축하 파티를 벌인 뒤 엉망진창이 된 집에서 깨어 보니 1월 3일이었다. 사흘 동안 청소하고 정돈한 뒤, 클라라와 나는 1월 6일에 깨끗하고 잘 정돈된 집에서 일어났다. 차고 깨끗하고 맑은 아침, 그러고 보니 6주하고 6일 동안 내 아픔에 대해 생각하지 않았다. 이제 아픔은 되돌아왔지만 상당히 누그러져 있었다.

그날, 차고 깨끗하고 신선한 1월의 아침, 깨끗하게 정돈된 부엌에 앉아 차를 마시다가, 클라라는 안톤 빈드스케프에 대한 책이 거절당했다는 소식을 받았다. 몇 달 전 출판사에 원고를 보낸 뒤 소식이 없던 참이었는데, 클라라도 침묵이 무슨 뜻인지 알고 있었기 때문에 연락하는 것을 꺼리던 참이었다. 그러나 그 차고 청명한 1월 아침 깨끗한 부엌에 앉아 차를 마시면서, 클라라는 출판사에 전화해서 안톤 빈드스케프에 대한 책은 노르웨이 시장에는 통하지 않을 거라고 생각한다는 소식을 들었다. 그녀는 두 손에 머리를 묻었다. 이제 어떻게 해야 하지?

출판사에서 두둑한 계약금을 바라고 있었는데, 그 기대에 의지해서 재정을 꾸리고 있었는데, 이제 빈털터리야, 이제 어떻게 해야 하지? 하나가 가면, 또 하나가 온다. 한 가지 문제가 해결되고 나면, 아무리 열심히 일한다 해도 다른 문제가 고개를 든다. 아무리 많은 신년 파티를 연다 해도 안전하지 않다. 거절의 편지와 세금 청구서가 기다렸다 덤벼들고, 위험이 모퉁이마다 도사리고, 곧 다시 불행한 사랑에 빠지거나 차에 부딪힐 것이고, 한숨 돌릴 겨를이 없을 것이다. 마지막은 어떻게 될까, 죽음이겠지, 어쨌든 그건 확실하다.

뭐, 클라라는 말했다. 인내는 모든 살아 있는 존재의 제일의 의무니까.

....

엄마는 예뻤다. 자매들 중에서는 엄마가 가장 미인이었다. 다른 자매들에게는 각자 다른 재능이 있었고, 엄마는 예뻤다. 그것이 사람들이 엄마에 대해 하던 이야기였다, 예뻤어. 엄마도 그것이 사실이라는 것을 알고 있었다. 아름답다는 객관적인 표현에 무심하기는 어렵다. 엄마의 정체성은 자신의 아름다움에 묶여 있었고, 엄마는 거기에 모든 것을 걸었다. 엄마는 맵시가 좋았다. 맵시 좋다는 표현은 아빠의 단어였다. 아름다움과 맵시는 엄마의 으뜸가는 무기였다. 하지만 동시에 여자가 언젠가 잃게 되어 있는 무기, 엄마는 결코 마음을 놓지 않았다. 젊고 예쁜 여자들은 안다. 자신의 몸이 자랑스러워서 벌거벗고, 혹은 반쯤 벗고 사진을 찍는 순간에도, 자신을 눈에 띄게 해 주고 욕망의 대상으로 만들어 주는 바로 그것은 일시적인 것이며 언젠가 사라진다는, 누구나 아는 사실을 늘 의식하며 고통받는다. 그다음에는? 이것은 아름다운 여자들이 안고 사는 두려움이며, 아름다움이 유일한 자산이었던 이 여자에게는 특히 더했다. 그녀는 스스로에 대해 자부심을 느끼지 못했다. 엄마는 스스로에 대해 자부심을 느끼지 못했다. 엄마는 예뻤지만, 학벌도, 경험도, 돈도 없었다. 엄마는 아빠의 소유물이었다. 아빠는 아름다운 소유물을 자랑스럽게 여겼고, 엄마는 두려움을 발산했다. 경험 없고 순진하다는 측면에서 엄마는 순수했다. 많은 남자들은 경험 없고 순진한 여자들, 쉽게 감탄하는 단순하고 어린 아이 같은 여자들, 위압당하고 헌신하고 진실되고 굶주린 여자들, 반어법을 사용할 줄 모르는 여자들, 속마음을 있는 대로 털어놓는 여자들을 좋아한다. 엄마는 경험 없고 어린 아이 같았으며 아이로 남기를 선택했다. 어른이 되기를 선택했다면, 현실을 견딜 수가 없었을 것이다. 엄마는 당시 많은 남자들이 원했던 여성상, 종달새 시대가 막을 내리는 시기의 종달새였고, 엄마가 맞닥뜨린 딜레마, 엄마를 자유로운 인간으로 성장시킬 수도 있었던 딜레마는 노라가 맞닥뜨린 것보다 더 풀기 어려운 숙제였다. 엄마는 스스로 선택했을까? 배에서 뛰어내리지 않고, 막연히 낙관하며 행동하지 않은 것은 엄마의 선택이었을까? 그래서 어린 아이가 되기로 하고, 너무 많이 이해하지 않은 걸까? 자신에게 떠날 힘이 없다는 것을 알았고, 어쨌든 노력은 했으니까, 쾌활하려고 노력하며 미소를 띠고 주어진 자리에서 최선을 다한 걸까? 노라에게는 힘이 있었고 그녀는 떠났지만, 노라는 현실 속의 인물이 아니라 남성의 피조물이었다. 엄마는 현실이었고, 연약하고 맵시 좋은 여자였다. 하지만 맵시는 영원하지 않고 희미해지며 언제나 더 젊고 매력적인 여자들이 나타난다. 심지어 그런 여자를 제 몸으로 낳을 수도 있다.

....

탈레와 그 가족은 스톡홀름에서 돌아왔다. 마음이 아파 눈물이라도 글썽이고 있을 줄 알았는지 탈레는 나를 끌어안았지만, 그렇지 않았다. 나는 오히려 안도하고 있었다. 단지 앞으로 있을 일들, 12월 23일 파티와 장례식 때문에 초조했다. 에바도 저녁에 도착해서 나를 끌어안고 눈물을 글썽이며 평생 아빠의 사과를 기다리고 있었을 텐데 이제 영영 그럴 수 없게 됐으니 마음 아프지 않느냐고 물었다. 하지만 내게 그런 소원은 없었다. 나는 아니, 안도했다, 내 말을 차갑고 냉정하게 듣지 않았으면 한다, 나를 차갑고 냉정한 사람으로 생각하지 말았으면 한다고 에바에게 말했다. 내가 자기 말에 늘 반대한다고 해서 어린 시절부터 나를 차갑고 냉정하다고 했던 내 엄마가 그랬듯이.

우리는 크리스마스에 늘 하던 일들을 했다. 잔뜩 쇼핑을 하고, 분류하고 포장했다. 파티 날이 닥쳤다. 탈레는 브로테바이엔에 가지 않겠다고 했다. 쇠렌은 엠마와 안나를 데려다주겠다고 했지만, 탈레는 그것도 원치 않았다. 그렇게 하면 문제가 될 만한 상황을 피할 수 있을 것 같아서 내심 나는 그렇게 했으면 했지만, 아무 말도 하지 않았다. 그녀는 브로테바이엔에 감염되고 싶지 않은 것 같았다.

너 때문에 우리가 더 곤란하잖아, 에바가 말했다. 네가 왜 안 왔느냐고 물어보면 뭐라고 해야 해? 거짓말을 하라고?

동의해, 쇠렌이 말했다. 너 때문에 우리가 더 곤란해. 안 가면 너 자신은 쉽겠지만, 찾아가는 우리한테는 더 힘들다고.

거짓말은 할 필요 없어, 탈레가 말했다. 왜 거기 안 가는지 내가 기꺼이 그 사람들한테 말할 테니까.

내 아이들이 브로테바이엔에 가느냐를 놓고 싸우다니. 아버지의 죄다, 나는 생각했다.

에바와 쇠렌은 파티에 갔다. 지난번 엄마의 여든 번째, 아빠의 여든다섯 번째 생신을 축하하는 날, 엄마가 약물을 과용한 지 닷새째 되던 날, 신문에 롤프 산베르그의 부고가 났던 그날, 두 아이가 브로테바이엔에 갔을 때만큼 초조하지는 않았다. 탈레와 거의 다섯 살이 다 된 어린 엠마, 거의 두 살 먹은 어린 안나, 내 개가 나와 같이 있었기 때문이었다. 우리는 유아차를 끌고 갈 수 있는 열린 공간으로 산책을 나섰다. 눈이 내리고 있었고, 모든 것이 다시 흰색이었다. 개는 내리는 눈발을 쫓아다녔고, 다가오는 어둠은 그전 날의 날카로운 어둠처럼 아프지는 않았다. 이 어둠은 우리와 주변의 숲을 지우는 부드러운 옷감 같았다. 모든 것을 차갑고 안전한 망토 속에 감싸서 기분이 좋았다. 가벼웠다.

쇠렌과 에바가 돌아왔을 때, 우리는 난로를 피우고 레드와인 한 병을 땄다. 엠마와 안나는 잠들었다. 좋았어요, 아이들은 말했다. 할아버지가 돌아가신 것만 빼면 평소와 같았어요. 엄마가 옛 가족사진을 찾아서 다들 돌려보며 웃고 울었어요. 다들 너무나 젊었고, 정말 웃긴 옷차림이었어요. 할아버지가 안락의자에 말없이 뚱한 표정으로 앉아 계시지 않으니 어쩐지 분위기가 더 가벼웠어요, 쇠렌이 말했다. 엄마도 아빠가 돌아가셔서 안도감을 느꼈을까. 어쩌면 엄마뿐만이 아닐지도 모른다. 아빠가 나 말고 다른 사람들에게도 문제였을지도, 어쩌면 아스트리드와 오사도 그 오랜 세월 말없이 우울하게, 뚱하게 안락의자에 앉아서 분위기를 무겁게 하던 아빠가 돌아가셔서 안도감을 느꼈을지도 모른다. 혹시 모든 가족들, 특히 엄마가, 보드와 내 문제에 있어서 아빠가 원인이었다고 생각한다면? 이제 아빠가 돌아가셨으니 새로 시작할 수 있다고 생각한다면? 엄마뿐만 아니라 모두가 그걸 바라고 있다면? 분위기는 좋았어요, 쇠렌이 말했다. 가벼웠어요. 가족사진을 보면서 눈물을 좀 흘리기는 했는데, 대체로 웃었어요.

쇠렌과 에바가 떠날 준비를 하자, 엄마는 현관까지 나와서 탈레와 증손녀 엠마와 안나의 안부를 물었다. 에바는 탈레에게 여러 번 전화했지만 아무도 받지 않았고, 탈레가 전화를 걸어오지도 않았다, 소식을 듣지 못했다고 대답했다. 전화에 문제가 있나 봐요, 에바가 말했다. 스웨덴 번호라서 그럴지도 몰라요. 탈레 전화는 스웨덴 네트워크거든요, 다시 걸어 보세요, 쇠렌은 말했다. 할머니는 일부러 모르는 척하신 거야, 그는 덧붙였다. 우리는 현관에 서서 아닌 척, 거짓말로 탈레 변명을 했고.

....

　어린 시절 살던 거리는 내 존재의 뿌리다, 클라라는 토베 디틀레브
센(1917~1976, 덴마크의 유명 시인-옮긴이)을 인용했다. 길을 잃고 막막
했던 어느 날, 이 말은 내 정신적인 지주였다. 비오는 밤 머릿속에 부
슬부슬 우수를 뿌렸다. 나를 땅에 내동댕이쳐 심장을 단단히 버리고,
나를 부드럽게 안아 올려 눈물을 닦아 주었다.

크리스마스이브 아침, 나는 여느 때처럼 카렌과 클라라를 만나러 잠시 들렀다. 둘 다 나를 어린 아이 장갑 끼듯 조심스럽게 대했다. 나는 그쪽 방면에서는 더 이상 불쾌한 일이 없을 테니 마음이 놓인다고 말했다. 그들은 무슨 말인지 알겠다고 했다. 장례식이 두렵다고 했더니, 그들은 무슨 말인지 알겠다고 했다. 우리는 어떻게 처신하는 것이 좋을지 최선의 방책을 논의했다. 집에 돌아와 보니 구운 돼지고기 냄새가 집 안에 감돌았고, 쇠렌과 내 사위가 부엌에서 소스팬 위에 허리를 굽히고 있었다. 나무도 장식했고, 내 손자 손녀들은 선물 주위를 아장아장 돌아다니고 있었다. 나는 음악을 끄고 좀 조용히 해보라고 했다. 식사 전에 할 말이 있다. 너희들이 브로테바이엔의 가족에 대해서 각자 어떤 입장을 취하든 나는 받아들인다는 점을 알려두고 싶다. 너희 각자가 어떤 입장을 취하든 내겐 아무 상관이 없다, 브로테바이엔의 식구들을 자주 보든, 적게 보든, 아예 안 보든, 나는 너희들을 똑같이 사랑한다, 그러니 너희들도 서로의 선택을 인정했으면 한다. 자, 이제 그 이야기는 더 하지 말자, 나는 말했다. 그래서 우리는 그 이야기를 더 이상 하지 않고 크리스마스를 축하했다. 나는 성장한 기분이었다.

·············

클라라는 아버지가 없었다. 아이도, 형제자매도 없었지만, 안톤 빈드스케프가 있었다. 그녀는 그와 몇몇 덴마크 시인들을 위해 코펜하겐의 카페 에펠에서 시 낭송회를 조직했고, 일이 상당히 잘 되어 간다고 생각했다. 나는 코펜하겐으로 그녀를 찾아가서 안톤 빈드스케프와 그의 덴마크 동료들의 시 낭송회에 참석했다. 클라라와 나 외에 관객은 유료 회원 둘뿐이었다. 고된 일이었어, 그녀는 속삭였다. 아니, 획기적인 시도지. 우린 정말 행운이잖아, 그녀는 안톤이 낭송하는 동안 팔꿈치로 내 옆구리를 쿡 찌르며 속삭였다. 상기된 표정이었다.

....

내 아이들은 크리스마스날 제 아버지와 함께 저녁 식사를 했고, 나는 라스와 함께 식사를 하기로 되어 있었다. 도착하니, 열두 살 난 그의 아들 토르가 와 있었다. 내 아버지가 돌아가셨다는 소식을 들은 모양이었다. 나와 잘 아는 사이였지만, 아이는 슬프고 불안한 얼굴로 소파 가장자리에 웅크리고 앉은 채 나를 쳐다보지도 않고 가까이 오지도 않으려 했다. 얼마 전에 아버지를 잃은 사람을 어떻게 대해야 할까, 사람에게 일어날 수 있는 최악의 일인데, 최악의 일을 겪은 사람에게 어떻게 인사해야 하지? 아이는 실수하지 않으려고 어쩔 줄 몰랐다. 그런데 나는 아이가 상상했던 상태가 아니었다. 내가 내 아버지에 대해서 어떤 감정을 가지고 있는지 라스가 말해 주지 않았기 때문이었다. 토르는 내가 슬픔에 잠겨 있지 않고 평소와 같은 것을 보고 마음을 놓았다. 그러면 자기도 자유롭게 평소대로 행동할 수 있고 크리스마스 저녁을 즐길 수 있기 때문이었다. 하지만 가끔 나를 슬쩍 바라보기는 했다. 도대체 어떤 사람일까?

....

아스트리드는 아빠의 부고가 월요일자 신문에 실릴 거라고 내게
알렸다. 월요일에 실릴 거야. 보드는 짧다고 했다. 짧아. "사랑하는"
말고 다른 수식어는 없어. 보드와 나 때문에 타협했군, 나는 생각했
다. 보드와 나를 자극하지 않고, 장례식을 품위 있게 잘 치르고 싶은
것이다. 아스트리드는 꽃 걱정은 하지 말라고 썼다. 나는 꽃 걱정을
한 적이 없었다. 내가 화환을 들고 나타나서 부적절한 말을 할지도
모른다고 생각해서 겁이 났나? 도대체 왜 저 사람들도 장례식을 나
만큼 두려워하지?

장례식 전날, 나는 장례식에 참석하는 꿈을 꿨다. 나는 운전석에
앉은 아스트리드 옆에 앉았고, 오사는 뒷자리에 있었다. 그녀는 말했
다. 서로 포용하는 걸 명심하자. 우리가 너무나 마음을 놓은 것처럼
보이면 안 돼.

유리창이 내려갔고, 아빠가 밖에 서 있었다. 나는 그를 보면서 말
했다. 하지만 나는 마음이 놓여.

그의 얼굴은 분노와 고통으로 일그러졌다.

나는 흰 스웨터 차림이었고, 스타킹에 올이 나가 있었다. 스타킹을
갈아 신고 검은 윗옷으로 갈아입을 시간이 있을까? 응, 스카우스 바
이에서 교회로 곧장 가면. 나는 차에서 내렸고, 아빠는 내가 내리는
것을 보고 모든 일을 뒤로하고 떠나는 거라고 생각했다. 이게 내가

키운 딸이냐?

나는 그에게 돌아서서 애써 평정을 유지하고 말했다. 네!

계속 억지 평정과 억지 자신감을 보이며 걸음을 옮겼지만, 그가 따라올까 봐 두려웠다. 걸음을 늦췄지만, 머릿속에는 따라오면 어쩌지 하는 생각뿐이었다. 잠시 후 따라오는지 확인하려고 돌아보니, 그는 따라오고 있었다. 그러나 주변에 사람들이 있었다. 보는 사람들이 있는데 날 어떻게 하지는 못하겠지? 그는 계속 따라오고 있었고, 꾸준히 거리를 좁혔고, 이제 바로 내 뒤였고, 허리를 굽혀 묵직한 쇠파이프를 집어 들더니, 나를 때리려는 듯 치켜들었다. 나는 생각했다. 사람들이 분명히 말려 줄 거야! 이어 생각했다. 그가 날 때리면, 나는 죽을 거야.

....

발칸 전쟁(1991년에 발발한 유고슬라비아 전쟁-옮긴이)이 터졌을 때, 보 셰르벤과 나는 좋은 친구 사이가 되어 있었다. 보는 유고슬라비아를 사랑했기 때문에, 나라가 찢겨나가고 이웃으로 평화롭게 잘 살던 사 람들이 서로 죽이기 시작하자 가슴 아파했다. 어떻게 이런 일이 있을 수 있나? 그는 매일 아침 길모퉁이의 나르베센 가판대로 달려가서 노르웨이에서 발행되는 모든 신문을 한 부씩 샀지만, 발칸 전쟁에 대 한 기사는 믿지 않았다. 어딘가 앞뒤가 안 맞는 데가 있었다. 그는 그 것이 무엇인지 골몰했고, 아침부터 밤까지 지칠 줄 모르고 대학 도서 관에서 독일, 프랑스, 영국, 러시아 등 각종 외국 신문을 읽었고, 외국 신문 기사에 푹 빠져 줄을 긋고 여백에 메모를 남기기도 하면서 점점 더 동요하고 우울해졌다. 발칸 전쟁에 대한 기사를 격하게 비판하는 글을 노르웨이 신문에 보내기도 했지만, 지면에는 잘 실리지 않았다. 내가 그중 상당수를 편집하면서 논조를 누그러뜨렸고, 몇 편은 실렸 다. 그러다 보의 의견이 타당하다며 중요한 인물들이 글을 쓰면, 보 는 말했다. 덕분에 가치 있는 일이 됐지, 아무것도 변한 건 없지만. 보 셰르벤의 글이 신문에 실린다고 해서 변한 것은 없었지만, 그는 철학 자의 명구를 인용했다. 동의하지 않는 사람들을 설득하려고 글을 쓴 게 아니라, 동의하는 사람들에게 당신은 혼자가 아니라는 것을 알리 려고 썼다고.

보의 시각은 달랐다. 그는 사물을 다른 방향에서 바라보았다. 그는 그저 "이건 진실이야."라고 말하지 않았다. 한 걸음 더 나아가서 물었다. 그 외에 또 무엇이 진실이지?

늦으면 안 된다. 나는 쇠렌과 에바에게 늦지 말라고 신신당부했다. 탈레는 장례식에 참석하기 위해 스톡홀름으로 돌아가는 일정을 연기했다, 늦으면 안 된다. 우리는 넉넉히 여유를 두고 출발했지만, 너무 일찍 도착하고 싶지도 않았다. 예배당 계단에 서서 사람들에게 인사를 건네고 잡담을 나누고 싶지는 않았다. 늦으면 안 된다, 정확히 정각에 도착해야 한다, 나는 그럴까 봐 두려웠다. 거의 예배당에 다 와 보니 너무 이른 시각이었다. 그렇게 일찍 예배당에 들어가고 싶지 않아서, 가장 가까운 주유소에 가서 커피를 샀다. 우리는 차 안에 앉아서 커피를 마셨다. 이제 정말 가야 한다 싶을 때가 되어서야 주유소를 출발했고, 그래서 정각에, 최대한 늦게 도착할 수 있었다, 나는 무서웠다. 우리는 주차장에 차를 세웠다. 거기서 누굴 만나게 될까 두려웠다. 보드와 그의 아내, 아이들이 보였다. 그들도 정각에, 최대한 늦게 도착하고 싶었던 게 아닐까. 우리는 차에서 내려 인사를 했고, 라스가 도착했다. 나는 안절부절못했다. 카렌이 도착했고, 클라라가 달려왔고, 내 전남편과 에바가 도착했다. 그들에게 내가 꾼 꿈과 쇠파이프 이야기를 하고 싶었다. 지나치게 큰 목소리로 꿈 이야기를 하며 문을 향해 같이 걸어갔지만, 곧장 들어가고 싶지는 않았다. 다른 사람들은 안으로 들어갔고, 바깥 계단에서 잡담하는 사람들이 아무도 없는 것을 보니 대부분 이미 들어가 있는 것 같았다. 내가 모르는 한 커플이 급히 나를 지나쳐 들어갔다. 쇠렌에게서 전화가 와서 교회를 못 찾겠다고 했고, 나는 길을 설명했다. 클라라가 이제 들어가야 한다고 말했다. 보드와 그의 아내, 아이들은 안에 들어갔고, 내 전남편도 들어가 있었다. 나는 탈레의 팔을 잡았다. 클라라는 이제 안에 들어가야 한다고 했지만, 쇠렌은 예배당을 못 찾아서 헤매고 있었고, 나는 쇠렌에게 길을 설명해 주어야했다. 클라라에게 꿈 이야기를 하고 싶었지만, 클라라는 내 손에서 전화를 빼앗으며 자기가 쇠렌에게 설명할 테니 안으로 들어가라고 했다. 그들은 나를 끌고 들어갔다. 탈레, 라스, 에바가 나를 끌고 안으로 들어갔고, 나는 오른쪽도 왼쪽도 쳐다보지 않고 최대한 빨리 중앙 통로를 걸었다. 내 자리는 맨 앞줄이었기 때문에, 다들 내가 온 것을 볼 수 있었다. 보드는 오른쪽 첫 번째 좌석에 아내와 딸들과 같이 앉아 있었고, 엄마는 아스트리드와 오사, 그들의 남편들과 아이들과 같이 왼쪽에 앉아 있었다. 그 뒷줄도, 다시 그 뒷줄도 가득 차 있었고 왼쪽 좌석은 거의 다 찼지만, 보드와 아내, 아이들 옆자리, 그 뒷자리에는 아무도 없었고, 다시 그 뒷줄에 남자 한 사람이 있을 뿐이었다. 그때 내가 도착했고, 우리 식구 모두가 도착했다. 나는 보드와 보드의 아내, 딸들 옆에 앉았고, 내 아이들은 내 옆에 앉았다. 라스는 보드의 아이들과 나 사이에 끼어 앉았다. 우리가 앉으니 오른쪽 첫 줄도 가득 찼지만, 그 뒷줄은 비어 있었고 아무도 우리 쪽에 앉지 않았다. 사람들은 우리 편에 있는 것을 원치 않았지만, 마지막으로 온 사람들, 내 친구들은 예배당 안내원에게서 오른쪽 두 번째 줄에 앉으라는 안내를 받았다. 아빠와 지엽적인 관계일 뿐이니 친구들은 뒷줄에 앉는 것이 편했겠지만, 앞쪽이 빈

것을 보고 안내원이 비어 있으면 보기 안 좋다고 했다. 친구들이 앞쪽으로 와서 보드와 내 뒷줄, 우리 편에 앉았고, 참석한 사람 중 가장 키가 큰 쇠렌도 두꺼운 퀼트 재킷 차림으로 제시간에 도착했다.

라스는 팔꿈치로 내 옆구리를 찔렀다. 누가 당신 주의를 끌려는 것 같은데. 그는 왼쪽 첫 좌석, 내가 크리스마스에 선물했던 스카프를 맨 채 나를 뚫어지게 쳐다보고 있는 엄마 쪽을 턱으로 가리켰다. 그쪽으로 가서 인사하고 모두 보는 앞에서 엄마를 포옹해야 하는 상황이었다. 나는 그쪽으로 가서, 엄마를 포옹하고, 오사와 아스트리드도 최대한 빨리 포옹하고, 끝냈다. 충분했다. 그쪽에 앉아 있는 사람들, 아스트리드와 오사의 남편과 아이들까지 다 포옹할 수는 없어서, 나는 오른쪽 내 자리로 돌아왔다. 이제 예배를 견디고, 예배당을 빠져나가서, 차로 돌아가서, 다 털고 출발해서 라스의 숲속 집으로 향하는 일만 남았다. 한 시간이면 충분할 것이다. 식순 안내문에 인쇄된 사진은 30년 전 아빠가 발러의 보트에서 두 손을 모터에 내려놓은 채 웃통을 벗고 찍은 사진이었다. 그렇게 몸을 많이 드러내고 찍은 모습을 보니 기분이 좋지 않았다. 뒷면에는 엄마가 아빠를 생각하며 나란히 눕고 싶다는 내용으로 쓴 시가 실려 있었다. 지금 그는 흰관 안에 꽃에 뒤덮여 누워 있었다. 그들이 준비한 꽃은 네 자녀들을 뜻하는 네 개의 하트 모양으로 제단 주위에 배치되어 있었고, 우리의 이름과 우리 자식들의 이름이 분홍색 실크 리본에 찍혀 있었다. 쇠파이프를 휘두르는 아빠가 내 눈앞에 어른거렸다.

신부가 들어와서 모두를 환영하고 아빠에게 바치는 엄마의 시를 낭송했다. 시는 식순 안내문 뒷면에 인쇄되어 있었다. 1월 초 어느 아침에 쓰신 시입니다, 신부는 말했다. 엄마는 아빠보다 먼저 일어나서 창가에 앉아 이 시를 쓰셨다, 아빠 곁에 눕고 싶다는 소망과 1월의 봄을 노래한 시다. 신부는 아빠의 죽음에 이어 다음 달, 1월이 곧 찾아온다는 뜻에서 1월의 봄이라는 이 주제를 여러 차례 되풀이했다. 아빠를 보낸 뒤 이어질 엄마의 인생, 다시 시작될 모든 것들에 대해서, 신부는 엄마에게서 부탁이라도 받았는지 한참 그런 이야기를 했다. 아마 엄마도 1월의 봄을 기대하고 있을 것이다. 우리는 '주님이 주신 날이 끝났네'를 불렀고, 나는 목소리가 떨리지 않는다는 것을 보여 주기 위해 같이 노래했다. 혹시 그들은 방금 공표한 아빠 이후의 인생에, 1월의 봄에, 아빠 이후의 엄마와 아스트리드와 오사의 인생에 나도 한 부분이 될 거라고 생각하는 걸까? 정말 우리가 새로 시작할 수 있다고? 아예 존재하지 않았던 것처럼, 역사를 잊고 삭제할 수 있다고? 이 땅에서 벌어진 모든 전쟁은 역사를 무시하고 은폐할 수는 없다는 것을, 역사가 미래에 끼칠 파괴적인 영향을 줄이고 싶으면 과거에 일어났던 일에 대한 모든 이들의 시각을 열린 공간에 낱낱이 펼쳐 놓고 인정해야 한다는 것을 증명해 왔는데? 오사는 추도사에서 아빠가 엄마를 사랑했다고 말했다. 그 말은 맞을 것이다. 엄마가 자신을 사랑하지 않는 게 아닌가 싶을 때마다, 헌신하지 않는다 싶은 자잘한 것들이 눈에 띌 때마다, 성적으로든 다른 어떤 방식으로든 엄마가 자신을 거절할 때마다 얼마나 불같이 화를 냈는지 생각해 보면, 아빠는 엄마를 사랑했을 것이다. 엄마에게 거절당했다고 느낄 때 엄마와 다른 모든 여자들, 어쨌든 여자 일반을 증오했던 그만큼, 엄마를 사랑했을 것이다. 아빠는 엄마와의 관계에서 너무나 쉽게 약해져서 자신이 거부당했다고 느낄 때마다 분노와 공격성으로 대응했다. 아빠는 엄마를 너무나 사랑한 나머지 소유하고 지배하고 통제하고 싶었을 정도로 엄마를 사랑하고, 엄마에게 집착했다. 그런 측면에서는 상당히 성공했지만, 결코 엄마가 가슴 깊은 곳에서 무엇을 느끼는지 알 수 없었고, 엄마의 사적인 생각을 100퍼센트 통제할 수 없다는 사실 때문에 몸부림 쳤다. 자기 입으로 수없이 말했듯, 아빠가 그렇게 고통받고 엄마를 미워한 것은 너무나 차가워서 손이 닿지 않았던, 그를 거부했던 자신의 어머니, 나도 어린 시절 차갑다고 느꼈던 아빠의 어머니를 너무나 미워했기 때문이었다. 이것이 아빠에 대한 나의 정신 분석이며, 프로이트에게 강한 영향을 받은 가설이지만 나는 이것이 진실이라고 믿는다, 그렇게 느낀다. 엄마가 아빠에게 완벽하게 복종하지 않을 때마다 엄마는 아빠의 어머니가 보여 주었던 차가움에 대한 대가를 치러야 했고, 엄마에겐 선택의 여지도 없었다. 하지만 아빠는 결코 안전하다고 느끼지 못했다. 완벽한 복종이라고 느끼지 못했고, 티끌만 한 거리감이라도 있지 않나 언제나 의심해야 했고, 이런 자신을 견딜 수가 없었고, 마음 깊은 곳에서 엄마와 다른 모든 여자들을 미워했다. 자신이 결코 완벽한 지배력을 행사할 수 없었기 때문에, 그들이 너무나 필요했기 때문에. 불쌍한 아빠.

엄마는 분명 아빠의 일생의 사랑이었습니다, 오사는 말했다. 하지만, 휴, 엄마가 일생의 사랑이었다니, 쉬운 일이 아니었겠지요. 다들 아는 롤프 산베르그와의 외도 이야기였다. 이어 오사는 우리 자식들, 아빠의 네 자녀 이야기로 넘어갔다. 엄마와 아빠의 유전자 조합은 각자 서로 다른 아이들을 만들어 냈다. 오사는 보드와 나와 비교되고 싶지 않다면서, 우리를 차례대로 이야기했다. 먼저 여러 가지 운동에 능했고 변호사이자 투자가로 성공한 보드, 보드가 아빠한테 보낸 편지를 읽은 모양인지, 지금 그녀는 아빠가 한 번도 알아 주지 않았던 보드의 성취를 열거하고 있었다. 그들은 1월의 봄을 기대하는 것이다. 두 번째 베르기요트, 그녀는 말했다. 나는 긴장했다. 베르기요트는 언제나 연극에, 극에 관심이 많았다. 동네 아이들을 모두 모아 자기만의 연극을 연출하기도 했다. 창의적이고 상상력이 풍부했고, 지금은 연극 비평가이자 잡지 편집자로 활동한다. 이어 세 번째 아스트리드, 보드처럼 어렸을 때는 스포츠에 아주 뛰어났지만 지금은 인권을 위해 일하고 있다. 마지막으로 오사 자신, 수줍음이 원래 많아서 사람들이 넷 중 가장 영리하다고 착각했다. 그녀는 농담으로 말했고, 우리는 웃었다. 현재 법을 입안하는 공무원으로 일하고 있다, 막후에서 분석하고 사고하는 것을 좋아한다.

그녀는 아빠가 할머니, 즉 자기 어머니가 나이 들어 병상에 계실 때 얼마나 친절했는지 이야기했다. 사실이었다. 나는 완전히 잊고 있었다. 아빠는 노모가 병들자 틈틈이 요양원으로 찾아뵈었고, 일주일에 몇 번씩 차를 몰고 가서 어머니를 돌보았다. 오사는 매일 가족 중

한 사람이 할머니를 찾아뵙도록 아빠가 일정을 잡았다는 이야기도 했다. 이것도 기억나지 않았다. 나는 참석한 적이 없었거나, 내가 열여덟 살에 학교를 졸업하고 최대한 빨리 집을 떠난 뒤, 아스트리드와 오사만 계속 같이 살던 무렵 네 명이 그렇게 했던 것 같았다. 왜 나는 아빠가 할머니를, 자기 어머니를 그렇게 극진하게 돌봤다는 것을 잊고 있었을까? 병환 중이었을 때 요양원에 일주일에 몇 번씩 다녔던 일을? 내가 갖고 있는 아버지의 상과 부합하지 않아서? 아빠가 차가운 자기 어머니 때문에, 어머니가 자신을 거부해서 모든 여자를 미워하게 되었다고 방금 결론 내리지 않았나? 나는 아빠를 분석하려고 노력했지만 빗나간 걸까? 혹시, 아빠는 자기가 저버린 사람들 대신 더 이상 두렵지 않은 늙고 병든 무해한 여자에게만 그런 식으로 보상한 걸까? 친절할 수 있는 기회, 배려하는 마음을 보일 기회가 주어졌고 자기도 누군가에게 친절하고 배려한다는 것을 너무나 보여 주고 싶은데, 자기가 저버린 사람들, 두려운 사람들, 자라나는 사람들, 성인이 되었기 때문에 언젠가 위험해질 수 있는 사람들보다는 병든 노모를 돌보는 것이 훨씬 간단하기 때문에, 보통 그렇지 않은가?

오사는 관 쪽으로, 아빠에게로 돌아서서 쉰 목소리로 작별 인사를 했다. 아스트리드를 돌아보니 그녀는 고개를 돌린 채 앞으로 몸을 내밀고 있었고 엄마는 평온해 보였다.

오사의 딸이 올라가서 아빠의 관에 빨간 장미 한 송이를 놓았다. 지금까지 평이한 언어를 사용하던 신부는 이제 교회의 언어를 읊었다. 흙은 흙으로, 재는 재로, 먼지는 먼지로, 그는 아빠의 관 위에 삽으로 세 번 흙을 던졌고, 버튼을 눌렀는지 관은 밑으로 꺼져서 사라졌다. 바닥이 쿵 소리를 내며 닫혔다. 우리는 다시 찬송가를 불렀고, 나는 목소리가 떨리지 않는다는 것을 보여 주기 위해 같이 노래했다. 이제 곧 끝나겠지, 노래가 끝나자 신부는 화환마다 멈춰 서서 리본에 인쇄된 이름을 읽었다. 하트 모양 화환마다 멈춰서 우리의 이름을 읽고, 다른 꽃다발에 적힌 이름, 내가 모르는 많은 이름들도 읽었다. 많은 사람들이 아빠를 사랑했고 이제 그를 그리워하고 애도하고 있다는 것을 보여 주려는 것 같았다. 이름을 다 읽자 끝이었다. 종이 울리기 시작했고, 등 뒤의 문들이 열렸다. 미망인, 엄마가 앞장서서 중앙 복도를 걸어 나갔고, 오사와 아스트리드가 각자 가족과 함께 뒤따랐고, 왼쪽 첫 줄에 앉은 모든 사람들이 다 나간 뒤, 우리 차례, 우리 줄이었다. 보드와 그의 가족, 나와 라스와 내 가족, 피해갈 길은 없었다. 나는 탈레의 팔을 잡고 모두가 보는 앞에서 중앙 복도를 걸었다. 사람들이 나를 쳐다보고 있겠지만, 나는 아무하고도 눈을 마주치지 않고 앞에 있는 보드의 등만 바라보며, 문 너머의 빛을 향해, 바깥 12월의 청명한 빛을 향해 최대한 빨리 걸었다. 신부는 우리와 악수를 나누기 위해 계단에 서 있었다. 나는 그와 악수했고, 마음에 없는 말이었지만 좋은 장례식이었다고 치사했다. 계단에 서 있는 오사에게도 좋은 추도사였다고, 엄마에게도 좋은 장례식이었다고 말한 뒤, 브로테바이엔에 올 거냐고 물을 여유를 주지 않고, 그래서 안 간다고 대답할 필요가 없도록, 그들이 제발 오라고 사정할 필요가 없도록, 예배당에서 쏟아져 나와 엄마와 오사, 아스트리드를 포옹하고 인사를 나누는 문상객들이 화들짝 놀라고 충격받는 광경을 피하기 위해서 계속 계단을 내려왔다. 나는 탈레의 팔을 꼭 붙잡고 있었고, 우리는 뛰지 않고 최대한 빨리 걸어 차로 향했다. 차에 도착해서 나는 조수석에 앉았고, 내가 간밤에 와인을 너무 마셨으니 탈레가 운전하기로 했다. 빨리 시동을 걸고 출발하자고 말하다가, 문득 클라라가 내 휴대전화를 갖고 있다는 것을 기억하고, 탈레에게 가서 다른 사람이 오기 전에 빨리 휴대전화 좀 받아 오라고 일렀지만, 클라라가 먼저 휴대전화를 가지고 내 차로 와서 이제 출발하라고 했다. 카렌이 다가왔고, 나는 그들을 포옹하고 와 줘서 고맙다, 하지만 나는 이제 가 봐야 한다고 말했다. 우리는 출발했다.

....

내가 열한 살 때였나, 어느 부활절 날 아빠가 발러의 오두막을 사기 전에 종종 빌렸던 좁은 오두막에 가족 전부 비좁게 머물면서 텔레파시에 대한 라디오 프로그램을 듣고 있었다. 우리는 서로의 마음을 읽으려고 해 보았다. 보드가 카드 덱에서 한 장을 뽑아 쳐다보며 그 카드에 대해 생각하면, 나머지는 그가 무슨 생각을 하는지 알아맞히는 놀이였다. 아무도 알아맞히지 못했다. 아스트리드도 한 장 뽑아 그 카드에 대해 생각했지만, 아무도 그녀가 골라 생각하고 있는 카드가 무엇인지 알아낼 수 없었다. 아빠도 한 장 뽑아서 확인한 뒤 우리모두에게 자기 생각을 보냈다. 그의 생각은 또렷하고 분명하게 내게 닿았다. 하트 에이스였다.

내가 맞았다. 아빠가 카드를 뒤집으니 정말 하트 에이스였다. 나는 너무나 기뻤다! 하트 에이스가 아빠에게서 내게 전해지다니.

....

클라라는 장례식 날 밤 내게 전화했다. 나는 라스의 숲속 집에 혼자 있었다. 정말 괴상한 행사였지. 꽃으로 하트 모양을 만들어 놓은 건 누구 발상인지? 아빠 곁에 눕고 싶다는 엄마의 시 낭독은 어떻고? 화환과 꽃다발에 적힌 이름을 낭독한 것도 그렇고, 오사는 추도사에서 널 연극과 연출을 좋아하는 사람으로 묘사하면서 자기는 조용히 말조심하는 걸 좋아하는 통찰력 있는 분석가로 그렸잖아. 네가 뭘 견뎌야 하는지 아무것도 모르면서, 클라라는 말했다.

그날 밤 나는 우리 일가친척 전체가 석 달간 같은 집에서 지내는 실험을 하는 꿈을 꾸었다. 친척들과 자매들, 조카들, 아주머니, 아저씨들로 집이 가득 찼고, 다들 이야기하고 웃으며 아무 불편 없이 잘 어울리는데 나만 혼자 불편한 외부인으로 옷 가방을 내 방까지 끌어올리려고 끙끙거리고 있었다. 나를 제외한 다른 사람들은 여행을 계획하느라 바빴다. 다들 흥분해서 들떠 있었고, 나를 제외한 다른 사람들은 잔뜩 기대하며 같이 일을 벌이고 있었지만, 나를 무시했다. 아무도 옷 가방 옮기는 일을 돕겠다고 나서지 않았다. 나는 보드에게 도움을 청하기로 했지만, 그는 보이지 않았다.

이것이 나와 내 가족의 관계다, 나는 잠에서 깨어 생각했다. 특히 학교에 가지 않는 명절 동안 가족들이 발러에 모이곤 했던 저녁 때. 보드는 밖에 나가서 보이지 않았다. 요트를 타든지, 여자들을 만나든지 그는 늘 나가려고 했지만, 나는 히스테리 비슷하게 나를 걱정하는 엄마의 조바심에 전염되어서 가족과 함께 집에 머물렀다. 낮에는 혼자 숨을 수 있는 굴을 찾아 바위틈에서 돌아다녔고 발러는 내 손바닥처럼 환했지만, 저녁에는 가족과 함께, 가족 속에 갇혀서 집 안에서 지내야 했다. 배가 아프고, 목구멍에 뭔가 덩어리 같은 것이 올라오고, 가슴이 답답했다. 나는 엄마와 여동생들을 지켜보곤 했지만, 그들이 그런 기분을 느꼈을 리는 없다. 아빠는 보지 않았다. 꼭 필요한 때가 아니면 우리는 서로 쳐다보지 않았지만, 아빠는 늘 시야 가장자리 어딘가에 있었다. 감당할 수 없는 짐을 짊어지고 혼자 동떨어져 있던 아빠도 비슷한 느낌이었으리라.

....

프로이트는 꿈은 억압된 욕망의 표현, 위장되고 왜곡된 욕망의 표현이라고 믿었다. 그러나 융은 꿈을 이해하지 못한다면 그것은 그 사람의 영혼이 왜곡되어 꿈을 있는 그대로 직시하지 못하는 거라고 믿었다. 융은 자신의 직관이 가리키는 방향 외의 다른 시각으로 사물을 바라보기를 원치 않았고, 그렇게 했다가는 그의 뱀이 자신을 공격할 거라고 생각했다. 프로이트는 융의 뱀이 받아들이지 않는 어떤 것들을 믿었고, 그래서 융은 프로이트와 결별했다. 융은 뱀이 가리키는 길이 자신에게 좋기 때문에 그 길을 따라가기를 원했다.

아빠는 잘생긴 남자였다. 엄마가 예쁜 만큼 아빠도 미남이었다. 엄마와 아빠는 보기 좋은 한 쌍이었다. 크리스마스 축제나 이런저런 행사에 같이 참석하면 보기 좋았다. 두 사람은 그런 행사에서 늘 최대한 빨리 자리를 뜨고, 다른 부모들과 최대한 적게 이야기했다. 엄마는 친목을 좋아했지만, 아빠는 어색하고 불편해서 얼른 집에 가려고 했다. 아빠는 잘생긴 남자였다. 로저 무어가 연기한 제임스 본드에서 붙임성 있는 매력을 빼면 딱 아빠 같았다.

    나는 태어나면서 얻은 가족을 23년 전에 잃었다. 그것은 나의 선택이었다. 크리스마스 때 아이들이 제 아버지를 방문하면 나는 혼자 남았고 내 가족 속에서 나를 잃느니 혼자 있는 게 좋았지만, 어쨌든 나는 가족을 잃었다. 내가 죽으면 가족이 내 장례식을 계획하고 엄마나 아빠가 추도사를 낭독하면서 나에 대해, 우리에 대해 거짓말을 할 것이 두려웠다. 내가 죽으면 가족이 나를 물려받을 것이, 그래서 죽은 뒤 진정한 나를 잃어버릴 것이 두려웠다. 나는 클라라에게 전화해서 내가 죽으면 그녀와 카렌이 장례식을 치러 달라고 부탁했다. 그녀는 그러겠노라고 했다. 나는 카렌에게 전화해서 내가 죽으면 그녀와 클라라가 장례식을 치러서 엄마와 아빠가 추도사를 낭독하지 못하게 해 달라고 부탁했다. 그녀는 그러겠노라고 했다.

....

보는 언론이 그렇듯 전쟁을 단순화시키지 않고 이해하려 했고, 언론이 그렇듯, 대다수의 사람과 내가 그렇듯, 매사를 흑백과 선악, 피해자와 가해자로 나누는 사고방식을 피하려고 노력했다.

우리는 적어도 한 달에 한 번씩 케이크 가게에서 만나서 국제 분쟁에 대해 토의했는데, 보는 자신이 보는 분쟁의 배경을 내게 설명하면서 다른 관점으로 볼 수 있다는 말을 입버릇처럼 했다.

적어도 한 달에 한 번 나는 케이크 가게에 앉아서 보를 기다렸고, 보는 외국 신문기사 복사본이 가득 든 낡은 배낭을 메고 앞으로 구부정한 특유의 걸음으로 가게에 들어왔다. 그는 기사를 넘겨 가며 어둠을 밝은 빛으로 겨누고 다른 사람들이 아무 관계도 없다고 말하는 곳의 연결점을 조명했고, 당국이 그저 우연일 뿐 패턴은 없다고 말하는 지점에서 하필 강자한테 이익이 되고 다른 모든 사람에게는 아무 득이 되지 않는 패턴을 찾아냈다. 보는 대학 도서관에서 괴벨스의 일기와 연설집을 빌려 와서 민간인들을 보호하겠다는 명분을 내세우는 동시대 연설가들과의 유사점을 내게 보여 주었다. 보는 괴벨스의 수사를 연구했고, 현대 노르웨이 정치가들이 어떻게 괴벨스의 전쟁 전 수사를 사용해서 우리가 참전할 전쟁을 정당화하고 있는지 강조했다. 노르웨이 정치가들이 괴벨스의 전쟁 전 수사 그대로 우리는 민간인을 보호해야 한다고 외치고 나라 전체가 그 언어를 있는 그대로 집

어삼켰을 때, 보는 이성을 잃었다. 보는 배낭 안에 증거를, 심장 안에
지성을, 수다의 재능을 지니고 케이크 가게에 들어섰다.

············

라스가 눈 덮인 숲속의 집에 왔고, 우리는 함께 새해를 축하했다. 좋은 시간을 보내려고 몹시 애썼지만, 나는 한 가지밖에 이야기할 수가 없었다. 다른 주제에 대해서도 이야기하려고 애썼지만, 그때마다 결국 '그 문제'로 되돌아가곤 했다. 아빠, 그의 장례식, 내 어린 시절. 라스는 아빠와 그의 장례식, 내 어린 시절 이야기는 들을 만큼 들은 상태였다. 그래서 도움이 될 게 뭐가 있나, 이제 과거로 돌리는 것 말고는 할 수 있는 일이 뭐가 있어? 나도 내가 피곤하게 군다는 것은 알고 있었지만, 어쩔 수가 없었다. 그리고 이건 변명이 될 수 없었다. 아빠도 어쩔 수 없었을 것이고, 엄마도 원래 그런 사람이라 어쩔 수 없었을 것이고, 아스트리드도 그런 사람이라 어쩔 수 없었을 것이다. 나도 그런 사람이라 어쩔 수 없었다는 점에서 그들을 닮았다. 파괴적인, 파괴된 사람들.

1월 1일, 보드는 새해를 축하하고 혹시 유언 집행을 담당한 회계 법인에서 모임 일정을 받았는지 묻는 편지를 보냈다. 받은 적이 없었다. 유언장 사본과 같이 받았어야 하는데, 보드는 답했다. 모임은 1월 4일 5시였다. 라스는 나음 날 떠났고, 나는 숲속에 혼자 남았다.

나는 오랫동안 산책했다.『온 스테이지』마감은 연기할 수 있었다. 아버지가 돌아가셔서 평소대로 집중해서 일할 수 없었다고 편집진과 인쇄소에 설명했더니, 그들도 이해하고 조의를 표하며 부모님 중 한 분이 돌아가셨다니 일상이 흐트러진 것이 당연하다, 필요한 만큼 여유를 가지라고 당부했다.

한참 동안 생각에 잠겨 강변을 따라 걷다가, 나는 우려에도 불구하고 엄마에게 문자로 새해 축하 메시지를 보냈다. 엄마는 예배당에 총출동해 주어서 고마웠다고 곧장 답신했다. 엄마가 쓰지 않는 '총출동'이라는 단어가 있는 것을 보니, 아스트리드와 오사가 메시지 작성을 도운 게 아닌가 하는 생각이 들었다. 아마 돌아가면서 하루씩 엄마와 같이 지내고 있을 것이다. 매우 피곤하겠지. 엄마는 품위 있는 마지막이었다고 생각한다고 썼다. 그랬어요, 나도 답했다.

그때 회계사에게서 공지가 왔다. 1월 4일 5시였다.

엄마나 아빠가 돌아가시거나 비행기 사고 같은 일로 두 분이 함께 세상을 떠나면 나는 어떤 반응을 보일까, 가끔 생각해 본 적이 있었다. 부모님의 재산을 동기들과 나눠 갖기 위해 돈과 재산에 관련된 회의에 참석한다는 것이 내게는 정신적으로나 육체적으로 불가능할 것 같았다. 살아 계실 때 만나고 싶지 않았으면서 돌아가신 뒤에 부모님의 돈이나 물건을 가지려고 나타난다는 것은 위선일 것이다. 그래서 그런 모임에는 참석하지 않겠다, 재산 분배에는 참여하지 않겠다고 결심하고 나니, 이런 결정에 마음이 편해졌다. 하지만 생각해 보니 내 자식에게는 불공평한 일이겠다는 생각이 들었다. 아이들의 아버지에게 전화를 걸어 혹시 우리 부모님이 비행기 사고 같은 일로 돌아가셨을 때 유언 집행에 있어 우리 아이들의 이익을 대변해 줄 수 있겠느냐고 청했더니, 그는 그러겠다고 했다. 이제 우리 아이들은 성인이 되어서 직접 자신을 대변할 수 있으니 문제 될 일은 없었지만, 이후 보드와 연락이 닿아 상속 분쟁에서 그의 편을 들게 된 상황이 되었으니 내가 나가야 할 의무가 생긴 셈이다, 안 그런가?

이런 만남이 아빠가 돌아가시기 전 같은 공포로 다가오지 않는 것도 사실이었다. 죽었다고 상상하려고 그토록 노력했지만, 이제 와서 돌아보니 내가 두려워했던 것은 아빠였기 때문이었다. 이제 아빠는 정말 죽었고, 나는 엄마나 아스트리드, 오사를 아빠만큼 두려워하지 않았다. 아빠가 목소리를 높일 때만큼, 아빠가 겁을 주어 입을 다물게 하려고 쳐다보던 때만큼, 그들의 목소리와 시선은 두렵지 않았다. 회계사와의 모임은 1월 4일 5시였다. 거기 가서 어떻게 행동해야 할까? 내가 얻어내려는 것은 무엇인가? 내가 얻어내려는 게 뭘까, 나는 클라라에게 물었다. 정의지, 그녀는 말했다. 하지만 그들이 내게 정의나 복원을 이뤄 줄 수는 없어, 나는 말했다. 그들도 네 말을 듣지 않을 수 없잖아, 그녀는 말했다. 그들도 기만적인 행동에 대한 책임에서 벗어날 수 없어. 널 응원한 적도 없었고, 네 말을 들은 적도 없었고, 그 오랜 세월 동안 입을 막으려 들었어. 그들은 이제 다시 널 속이려 들고 있어. 보드와 너는 피해보상을 받아야 할 판인데도 오히려 덜 받고, 그들이 너희들의 고통에서 이익을 취하게 됐잖아. 클라라는 1월 4일 5시 회계사와 만나기 전에 자기를 만나자고 했다. 내가 적당히 속아 넘어가는 걸로 만족하겠다는 것을, 수치스럽게 생각해야 할

쪽은 아스트리드와 오사인데도 오히려 내가 수치스러워서 요구하지 못하는 것을 두고 볼 수 없다고 했다.

하지만 벌써 월요일이야, 나는 말했다.

일요일 저녁에 와, 그녀는 고집했다. 같이 모임 준비를 하자고.

....

아주 여러 해 전, 보의 기사를 읽으며 카페에서 긴 하루를 보낸 뒤 우리는 어두운 시내를 걷고 있었다. 10월 말이었고, 우리는 불면증에 대해 이야기했다. 썩어 끈적끈적한 밤나무 낙엽으로 거리가 온통 뒤덮여서 발이 계속 미끄러졌고 다리도 젖었지만, 우리는 집에 가지 않았다. 헤어져서 제 갈 길을 가는 것을 계속 미루고, 우리는 밤나무 아래 어두운 가을 거리를 걸으며 밤에 뜬눈으로 누워서 뭘 하는지 서로 이야기했다. 보는 가끔 수면제를 복용하지만 중독되는 것이 무서워서 어떤 수면 보조제와 수면제를 얼마나 자주 복용할 것인지 계획을 세우는 데 상당한 에너지를 쏟는다고 했다. 나는 와인을 마셨다. 보도 나처럼 어릴 때부터 수면장애가 있었다. 나는 언제나 잠이 두려웠다. 잠을 갈망했지만, 무서웠다. 잠에 빠지는 것이, 뭐든지 빠지는 것이 두려웠다. 어릴 때 침대에 누워 잠을 이루지 못하면, 감히 잠에 빠지지 못하면, 나는 이야기를 만들었다. 내가 유태인이고 제2차 세계대전 중 다른 유태인과 함께 기차 안에 나란히 누워 어딘가 가고 있다는 이야기, 기차 안에서 혼자가 아니라 살아 있는 따뜻한 몸들과 함께 하나의 운명 공동체로 누워 있다는 이야기. 기차는 차분하게 규칙적으로 덜컹거리고 있었고, 나는 주위에 누운 다른 사람들의 숨소리가 귓가에서, 목 옆에서 들린다고 상상했다. 나도 그들과, 기차와 같은 리듬으로 숨 쉬려고 애썼다. 나는 살아 있는 다른 따뜻한 몸들과 최대한 가까이 누워 있다고, 우리는 기차의 형태로 변신한 거대한 하나의 몸이라고 상상했다.

당신은 피해자와 자신을 동일시하는군, 보는 말했다.

하지만, 그는 삐딱한 미소를 지으며 말을 이었다, 모든 피해자는 잠재적인 가해자이기도 해. 연민에 너무 너그러워지지 마.

....

일요일 아침 클라라를 만나러 집을 나서는데, 아스트리드가 전화
했다. 다음 날 모임 전에 내게 알려 주고 싶은 두 가지가 있다고 했
다. 첫째, 엄마의 약물 과용은 롤프 산베르그와 아무 관계없다는 것.
엄마에게 물어봤더니 그 일과는 상관없다고 대답했다는 것이었다.
오히려 엄마는 아빠의 허락을 받고 롤프 산베르그의 장례식에도 참
석했다. 두 번째, 보드는 그렇게 믿는 모양이지만 엄마와 아빠가 그
간 자기에게 돈을 주었다는 것은 사실이 아니라는 것. 엄마가 한동안
사무실 임대료를 내 준 것은 사실이지만, 그것은 인권에 대한 후원
차원이었다. 엄마는 자기 돈을 원하는 대로 쓸 권리가 있다.

그건 그렇고, 이런 상황에서도 엄마는 잘 지내고 계신다. 그들이
밤낮으로 돌아가며 엄마를 지키고 있지만, 물론 언제까지나 이렇게
지낼 수는 없다.

....

스무 살 나이에 첫 아이를 임신했을 때, 테스트 결과 임신으로 나왔을 때, 기쁜 소식을 알리기 위해 부모님에게 전화했더니 엄마는 나를 브로테바이엔에 초대했다. 집에 도착하자, 엄마는 비밀스러운 미소를 지으며 문간에서 나를 맞았다. 나도 임신했다, 엄마는 말했다. 롤프 산베르그와의 소동이 있은 뒤로, 부모님은 아기를 가져 보는 게 좋겠다고 생각했다는 것이었다. 같이 아기 옷을 사러 가면 어떨까, 엄마는 말했다. 유아차를 끌고 산책도 같이 하고. 가슴이 무거워졌다. 나는 영원히 자유롭지 못하겠구나. 엄마는 임신 테스트기를 사서 다시 확인해 보자고 했다. 졸지에 나는 엄마와 같이 약국에 갔다. 엄마는 프레딕토 임신 테스트기 두 개를 샀고, 우리는 브로테바이엔에 돌아와서 병 안에 소변을 넣었다. 한 시간 뒤 바닥에 파란 원 두 개가 나타나면 임신이라는 뜻이지만 그동안 유리를 건드려서는 안 된다. 한 시간 뒤 유리병 바닥에 파란 원이 나타난 걸 보니, 둘 다 임신이었다. 의사인 운니 아주머니가 들르자, 엄마는 우리가 임신했다는 소식을 전하고 임신 테스트도 해 봤다고 했다. 운니 아주머니는 엄마를, 어린 아이 같은 내 엄마를 바라보았다. 유리에 손을 댔지?

응, 엄마는 실토했다. 유리에 손을 댔어.

엄마는 얼마나 절박했을까. 출구가 없었다. 엄마에게는 모든 문이 닫혀 있었다.

....

　라스는 1960년대 파게르네스에 사셨던 불행한 할머니 이야기를
했다. 보르그힐드 할머니는 오랜 세월 동안 아침부터 밤까지 일했다.
보르그힐드 할머니는 오랜 세월 요리를 하고 세탁을 하고 집을 청소
했다. 그러던 어느 날 오후 보르그힐드 할머니는 부엌 식탁에 앉아서
신문을 보던 남편에게 말했다. 라스도 같이 앉아 있다가 대화를 들었
다. 아니, 더 이상은 못해. 난 떠날 거야.

　그런데 어디로 갈 거야, 보르그힐드, 남편은 이렇게 말하고 소파에
편안하게 앉았다.

....

나는 회계사를 만나기 전날 밤 클라라의 서재에 앉아 있었다.

아, 베르기요트, 그녀는 말했다. 하나가 가면 또 하나가 오는군.

맞아, 나는 말했다.

어린 시절 살던 거리는 미움을 가르쳤고, 단단함과 반항을 가르쳤고, 가장 강한 무기를 주었다, 그 무기를 잘 사용하는 법을 배워야 한다. 클라라는 다시 토베 디틀레브센을 인용했다.

맞아, 나는 말했다.

내일 무슨 일이 있든, 이건 일생일대의 기회야, 그녀는 말했다.

입에 담을 수 없는 것을 입에 담으라는 말로 들렸다.

부적절하지 않을까? 그런 자리에서?

아니. 지금 말하지 않으면 언제 말할 거야? 말하고 싶다면, 지금 아니면 기회는 없어. 다음 기회는 없을 거야. 엄마는 곧 돌아가실지도 몰라. 죽음이 얼마나 갑작스럽게, 예기치 못하게 닥치는지 이제 너도 알 거 아니야. 외부인이 참석한 상태로 다섯 사람이 한자리에 다시 모이는 게 언제쯤일까? 외부인이 없으면, 증인이 없으면, 그 사람들은 그냥 일어나서 나가 버릴 거 아니야. 너도 알지, 말을 막고, 소리를 지르고 고함을 쳐서 네 목소리를 묻어 버릴 거고, 널 쫓아내거나 자기들이 나가 버릴 거야. 너도 알잖아. 하지만 내일 회계사가 있는 자리에서는 그럴 수가 없어. 네가 언젠가 꼭 목소리를 내고자 한다면, 지금이 바로 그때야. 모두에게 말하고 싶은 것, 언제나 말하고 싫었던 것, 하지만 모두 같이 있을 때 하지 못했던 그 이야기를 해. 정신이 멀쩡할 때, 감정적이거나 화나지 않았을 때, 분명 내일 아니면 안 돼.

모두 같이 있을 때는 이야기한 적이 없었다. 아스트리드 말고 다른 누구에게도 이야기한 적이 없었고, 그때도 나는 감정에 격분해서, 반항심이 솟아올라서 터뜨렸다. 이제 정말 목소리를 내려면, 가슴에 담긴 말을 쏟아부으려면, 잘 준비해서 조리 있고 평정하게 이야기하려면, 지금이 바로 그때다. 부적절하지도 않아, 클라라는 말했다. 네게 일어난 일은 유언 내용과도 관계가 있으니까. 애당초 엄마가 아스트리드와 오사를 편애했으면서 그들이 착하고 친절하고 늘 곁에 있었고 도움이 많이 되었고 가까웠다는 말로 정당화했으니까. 보드와 네가 곁에 없고 가깝지 않았던 건, 따뜻하거나 도움이 되지 않았던 건 누구 잘못 때문이었지? 원래 그렇게 차갑고 도움을 주지도 않고 따뜻하지도 않은 사람들이었어, 아니면 부모님의 우리에 대한 태도 때문에 차가워진 거야? 왜 네 자식 중 둘은 차갑고 공감 능력이 없는데, 둘만 애정이 충만하고 사려 깊을까? 오사가 추도사에서 말했듯 다양한 유전자 조합의 결과물일까? 아니면 다른 답이 있을까?

클라라가 맞았다. 내일, 1월 4일 월요일이 내 기회였다. 내게 좋은 일이다, 나는 생각했다. 그 전날, 3일 일요일에 클라라와 함께 앉아 있을 때는 그렇게 느껴졌다.

내일.

그런다고 망가질 건 없다, 나는 생각했다, 더 이상 나빠질 게 없으니까, 지금 이 상태보다 더 망가질 일은 없으니까. 나는 1월의 봄을 믿지 않았다. 엄마와 아스트리드, 오사가 1월의 봄을 믿는다면, 아빠가 돌아가셨으니 이제 집 안에 온기가 돌 거라고 믿는다면, 그건 내가 자기들에게 얼마나 배신감을 느끼는지 이해하지 못하기 때문이지 않나? 가족과 멀어진 23년 동안, 그들 중 누구도 내게 연락해서 내 이야기를 들어보려고 하지 않았다. 그것을 보상할 수는 없다, 불가능하다. 꽃병이 바닥에 떨어져 부서지면 접착제로 붙일 수 있고, 두 번째로 부서져도 다시 붙여서 그리 보기 좋지는 않아도 쓸 수는 있겠지만, 세 번째로 바닥에 부서져서 발치에 산산조각 나 있으면, 보는 순간 이제 영원히 돌이킬 수 없다, 붙일 수 없다는 것을 깨닫게 된다. 그것이 지금 상황이었다. 망가졌다. 내 가족은 사라졌다.

하지만 왜 굳이 신경을 쓰나? 굳이 거기 가서 소동을 일으키고 경험하려는 이유는 뭐지? 침착하고 준비된 상태에서 내 목소리를 내고 싶으니까. 나 자신의 마음의 평화를 위해서, 나의 명예를 위해서, 나의 자존심을 위해서, 신중하게 선택한 나의 언어를 한 번은 꼭 말해야 하니까. 오래 묵어 썩은 것들, 소문과 비밀스러운 고갯짓, 때로 그들이 교환하는 눈빛을 열린 공간에 끄집어내고 이 속삭임의 연쇄를 끝장내야 하니까. 지금 하지 않으면—지금이어야 한다—상속이라는 약속으로 매수당하는 것을 스스로 방관하는 게 될 것 같으니까. 베르기요트에게 상속해 준다고 해, 그러면 옛날에 무슨 일이 있었다고 주장하는 그 입을 막을 수 있을 거야. 돈을 주면 말이 바뀌겠지. 내게도 상속하겠다, 모든 자식들을 공평하게 대하겠다고 그들이 설교한 이유는 바로 그것, 보드와 내 입을 막기 위해서였다. 그들은 우리의 침묵과 자기들이 원하는 방식의 공존을 돈으로 사고 싶었던 것이다.

....

　라루스는 '메멘토'에서 아버지나 어머니의 죽음에 대한 애도의 마음은 18개월 동안 지속된다고 썼다.

　그러나 롤랑 바르트는 『애도 일기』에서 그것은 사실이 아니다, 시간은 슬픔을 덜어 주지 않는다, 슬픔은 끝나지 않는다고 썼다.

　바르트는 시간은 슬픔의 '감정적인' 측면 말고는 아무것도 치유하지 않는다고 썼다.

　나는 언제나 슬퍼하고 있었을까? 슬픔은 나의 기본 상태일까? 줄어든 것은 슬픔의 감정적인 측면에 지나지 않았을까? 마음속 깊은 곳에서 나는 언제나 슬펐던가? 평온할 때, 혼자 있을 때, 진지하게 일할 때, 슬픔은 덜 고통스럽다. 그 때문에 나는 평온하고, 그 때문에 열심히 일하고, 그 때문에 혼자 지낸다.

　롤랑 바르트는 친구에게 느낌은 지나가지만, 슬픔은 남는다고 말했다. 친구는 답했다. 아니, 느낌은 되돌아와, 기다려 봐.

　느낌은 되돌아온다.

....

1월 4일 월요일 전날 밤, 나는 잠을 이룰 수가 없었다. 클라라의 서재에서 그녀와 같이 작성한 초안의 단어들이 머릿속에서 계속 맴돌고 있었다. 겨우 1시 무렵 깜빡 졸았지만, 4시경 깨어서 다시 잠들지 못했다. 클라라의 서재에서 쓴 글이 머릿속을 계속 맴돌았다. 5시가 되었는데도 잠이 들지 않았지만, 결정적인 날 몇 시간밖에 못 잔 채 수면 부족으로 나가지 않으려면 자야 했다. 하지만 클라라의 서재에서 쓴 글이 머릿속을 계속 맴돌아서 잘 수 없었다. 나는 일어나서 잠들기 위해 와인 한 병을 마셨지만, 역시 잠이 오지 않았다. 졸다가 다시 일어나 보니 아침 11시였다. 짤막한 요약문을 작성해야 했기 때문에 원했던 만큼 충분한 시간은 아니었다. 아직 취한 상태였지만, 일어나서 짧고 간결한 텍스트를 써야 했다. 클라라와 작성했던 초안을 사용했지만, 모두 내 언어, 그녀보다 경제적인 어휘였다. 원고를 작성한 뒤, 나는 머리를 맑게 하고 머리카락에 눈을 좀 묻히려고 개와 함께 산책을 나갔다. 아이들에게 전화했더니 내가 취한 것을 목소리를 통해 알아차리고 회계사와 약속이 있는데 절대 취하면 안 된다고 당부했다. 아니, 아니야, 믿어도 돼, 나는 말했다. 회의에 취해서 나가면 재앙이지, 나도 알아, 그래서 산책을 나온 거야, 술 완전히 깨고 머리를 맑게 하고 머리카락에 눈도 좀 묻히려고. 이제 커피만 마시면 돼. 집에 돌아온 뒤, 나는 해야 할 말을 최대한 간결하고 명료하게 다시 수정했다. 원고를 쓰고 있으니 이 이야기를 하는 것이 내게 중대한 의미가 있다는 기분이 들었다. 점점 이것이 옳은 일이라는 확신이 들었고, 참석한 모든 사람들에게 말해야 하는, 말할 수 없는 이야기로 인해 차츰 더 초조해졌다. 원고를 다 쓴 뒤, 나는 아이들에게 전화해서 읽어 주었다. 탈레는 하라고 했고, 에바는 그렇게 생각한다면 하라고 했다. 쇠렌은 조금 주저하며 유언 집행 모임에서 이런 문제를 꺼내는 건 현명한 일이 아닐지도 모른다, 각자의 입장만 더 굳어질지도 모른다, 우리가 정말 적이 될 수도 있다고 했다. 나는 내 원고를 옹호하고, 이미 마음을 굳혔다고 했다. 그런 뒤 클라라에게 전화해서 읽어 주었더니, 자기라면 더 직설적으로 말했겠지만 괜찮다고 했다. 보에게 전화해서 읽어 주었더니, 그는 내가 오빠도 배려하는 것이 글에 드러난다고 말했다. 라스에게 전화했더니, 그는 과거의 일로 돌리기는커녕 고통을 증폭시켜 그 안에서 뒹굴면서 흥분하고 초조해서 안절부절못한다고 화를 냈다. 난리날 거야, 그는 말했지만, 나는 이미 마음을 굳혔다고 했다. 필요한 확신을 얻기 위해 카렌에게 전화한 뒤, 버스를 탔다. 나중에 인도 식당에서 에바를 만나기로 되어 있었다. 일이 끝나면, 맥주와 이야기 상대가 필요할 것이다, 떨고 있을 것이다. 나는 지금 떨고 있었다. 버스를 타고 기차로 갈아탄 뒤 시내로 들어가는데, 지나치는 모든 사람들이 내가 떨고 있다는 것을, 전선으로 출전하는 길이라는 것을, 전투를 앞두고 무시무시한 공포에 사로잡혀 있다는 것을 알아볼 것 같았다. 핵심 등장인물이 금빛으로 물결치는 들판을 걷던 〈셀레브레이션〉(토머스 빈터베르그 감독의 1998년작 덴마크 영화. 위선적인 한 가족의 이야기를 다룸-옮긴이)의 첫 장면이 떠올랐다. 어떻게 그는 저렇게 침착할 수 있을까, 나는 왜 못할까? 나는 기차에서 내려 약속대로 보드가 기다리는 카페로 가서, 떨린다, 원고를 써 왔다고 말했다. 지금 생각해도 비현실처럼 느껴지지만, 그때 역시 현실 같지 않은 기분이었다. 나는 원고를 보드에게 건네고 모임에서 읽을 생각인데 어떻게 생각하는지 물었다. 그가 글을 읽는 동안, 나는 화장실에 갔다. 변기에 앉으며, 지금 그는 글을, 그 내용을 읽고 있겠지, 생각했다. 미리 읽게 하지 말까, 보드도 놀라게 할까 생각도 했었다. 미리 읽어 보라고 하면, 혹시 모임에서 읽으면 안 된다고 할지도 몰라서였다. 읽고 싶었다, 이제 내게는 중대한 일이었다. 다시는 돌아오지 않을 순간을 놓치고 싶지 않았고, 입밖에 내는 것이 이토록 중요해진 그 말을 할 기회가 다시 오지 않을 것 같았다. 하지만 다시 카페에 들어와서 보드의 엄숙한 얼굴을 본 순간, 나는 그에게 갑작스럽게 터뜨리지 않고 먼저 읽게 해야 한다는 것을 깨달았다. 우리는 같은 편이었으니까, 내용이 무엇이든, 공통의 대의에 관해 아무리 좋은 의도라 해도, 그에게까지 갑작스럽게 터뜨릴 수는 없었다. 일단 먼저 읽게 하는 것이 옳았고, 만약 이 글을 모임에서 공개적으로 읽는 것을 그가 원치 않는다면 분명 내가 미처 생각지 못한 타당한 이유가 있을 것이다. 모임에서 공개하는 것이 좋은 전략이 아니라고 생각하든가. 그가 글을 읽는 동안 나는 화장실에 갔고, 손을 떨며 나왔다. 그는 공개적으로 읽으라고 했다. 혹시 그들이 그냥 일어서서 나가 버리면? 나는 말했다. 그래도 우리는 가만히 있어야지, 그는 말했다. 언제 읽을까, 나는 물었다. 그는 모임이 어떻게 진행될지 설명했다. 회계사는 우선 아빠의 사업부터 시작할 것이다. 사업과 관계된 재산부터 먼저 짚은 다음, 유언장 사본을 나누어 줄 것이고, 읽다 보면 한두 군데 논의할 점이 있을 것이다. 유언장을 다 읽고 나면, 이어 오두막 문제를 꺼낼 것이고 논쟁이 있다는 것을 알고 있다는 이야기도 할 것이다. 이 지점에서 엄마가 나서서 아스트리드와 오사가 오랫동안 잘했고 부모님과 같이 발러에 드나들었으니 오두막을 가져야 한다, 그것이 자연스럽다고 주장할 것이다. 그런 다음 네가 글을 읽어, 보드가 말했다. 나는 흘리지 않으려고 노력하며 커다란 잔에 커피를 두 번 따라 마셨다. 5시 15분 전이었다. 우리는 회계사 사무실까지 걸어갔다. 이제 끝까지 해내는 것만 남았다, 나는 생각했다. 끝까지 해내는 것 말고 아무것도 생각하지 말자, 결과는 생각하지 말고, 저들이 어떻게 반응할까 생각하지 말고, 그저 끝까지 해내자. 절대적으로 중대한 일이니까, 내 인생에 대한 일이니까. 우리는 사무실로 갔다. 그들은 이미 와 있었다. 엄마, 아스트리드, 오사, 엄마는 엄숙한 얼굴이었고, 내가 크리스마스에 선물한 스카프를 목에 매고 있었다. 내게 신호를 보내는 거군, 나는 생각했다. 감사 인사이자 간청, 무시해야겠지.

자, 이제 모두 모였군요. 회계사는 마실 것이 필요한지 묻고 생수와 커피가 든 보온병, 차를 끓일 뜨거운 물을 올려놓은 쟁반을 턱으로 가리켰다. 나는 파리스 생수 한 병을 집어 들고 또 물 필요한 사람 있는지 물었다. 초조해서 부산했다. 엄마가 파리스를 달라고 했다.

나는 파리스 뚜껑을 따서 그 병과 잔을 엄마 앞에 놓았다. 내가 마실 물병도 따서 잔과 함께 들고 보드 옆자리에 가서 앉은 뒤 물을 따라서 마셨다. 회계사는 말을 시작했다. 아빠의 사업부터 열거했는데, 다른 동기들은 익숙한 것 같았다. 회계사는 사업 회계에 대해 파워포인트 프리젠테이션도 준비했고, 역시 다른 동기들은 알고 있는 것 같았다. 누군가 임원을 맡아야 하는데, 아빠는 자녀 넷 모두가 임원을 맡아 주기를 바랐다. 자기가 죽고 난 뒤 화해하기 바란다는 표현일까. 살아 있을 때는 화해의 희망을 포기했던 사람, 할 수도 없었던 사람, 살아 있을 때는 화해할 정도로 강하지 못했던 사람이었지만, 그런 그도 자신이 죽은 뒤에는 화해를, 1월의 봄이 오기를 희망하고, 네 자식들이 모두 자기 이름을 딴, 우리 이름을 딴 회사의 임원이 되어서 다시 친해지기를 바랐다. 아스트리드는 임원이 되어서 기쁘다고 말했다. 두 달 전까지만 해도 나와 연락이 닿았던 유일한 형제인 그녀가 나서기로 미리 마음을 맞춘 것 같았다. 보드도 임원이 되어서 좋다고 했다. 오사는 큰언니는 임원에 별 관심이 없을 거라고 농담처럼 말했고, 다들 웃었다. 내가 임원이 되고 싶지 않을 거라는 것은 모두 다 알고 있었다. 나를 그 정도는 아는 사람들이니까. 아마 내 앞에 접은 종이 두 장이 놓여 있는 것도 눈에 띄었을 것이다. 백지처럼 보였지만, 깨끗한 면이 위로 오도록 놓았기 때문에 안에 뭐가 적혀 있는지, 그냥 메모를 하려고 가져온 종이인지 알 수는 없었다. 엄마만 빼놓고 다른 사람들도 탁자 한복판에 펜 여러 개와 함께 놓인 메모지 묶음에서 백지를 가져다 놓았지만, 내 앞에 놓인 종이는 집에서 가져온 것처럼 보였다. 회계사는 파워포인트 슬라이드에 적힌 숫자 몇 개를 가리켰다. 아까 보드는 큰 액수가 아닐 거라고 했는데 역시 큰돈으로 보이지 않았다. 전부 다 검토하는 데는 한 시간 약간 넘게 걸렸고, 아무도 별말이 없었다. 보드는 무해한 질문 두어 개를 던졌고, 회계사가 명확하게 설명했다. 끝입니다, 회계사는 파워포인트 프리젠테이션을 끈 뒤 탁자 위로 몸을 약간 내밀면서 발러의 오두막과 관련해서 분쟁이 있다고 들었다고 덧붙였다. 엄마가 미처 뭐라 항의하기도 전에, 나는 내 앞 탁자에 놓인 종이를 뒤집었다. 시작하려고, 끝내 버리려고, 기다리는 것은 더 이상 참을 수가 없어서. 종이에 적힌 내 이야기를 언어로 번역해야 해서. 끝내 버리려고, 나는 종이를 펼치고, 종이만 바라보며, 읽었다.

　나, 특히 내 아이들은 내 어머니와 자매들이 오랜 세월 브로테바이엔과 발러에서 함께 보낸 행복한 시간들에 대해 이야기하는 것을 자주 들었습니다. 내 자매들이 얼마나 다정하고 친절한 사람들인지, 이런 이야기들이요. 내 아들 쇠렌은 몇 주 전 브로테바이엔에서 열린 내 부모님의 여든, 여든다섯 번째 생일 축하 파티에 다녀와서 이렇게 말하더군요. 조부모님에게 다른 자식 둘이 더 있다는 걸 자기가 몰랐다면, 여느 집과 다름없는 행복한 가족으로 생각했을 거라고.
　이 지점에서 엄마는 내 말을 끊었다. 듣는 것을 거부한다고 말하고 일어섰다. 안 좋은 이야기로구나, 나는 듣지 않겠다. 이제 간다, 엄마는 말했다. 무슨 말이 나올지 알고 있는 것 같았다. 아스트리드가 일어나서 다정하게 엄마의 몸을 팔로 둘렀다. 바로 그때, 나는 모임 중 처음으로, 단 한 번, 목소리를 높였다. 당신은 그렇게 겁쟁이야? 겁쟁이는 너지, 엄마는 반발했지만, 아스트리드의 침착한 팔이 감싸 안자 마지못해 다시 자리에 앉았다. 지금은 그럴 때도, 장소도 아니야, 아스트리드는 고개를 저었다. 그녀도 무슨 말이 나올지 알고 있는 것 같았다. 나는 약간 초조한 기분이었지만 누가 폭발하거나 뛰쳐나가기 전에 끝내려고 애써 침착하게, 어쩌면 약간 빠르게 글을 계속 읽어나갔다. 절대적으로 해야만 하는 이야기라고, 그렇게 한 번은 말해야 마무리 지을 수 있을 거라고 오늘에 이르기까지, 바로 지금 이 순간에 이르기까지 평생 느껴왔던 이야기였다. 아스트리드와 오사, 엄마는 다른 사람들이 그렇게 생각해 주기를 바랐겠지요, 나는 계속 읽었다. 하지만 그 그림을 망치는 골칫거리 자식 둘이 더 있었습니다. 그들은 그저 원래 불쾌한 사람들이었을까요? 아니면 엄마와 아빠의 네 자식 중 손위 둘이 손아래 둘과 달리 브로테바이엔과 발러에 가지 않았던 특별한 이유가 있었을까요?

부끄러운 줄 알아라, 엄마는 말했다. 부끄러운 줄 알아.

동생 아스트리드는 인권 분야에 종사하는 만큼 알고 있을 겁니다, 나는 말을 이었다. 화해는 갈등의 당사자 모두가 자신의 이야기를 말한 뒤에야 가능하다는 것을, 발칸 분쟁에서 일했으니 그런 이야기는 영원히 낡지 않는다는 것도 알고 있을 겁니다. 한데 고작 며칠 전 아스트리드는 보드의 과거, 어린 시절이 자기 인생의 이야기로 아직도 그의 안에 살아 있다는 사실을 전혀 이해하지 못하고 예순이 다 된 사람이 왜 어린 시절에서 헤어나지 못하는지 이해할 수 없다고 했습니다. 그것은 그의 이야기, 그가 지닌 단 하나의 이야기인데도.

부끄러운 줄 알아라, 엄마는 말했다. 말도 안 되는 소리. 거짓말!

지금은 그럴 때도, 장소도 아니야, 아스트리드가 말했다. 운니 아주머니가 여기 있어야 해.

나는 평생 아빠를 두려워했습니다, 나는 말을 이었다. 작년 12월 17일 아빠가 돌아가셨을 때까지도 나는 내가 그를 얼마나 두려워하는지 깨닫지 못했습니다. 다섯 살부터 일곱 살 사이, 내가 아빠에게 반복적으로 성추행을 당했을 때, 그는 내가 만약 그 사실을 누구한테 말하면 자기는 감옥에 가고 엄마는 죽는다고 했습니다.

거짓말이야, 엄마는 외쳤다.

나는 말하지 않았습니다. 억누르고, 입을 다물었지만, 내 인생은 점점 더 힘들어졌고, 억눌렀던 것들이 표면으로 되살아나기 시작하면서 매사에 점점 자기 파괴적이고 혼란스럽게 변해 갔습니다. 도움이 필요하다는 것을 깨닫고 여러 번의 검사 끝에 무료 정신 분석까지 받았습니다. 23년 전 엄마에게 당시 있었던 일을 이야기하니, 엄마는 나를 믿으려고 하지 않았습니다. 여동생들도 마찬가지였습니다. 나는 가족의 명예를 위협한 추방자가 되었습니다. 이런저런 행사에서 내가 공적으로 말하는 것도 그들에게는 문제이자 위협이었습니다. 한번은 내가 절망에 빠져 엄마와 아빠는 내가 작가가 되기보다 차라리 정신병원에 들어가는 것을 더 바라는 사람들 같다고 말하자, 아스트리드는 이렇게 대답했습니다. 아, 그럼 더 쉬웠겠지.

지금은 이럴 때도, 장소도 아니야, 아스트리드가 세 번째로 말하며 고개를 저었다. 회계사도 있는데!

회계사는 어안이 벙벙한 채 탁자 끝에 앉아 있었다.

거짓말이야, 엄마는 말했다.

하지만 그렇게 쉽지 않았습니다, 나는 계속 읽었다. 아빠는 죽었습니다. 아빠는 침묵을 요구했고 나는 오랫동안 입을 다물었지만, 가족의 침묵이 내 자식들에게까지 이어져야 한다는 것은 받아들일 수 없습니다. 말했듯이, 가족에게 내 이야기를 털어놓으려고 여러 번 시도했으나 들어주는 사람이 없었지만, 오늘이야말로 내 이야기와 보드의 이야기가 받아들여져서 오늘 분쟁 해결 과정의 한 부분이 될 수 있도록 모든 것을 털어놓지 않을 수 없습니다. 내게 이 합의는 단순한 돈 문제가 아니라 윤리적인 문제이기도 합니다. 내가 여기 온 것은 그 때문입니다.

나는 고개를 들었다.

지금은 이럴 때도, 장소도 아니야, 아스트리드가 네 번째로 말하며 고개를 저었다.

그럼 적당한 때는 언제지, 보드가 말했다.

거짓말쟁이, 엄마는 나를 보며 날카롭게 비난했다. 아빠한테 손가락질을 하다니, 그렇게 끔찍한 혐의를 받으면서 네 아빠가 어떤 기분이었는지 아니, 근친, 엄마는 기묘한 발음으로 그 단어를 내뱉었다. 근친상간이라니, 네 불쌍한 아빠한테 그게 어땠는지 아니, 아빠한테 어땠을 것 같아, 넌 왜 직접 아빠를 대면하고 말은 못했니, 경찰에 신고는 왜 안 했니, 네 말이 사실이라면 경찰에 갔어야지, 한데 안 갔잖아, 넌 경찰에도 안 갔고, 아빠한테 직접 말도 안 했잖아.

난 직접 말하지 않은 게 놀랍지 않습니다, 나만큼 아빠를 두려워했을, 내가 이야기한 적이 없었으니 지금껏 사연을 모르고 있었던 보드가 말했다. 모두에게 모든 것을 이야기할 수는 없었다. 가장 내밀한 내용까지 모두에게 자세히 드러낼 수는 없었다. 나를 위해서, 그들을 위해서, 23년 전 아빠가 무슨 짓을 했는지 깨닫고 정신적으로 완전히 무너졌을 때, 내가 그에게 정면 대응을 시도했다는 것까지는 이야기할 수가 없었다.

그때 나는 근친 성폭행 피해자 지원 단체에 연락해서 부모님을 대면하고 추궁해야 할지 물어보았고, 그들은 구체적 사실을 모르는 개별 사례에 대해 조언하지는 않는다, 하지만 부모님에게 정면으로 맞선다면 가족을 잃을 거라고 조언했다. 가족과 정면으로 맞선 아동의 99퍼센트가 가족을 잃는다는 것이었다. 하지만 나는 이미 가족을 잃었거나, 잃었다고 느꼈기 때문에 잃을 것이 없었다. 나는 엄마에게 전화해서 직접적으로 털어놓았고, 엄마는 아빠와 이야기했을 것이다. 자세한 내용은 기억나지 않지만 정신없고 고통스러운 며칠 동안 흥분한 전화가 몇 통 오간 뒤에 아빠가 브로테바이엔에서 나를 만나자고 했다. 나는 브로테바이엔으로 갔다. 그 정도로 용기를 냈다. 브로테바이엔으로 가는 길에 어떻게든 끝까지 견디자, 지금 물러서지 말자, 용감해지자, 브로테바이엔으로 가서 아빠를 만날 용기를 갖자고 생각했던 기억이 난다. 내 옷차림, 파란 실크 드레스도 기억나고, 현관으로 걸어가던 내 발소리도 기억 난다. 초인종을 눌렀던 기억도 나지만, 내가 무엇을 기대하고 있었는지는 기억나지 않는다. 아빠가 문을 열었다. 그는 집 밖에 세워 놓은 BMW의 주인이었다. 그가 엄마에게 사 준 볼보도 BMW 옆에 주차되어 있었다. 아빠는 벽난로 앞에 녹색 체스터필드 가죽 소파와 커다란 책상이 있는 서재로 나를 데려갔다. 나는 웅장한 현관과 복도를 지나 아빠의 서재로 갔고, 아빠는 당당한 책상 뒤에 앉아 그 앞에 있는 의자에 앉으라고 손짓했다. 심문당할 죄수처럼 앉으면서, 나는 이미 패배한 상태였다. 이미 항복하고, 무장해제 당한 상태였다. 나는 아빠의 권력 안에 있었다. 그도 알았다. 어쨌든 거기 갈 용기는 있었다. 나는 거기 있었고, 미약하고 결국 실패했으나 정면으로 맞서는 시도를 했다.

난 네게 근친 성폭행을 저지르지 않았다, 아빠는 귀족적인 목소리로 말했다. 방금 엄마처럼 기묘한 외국어를 발음하는 듯한 말투였다. 어쩌면 부모님이 그 말을 처음 배웠을 때는 그렇게 발음했는데, 그 뒤로 들어 본 적도, 사용한 적도 없어서 그 단어에 귀를 막았는지도 모른다. 나는 아무 말도 할 수 없었고, 파란 실크 드레스 차림으로 마비되어 있었다. 여름이었고, 따뜻했다. 아빠 앞에 앉아 있는 동안, 나는 실크 드레스는 실수였다, 몸을 좀 더 가리는 옷을 선택했어야 했다는 것을 깨달았다. 아빠를 만나러 가는 길에 가장 좋은 여름 옷을 꺼내 입고 보기 좋게 단장했다니. 나는 너무나 순진했고, 함정에 빠져 있었고, 아빠의 권력 안에 있었다. 그때 내게는 클라라 같은 존재가 없었다. 클라라를 잘 알지도 못했다. 아빠를 만나고 돌아온 뒤 그 만남이 옷을 더럽힌 것 같아, 나는 가장 좋아하던 실크 드레스를 내다 버렸다. 대화 내용은 거의 기억나지 않지만, 열다섯 살 때 내 일기를 훔쳐 읽은 다음 날 아침 아빠가 내 침대 옆에 서서 물었던 것과 똑같은 질문을 했던 기억은 난다. 외출했다가 술에 취해 들어와서 흐느끼며 인간으로 산다는 것은 쉽지 않다고 말하던 때, 나를 사랑하고, 나를 배려하고, 나를 걱정하는 행위를 통해 그 사실을 증명해 보일 때, 나는 아빠를 그렇게 이해했다. 그렇게 읽어야만 했다. 처음 섹스를 했을 때 피가 났느냐. 물론 자기 말고 다른 사람과 처음 섹스를 했을 때에 관한 질문이었을 것이다. 대답하지 않을 수도 있다는 생각, 그건 당신이 상관할 일이 아니라고 말할 수도 있다는 생각은 떠오르지 않았다. 나는 아니, 피는 안 났다고 답했다. 열다섯 살 때 처음 그 질문을 받고 당황해서 단 한 마디도 입밖에 낼 수 없었던 때보다는 한결 나았다. 아뇨. 나는 답했다. 기억하는 한 피는 나지 않았지만, 그것 자체가 특이한 일은 아니었다. 나중에 집을 나서면서, 어쩌면 아빠는 거기까지 갔다는 것을 모르고 있는 게 아닌가, 거기까지 간 게 아닌가 걱정만 하는 게 아닌가, 너무 취해서 당시 일을 기억 못하는 게 아닐까 하는 생각이 들었다. 평소 시키던 행위에만 머무르지 않고, 평소 내게 하던 행위만으로 끝내지 않고, 내 위에 올라가서 진짜 성교를 했던 그날 무슨 일이 있었는지 기억하지 못하고, 혹시 그랬으면 어쩌나 두려워하고만 있었던 게 아닐까. 내가 자리를 뜨려고 하는데, 서재를, 브로테바이엔을 떠나려고 하는데, 아빠가 한 말은 기억난다. 나는 상당히 빠르게 걷고 있었다. 내가 어렸을 때 무슨 일이 있었는지 넌 모를 거다.

왜 경찰에 가지 않았어, 엄마는 소리쳤다. 게다가 그전에는 딱 한 번이라고 했는데, 이번에는 어째서 여러 번 계속되었다는 거냐.

내가 어렸을 때 아빠가 네게 무슨 짓을 한 적이 있느냐고 물어본 건 엄마였어요, 나는 말했다.

넌 아니라고 했어! 엄마가 말했다.

그럼 애당초 나한테 왜 물어보셨어요, 동생들에게는 그런 질문을 안 했으면서.

이건 아니야, 오사가 말을 막았다. 이건 잘못됐어, 오사는 말했다.

사실이 아니라면 왜 굳이 이런 말을 하겠어, 보드가 말했다.

관심을 받으려고, 엄마는 말했다. 시내 카페란 카페를 다 돌아다니면서 술에 취해서 비밀이랍시고 떠들고 다니잖니, 정말 끔찍하다, 부끄러운 줄 알아야지!

기억하니? 엄마는 가늘게 뜬 눈으로 나를 쏘아보며 물었다. 전에는 나한테 기억나지 않는다고 했잖아.

기억해요, 나는 말했다.

엄마는 일어섰다. 엄마는 나가고 싶었다. 엄마는 소리쳤다. 스카우스 바이에서 안전하고 행복한 어린 시절을 누리지 못했다면, 넌 지금 그 자리까지 올라가지도 못했어. 넌 너무나 많은 관심을 받았다. 관심을 너무 받아서 네 동생들이 질투할 정도였어.

네, 나는 말했다. 나를 왜 그렇게 걱정하셨어요?

걱정하지 않았어, 엄마는 받아쳤다. 하지만 회계사를 제외하고 방 안의 모두가 아는 한 가지가 있다면, 그것은 바로 엄마가 나를 이상할 정도로 걱정했다는 사실, 어렸을 때 내가 어디 갔다가 늦게까지 돌아오지 않으면 엄마가 끊임없이 히스테리를 부렸다는 사실이었다. 큰딸에게 무슨 일이 있었는지 알면서도 어떻게 손 쓸 방법이 없었던 당시 엄마의 입장도 쉽지 않았을 테니까. 엄마는 가능한 모든 방식으로 아빠에게 의존하고 있었고, 네 아이가 있었고, 공부도 못 했고, 돈도 없었다. 어떻게 할 수 있었을까? 목사님을 만나 볼까 생각하기도 했어, 엄마는 내게 말한 적이 있었다. 어렸을 때 아빠가 네게 무슨 짓을 한 적이 있느냐고 물었을 때, 내 이야기가 소용이 있었을 때였다. 롤프 산베르그와 결혼하려고 아빠와 이혼할 꿈을 품었을 때 내 이야기가 불거졌다면, 아빠와 이혼하는 것은 엄마 입장에서 배신 행위가 아니라 미덕으로 보였을 테니까. 내가 볼다에서 돌아온 뒤로 넌 이상해졌구나, 엄마는 말했다. 목사님을 만나 볼까 생각해 봤어, 엄마는 말했다. 하지만 목사님은 왜? 친구나 친척이 아니라 목사에게 털어놓아야 하는 걱정거리는 어떤 거지? 하지만 나와 보드를 아빠와 스카우스 바이에 남겨 두고 볼다에 갔다 온 뒤 내가 이상하게 행동했을 때, 엄마는 의혹이나 걱정을 목사에게 털어놓지 않았다. 내가 공소시효도 지난 사건을 경찰에 신고하지 않았던 것처럼, 엄마도 목사를 만나지 않았다. 대신 동생들에게 시켜 주지 않던 피아노 교습이다 발레 교습을 내게만 시켰다. 아마 그런 방법으로 나를 고칠 수 있다고 생각했을 것이다. 분명 엄마는 나를 걱정했다. 그때도, 근친 성폭행이라는 단어를 낯설게 발음하던 그 시절에도, 사람들은 내가 겪은 일을 당한 아이들에게 나중에 문제가 생길 수 있다는 것을 알고 있었다. 난잡하게 놀아난다든가, 성에 과잉 집착한다든가, 마약과 알콜 남용 문제를 겪는다든가, 엄마는 이런 것을 걱정하고 있었다. 내가 십대가 되어 무슨 일이 생기지는 않을까, 술을 마시거나, 남자를 밝히다가 열다섯 살에 임신하거나, 마약을 하지는 않을까. 엄마는 동생들은 갈 수 없었던 피아노와 발레 교습에 나를 보냈고, 목사를 만나 보는 대신 아동학대에 관한 토베 디틀레브센의 책 『아이가 다쳤다』를 내게 주었다. 불길한 기분에, 나는 그 책을 읽지 않고 찬장 안에 처박아 두었다. 엄마는 나를 매의 눈으로 쳐다보았고, 기색을 살폈고, 밤에 집에 돌아오면 담배 냄새가 나지 않나 킁킁거리며 작은 파국의 불씨라도 발견하면 밟아 끄려고 노력했다.

참을 수가 없어, 엄마는 소리치며 회의실 문으로 향했다. 아스트리드도 뒤따라 일어나며 괴로웠던 건 언니만이 아니라고, 자기도 괴로웠다고, 이렇게 서로 다른 두 가지 이야기 속에서 처신하는 것이 자기에게도 쉽지 않았다고 말했다.

그리고 너, 엄마는 이제 보드를 향해 격하게 소리쳤다. 넌 프랑스에 있고, 집에 오지도 않고, 브로테바이엔에 오지도 않고, 나를 한번 찾아오지도 않고. 늙은 엄마를, 한번 안아 주지도 않고! 아이들이 찾아오는 것, 아이들과 포옹하는 것, 정상적인 가정에서는 일상이라는 그 모든 것들을 꿈꾸었는데. 엄마는 자신이 만들어 낸 가족이 정상적인 상태가 아니라는 것을, 비정상적이고 파괴된 가족이라는 것을 차마 볼 수도 없었고, 받아들이려 하지도 않았다. 게다가 넌 아빠한테 끔찍한 이메일을 보냈지. 그녀는 보드를 향해 말을 이었다. 끔찍한, 무시무시한 이메일을. 아빠는 그 불쾌한 편지에 답장을 할까 생각하고 있었는데, 돌아가시는 바람에 결국 못하게 되고 말았어. 엄마는 회계사에게 다가가서 유언을 무효화할 수 있느냐고 물었다.

유언을 무효화할 수 있을까요?

이렇게 아무도 입에 담지 않으려던 진실이 튀어나왔다.

엄마와 아빠는 우리를, 나를 매수하고 싶었던 것이다. 3년 전 크리스마스에 유언장을 작성했다, 오두막만 빼고 모두에게 똑같이 나눠주겠다고 우리에게 알린 것은 그 때문이었다. 내 입을 막으려고, 내 끔찍한 이야기를 돈으로 매수하려고, 하지만 그렇게 되지 않았다. 나는 입을 다물기를 거부했고, 유언의 의도는 허사로 돌아갔다. 통하지 않았다. 유언을 무효할 수 있을까요? 엄마는 회계사에게 물었고, 회계사는 흙빛이 된 얼굴로 그럴 수 없다고 답했다. 이후 종종 생각해보았지만, 엄마는 얼마나 함정에 빠진 기분이었을까. 법적으로 유효한 유언장이 번듯이 놓여 있고 거기 명시된 의도는 네 자녀에게 공평하게 상속하고 싶다는 뜻이었지만, 그 진정한 의도는 보드와 내 입을 막고 잡음을 내지 않게 하면서 공모자가 되어 조용히, 친절하게 굴도록 하는 것이었다. 그런데 우리는 그렇게 하지 않았다. 일은 계획대로 되지 않았고, 그들은 돈을 통해, 유언을 통해 원하던 일을 이루지 못했다. 이제 그 유언장을 없던 것으로 할 수 없다니, 너무 늦었다니.

난 네게 실망했다, 엄마는 문으로 향하며 내게 내뱉었다.

아빠 생각을 하면 제일 먼저 떠오르는 게 뭔지 아십니까, 보드가 말했다. 그는 답을 기다리지 않고 말을 이었다. 아홉 살 되던 해 가족이 하당에르비다에 낚시하러 갔을 때, 나는 집에 가고 싶어서 돌아보았죠. 아빠가 뒤따라오다가 막대기를 주워 들더니 나를 흠씬 두드려 팼어요. 그게 내게 가장 생생하게 남은 아빠에 대한 기억입니다.

네가 길을 잃을까 봐 두려워서 그랬던 거야, 엄마는 소리쳤다. 이 이야기를 알고 있다는 뜻이었다. 보드가 언젠가 엄마나 그들에게 이 이야기로 정면으로 대든 적이 있는 것 같았다. 너도 마찬가지였을 거다, 엄마는 그에게 소리쳤다. 너도 그랬잖니. 너라도 네 자식이었다면 똑같이 했을 거라고!

뭐요? 보드는 말했다.

그래, 네가 그렇게 말했어, 엄마는 말했다.

그런 적 없어요, 보드는 말했다.

아니, 그랬어. 엄마는 말하고 다시 나를 보았다. 난 너한테 정말, 정말 실망했다!

나는 엄마에게 오랜 세월 실망했어요, 나는 말했다. 엄마는 이제 문간에 서서 손잡이를 쥐고 있었고, 아스트리드와 오사는 같이 나가려고 일어서 있었다.

이런 연출로 우리가 언니 말을 믿도록 할 수는 없을 거야, 오사는 장례식에서 사용했던 연극적인 표현을 사용했다. 어린 시절 큰언니가 이끌던 동네 극단에서 어울릴 때 내가 연출자로 지시했던 일을 가리키는 것이겠지. 그때부터 오사는 나를 얼마나 싫어했던가. 나는 알고 있다, 하지만 나는 내 이야기가 생명을 얻기를 바란다고 답했다. 문간에서 장갑을 끼고 모직 모자를 쓰며 떠날 준비를 하다가, 오사는 이 연극이야말로 왜 우리 넷이 발러의 오두막을 공동으로 소유할 수 없는지 그 이유를 정확히 보여 준다고 말했다. 그쪽 두 사람과 오두막을 공유하지는 않겠어, 그녀는 말했다. 세 사람은 밖으로 나갔고, 보드와 나는 회계사와 뒤에 남았다.

우리는 한동안 조용히 앉아 있었다. 문득 회계사는 놀랐다, 전혀 예상치 못했던 일이었다고 말했다.

당신이 여기 안 계셨다면, 베르기요트는 이야기를 끝맺지 못했을 겁니다. 보드가 말했다.

그 말이 맞았다. 회계사가 동석하지 않았다면, 그들은 내가 다 읽기도 전에 나가 버렸을 것이다.

녹초가 된 상태였다. 다리가 후들거렸다. 잠시 회의실에 앉아 있는 동안 회계사가 이런저런 질문을 던지면서, 가족에 대해서도 몇 가지 물었지만, 나는 말을 할 수가 없었다. 몸 안에서 공기가 모조리 빠져 나간 것 같았다. 보드가 대신 가족에 대한 우리의 시각, 어린 시절 가족에 대한 경험 같은 것을 설명했다. 회계사는 귀를 기울이며 공감했지만, 상담 비용을 지불하는 사람이 엄마다 보니, 여든 나이에 혼자가 되셨으니 쉽지 않으실 거라고 했다. 그건 사실이었다. 그 말이 맞아요, 여든 나이에 혼자가 되는 것은 쉽지 않은 일이겠지요. 우리는

30분 정도 그렇게 앉아 있다가 일어섰다. 회계사가 엄마에게 그 30분에 대한 비용을 청구했는지 늘 궁금하다.

우리는 떠났다. 같이 보드의 차로 향했다. 보드는 에바를 만나기로 한 인도 식당까지 태워 주겠다고 했다. 나는 걷고 싶다고 답했다. 얼굴에 바람을 느끼고 싶었다.

　클라라는 안톤 빈드스케프에 대한 책을 출간하겠다는 덴마크 출판사를 찾아냈다. 클라라는 코르크 같아, 안톤은 말했다. 오래 눌러 두면 눌러 둘수록 더 높이 튀어 오르잖아. 클라라는 허리케인 속의 야자나무 같아, 그는 말했다. 땅에 곧장 수그리지만, 바람이 잦아들면 곧장 다시 일어나잖아. 클라라는 코펜하겐의 홍콩 식당에서 계약을 축하하는 자리를 가졌다. 집에 돌아오는 길에, 그녀는 운하에 빠진 남자를 보았다. 그녀는 얼른 땅에 몸을 던진 뒤 남자의 코트 어깨 부분을 쥐고 도와달라고 외쳤다. 몸무게가 100킬로그램이 넘을 것 같았고 두꺼운 코트와 무거운 부츠 차림이어서, 물 밑으로 가라앉지 않도록 간신히 잡고 있을 수밖에 없었다. 주위에 사람들이 모였지만, 영화의 한 장면을 구경하듯 그저 바라보고만 있을 뿐이었다. 도와줘요, 클라라는 외쳤다. 가라앉지 않게 잡아 줘요. 하지만 취한 사람들은 영화를 찍나 보다 생각하고 있었다. 도와줘요, 클라라는 외쳤다. 놓지 않으면 나도 빠질 것 같아요. 나도 딸려 들어가서 버티지 못하면, 이 사람이 빠지거나 우리 둘 다 빠져 죽어요. 그때 구급차와 응급 요원 몇 명, 다이버 두 사람이 도착해서 남자를 무사히 끌어올렸다.

　그녀는 한밤중에 내게 전화했다. 왜 사람들은 자살하려고 하지? 나는 더 이상 자살하는 사람을 대면할 기력이 없는데! 늘 이렇게 사람들을 구출해 낼 기력도 없어, 힘을 완전히 빼앗아 간다고.

············

　제정신이 아니었지만, 마치 자동 항법기가 달린 사악한 로봇처럼 인도 식당을 찾을 수 있었다. 심장이 빠르게 뛰고 있었고, 갈비뼈는 삐걱거리고 욱신거렸다. 나는 침을 삼켰다. 입이 바짝 말랐고, 구역질이 났지만, 뭘 마실 엄두도 나지 않았다. 방금 참석한 모임, 회계사와의 만남이 정신적으로 큰 영향을 끼친 것은 확실했지만, 놀란 것은 몸이 의식과 독립적으로 반응하고 있다는 사실이었다. 분명 이런 결과를 원한 것은 나였는데. 나는 약속 시간에 식당에 도착하지 못했다. 회계사와의 만남이 생각보다 오래 걸려서 늦었다. 빨리 누군가와, 에바와 이야기하고 싶었다. 인도 식당을 찾아서 들어가 보니, 에바는 식탁에 콜라 라이트를 놓고 앉아 있었고, 나는 맥주를 주문했다. 맥주는 눈 깜짝할 사이에 나왔다. 나는 한 모금 마셨다. 재앙이었어. 그때 탈레가 내게 전화를 걸었다. 완전히 재앙이었어, 나는 말했다. 목을 조르려고 들더구나. 두 번째 문단도 채 못 읽었는데 엄마는 나가겠다고 일어섰고, 보드가 사실이 아니라면 왜 이런 말을 하겠느냐고 거드니까 관심을 받으려고 저러는 거라고 쏘아붙이지 뭐니. 하지만 지금은 에바와 같이 있어, 나는 말했다. 나중에 다시 전화하마. 나는 에바에게도 똑같은 말을 했다. 재앙이었어. 나는 맥주를 마시고 음식도 주문했지만, 음식에는 손도 대지 않고 맥주만 한 잔 더 마셨다. 많이 안 마실 거야, 나는 말했다. 몸조심 하세요, 에바가 말했다. 내가 느끼는 것보다 겉보기에 훨씬 더 기분이 나쁘고 흥분해서 정신이 나간 것처럼 보이는 것 같았다. 기분이 나쁘고 제정신도 아니었지만, 뭘 기대했기에, 그게 핵심이었다. 나는 아무것도 기대하지 않았다. 결과에 대해서, 그들의 반응에 대해서는 의도적으로 생각하지 않기를 선택했었다. 라스가 전화를 걸었고, 나는 다시 재앙이었다, 두 번째 문단도 채 못 읽었는데 엄마가 나가려고 했다, 하지만 나중에 다시 전화하겠다, 지금은 에바와 같이 있다고 말했다. 불쌍한 에바는 어떻게 도와야 할지 모른 채 제정신이 아닌 엄마와 같이 앉아 있었고, 어떻게 대응해야 할지도 모른 채 그저 엄마의 인생사에 붙들려 있었다. 에바의 인생은 늘 이랬다. 엄마가 맥주를 마시며 이번에는 쇠렌과 통화하는 동안, 그녀는 콜라 라이트만 마셨다. 재앙이었어, 나는 말했다. 원고를 읽으셨어요, 그는 물었고, 응, 나는 답했다. 그전에 보드에게 먼저 읽어도 될지 물어봤더니, 그도 읽어야 한다고 했어. 외삼촌한테 먼저 물어본 건 잘 하신 거예요, 쇠렌은 말했다. 지금 에바와 같이 있어, 나는 말했다. 에바는 내게 처음부터 전부 다 이야기해 달라고 했고, 나는 처음부터 말하려고 애썼다. 나는 맥주를 세 잔째 주문하면서 웨이터에게 계산서를 달라고 손짓했고, 에바에게 딱 세 잔만 마시겠다고 했다. 그때 보드에게서 문자 메시지가 왔다. 잘 싸웠어, 축하해, 그는 썼다. 사랑한다, 네 오빠가. 나는 에바에게 문자를 보여주었고, 그녀는 조심스럽게 고개를 끄덕였다. 어리고 순진한 에바. 나는 똑같이 썼다. 사랑해, 동생아. 우리는 식당을 나섰다. 이제 가족 문제는 전부 잊어버려, 에바는 내 팔을 잡고 자기 어머니에게 응원하듯이, 그녀의 이야기에 얽힌 채 말했다. 그래, 나는 말했다. 에바는 오늘 저녁에 괜찮겠느냐, 자기 집에 머물러도 좋다고 했다. 사랑스러운 에바, 아스트리드와 오사가 엄마 걱정을 하고 돌봤듯이 자기도 엄마가 걱정스러워서. 괜찮아, 나는 말했다. 외출 안 할 거야. 곧장 집에 가서 레드와인 좀 마시고 자야지.

나는 기차로, 이어 버스로 갈아타고 최대한 빨리 집에 갔다. 카렌이 전화해서 어떻게 됐는지 물었고, 나는 다시 완전히 재앙이었다고 말했다. 아무리 말해도 모자랄 것 같았다. 완전히 재앙이었다, 그렇게 말하면 마음이 조금이나마 편해지기라도 할까. 카렌은 보드의 질문이 정곡을 찔렀다고 했다. 그럼 적당한 때는 언제지? 사실이 아니라면 왜 이야기하겠니? 그래, 사실이 아니라면 왜 이야기하겠어, 카렌은 말했다. 넌 거짓말을 하는 사람이 아닌데. 그럼, 아니지. 내 친구들도 아마 그간의 세월 동안 내 이야기를 어떻게 생각해야 할지 이야기해 보고 다행히 믿을 만하다고 결론 내린 모양이었다. 좋은 일이었다. 당연히 자기들끼리 내 이야기를 어떻게 받아들여야 할지 상의했을 것이다. 사람들이 자기 어린 시절에 대해 하는 이야기를 전부 곧이곧대로 믿을 수는 없으니까.

기차에서 내린 뒤, 버스를 기다리는 동안 역 카페에 가서 와인 한 잔을 마셨다. 나는 클라라에게 전화했다. 완전히 재앙이었어, 나는 말했다. 그녀도 정면으로 부딪히는 장면을 상상해 보았는데, 끔찍했다고 했다. 발러에서 엄마를 만났을 때, 클라라도 엄마가 탈레와 친구

에게 엑스터시를 줬냐고 내게 말한 장면을 본 것이 다행이었다. 덕분
에 어떤 광경이 펼쳐졌을지 그나마 상상할 수 있었을 것이다.

....

그냥 놓아 버리고 싶었던 것이 사실이야, 코펜하겐 운하에서 빠져 죽으려던 남자를 구출한 다음 날, 클라라는 말했다. 그 어리석고 무거운 남자를 그냥 놓아 버리고 바닥까지 가라앉는 모습을 지켜보고 싶다는 사악한 욕망을 느꼈던 것이 사실이었다. 토베 디틀레브센의 시처럼, 만져서는 안 되는 크고 아름다운 꽃병을 들어 보고 싶었던 어린 소녀에 대한 시처럼. 소녀는 금지된 꽃병을 들어 올리고 싶었다. 크고, 무겁고, 보석처럼 화려하게 장식된 꽃병, 금지된 꽃병이었기 때문에, 소녀는 꽃병을 들어 올려 영원 같은 짜릿한 몇 초 동안 그 무게를 느껴 보고 싶었다. 얼마나 무거운지, 얼마나 큰지 실감하고 싶었다. 소녀는 너무나 작고, 꽃병을 깨뜨린다는 것은 못된 짓인 동시에 너무나 멋진 일일 것이다. 그때 목소리가 들려온다. 혼자 집에 있으니 아주 위험한 짓을 해 보면 어떨까? 그녀는 꽃병을 놓아 버린다. 순간 세상은 기쁨 없는 사악한 곳으로 변하고 바닥에는 다시 붙일 수 없는 수천 개의 조각들이 흩어져 있다. 선한 천사들은 뒤돌아서 흐느낀다.

하지만 세상이 원래 기쁨 없는 사악한 곳이었는데, 그걸 알기 위해서는 꽃병을 깨야 했던 거라면?

언젠가 나는 놓아 버릴 거야, 클라라는 말했다.

....

　가족들을 아예 안 보기 전, 나는 한동안 내 어린 아이들이 내 가족을 보고 지낼 수 있도록 가끔 연락을 유지하려고 애썼다. 또한 엄마의 어마어마한 압력, 자살 위협, 비난을 견디는 것보다 가족과 최소한의 연락을 하고 지내는 것이 덜 스트레스를 받을 거라고 생각했다. 어째서 넌 그렇게 잔인할 수 있니? 엄마의 편지에는 자기와 아빠가 그간 내게 해 준 모든 일들이 일일이 적혀 있었다. 어쨌든 남자 친구와 함께 엄마의 예순 번째 생일 파티에 참석해서 한 시간쯤 버티다가 나중에 쓰러지는 것이 더 쉬웠다. 그렇게 하는 한 압력은 줄어들었고, 세상 사람들 보기에 평범한 가족처럼 보일 행동만 해 주면 자살하겠다는 협박 전화도 중단되었다. 혹시 누가 물어볼 때 엄마가 이렇게 답할 수만 있게 해 주면. 베르기요트는 독일 극으로 박사 논문을 쓰고 있어요. 베르기요트는 베를린에 갔어요. 그런 기간 동안, 엄마가 전화해서 차 필요하지 않느냐, 아빠가 너한테 차를 사 주려고 한다고 한 적도 있었다. 생각해 보니 차가 필요했고 아이들에게 좋을 것 같아서 나는 제안을 수락했고, 차를 아빠의 사과 표시로 받아들였다. 아니, 차가 필요했기 때문에 그렇게 믿고 싶었는지도 모른다. 성폭행을 저질렀다고 자신을 부당하게 비난한 사람에게 아빠가 차를 사 줄 리가 없지 않나. 나는 차를 받았고, 그것을 아빠의 인정이자 사과로 받아들였다. 몇 달 뒤, 오사의 마흔 번째 생일 날, 나는 부모님이 오지 않는다는 것을 알고 파티에 참석했다. 그날 밤 다들 취한 뒤, 나도 아스트리드도 취한 상태에서, 아스트리드는 아빠가 자기와 다른 동기들에게 내 비난을 믿느냐고 물은 적이 있다고 했다. 베르기요트는 내가 자기를 성폭행했다는데, 너희들은 그 말을 믿니? 그녀는 아빠가 물었을 때 자기들이 뭐라고 대답했는지 말하지 않았지만, 아마 아니라고 말했을 것이다. 어느 일요일 오후 다 같이 브로테바이엔의 현관에 서 있을 때, 아빠는 심각한 표정으로 내가 주장한 끔찍한 이야기를 믿느냐고 물었을 것이다. 그들은 믿는다고 답할 수가 없어서 아니라고 했을 것이고, 그렇게 말하는 순간 누구 편에 설지 선택한 것이다. 나를 부정한 것이다. 아빠는 동기들에게 나를 부정하도록 강요했다. 그러니 차는 인정도, 사과도 아니고, 뇌물인 셈이었다. 나는 파티장에서 비틀거리며 나와서 손님들을 태우려고 기다리는 차를 무시하고 숲속 깊이 들어갔다. 아빠가 베르기요트를 믿느냐고 물었을 때 아니라고 답한 사람들과 같은 차를 타고 싶지 않았다. 내게 차를 준 아빠가 미웠고, 고개를 숙이고 허겁지겁 차를 받은 나 자신이 미웠다. 등 뒤에서는 아빠가 나를 부인하고 배신하라고 동기들에게 강요하고 있는데 그것이 인정이자 사과라고 생각할 정도로 어리석었던 나 자신이 미웠다. 아빠를 용서하려고 노력했기 때문에, 차가 아빠의 인정이자 사과라고 생각했는데 알고 보니 그 모든 것이 계략이고 거짓말이었기 때문에, 차를 받은 나 자신이 미웠다. 나는 새벽안개가 자욱한 숲에서 길을 잃고 제정신을 잃은 채 망연자실한 상태에서 해가 뜰 때까지 집에 들어가지 않았다. 설상가상으로 나는 엄마에게 전화해서 아스트리드의 말을 전하고 아빠가 내 등 뒤에서 동기들에게 그런 말도 안 되는 질문을 한 것이 사실이냐고 물었다. 엄마는 그렇게 혼자 올바른 척하지 말라고 했다. 윤리가 자기 인생을 망쳤다고, 인간은 동물일 뿐이라고. 인간은 동물일 뿐이야, 베르기요트. 그렇지 않다고 생각하면 너무 순진하지 않느냐는 듯이, 인간이 욕구에 휘둘리는 동물이라는 사실을 이해하지 못하는 순진한 도덕가, 아버지가 몇 번건드린 따위 사소한 일을 극복하지 못하는 성경 공부 교사 같은 인간이라는 듯이. 그때 엄마는 아빠가 예전에 했던 말을 연상시키는 이야기를 했다. 미국으로 가는 배에서 내게 무슨 일이 있었는지 넌 모를거다. 엄마와 아빠가 신혼이던 때, 그들은 미국 유람선에서 일하면서 미국 여행을 했다. 나는 전화를 끊었다. 내가 왜 엄마에게 전화했을까? 엄마한테 전화해서 무슨 좋은 일이 생긴다고?

나는 노르웨이에서 탈출하기 위해, 벗어나기 위해 산세바스티안행 비행기에 올랐지만, 해외에 있는데도 벗어날 수 없었다. 그 일이 나를 사로잡고 있었다. 그때 나는 전에 한 번도 해 본 적이 없는 행동을 했다. 화가 나서 엄마에게 전화를 건 것이다. 전화해서 자동응답기가 아니라 엄마에게 직접 소리를 질렀다. 문자 메시지를 쓰지도 않았다. 전화해서 엄마가 받자, 나는 소리를 질렀다. 평생 처음으로 엄마에게 소리쳤다. 엄마의 무책임한 행동 때문에 미칠 지경이라고, 내가 말하는 모든 것을 무시한다고, 자기 딸인 내가 하는 말을 듣지도 않고 오로지 자기 자신 이야기, 미국 유람선 이야기를 하다니 내가 얼마나 화났는지 아느냐고. 엄마가 뭐라 대답하려 하자, 나는 입 닥치라고 소리쳤다. 이제 당신이 내 말을 들을 차례라고, 그가 하는 말을 듣지 않으려고 가족들이 숲속 나무에 묶어 놓았던 〈셀레브레이션〉의 주인공 같은 기분이라고, 그전에도 그 뒤에도, 누군가에게 그 정도로 소리 질렀던 적이 없을 정도로 소리쳤다. 영혼을 좀먹는 엄마의 끔찍한 개소리를 듣고 있으면 미칠 것 같다고, 속이 텅텅 비고 메마를 때까지 소리친 뒤, 나는 전화를 끊고 전원을 꺼 버렸다. 하지만 다시 전원을 켜고, 클라라에게 전화를 걸고, 산세바스티안의 해변을 걸으며 엄마에게 격하게 소리친 이야기를 털어놓았다. 한숨 돌리고 나니 당혹스럽고 충격적이었다. 허탈하고 기운이 죽 빠져서 탈진 상태로 어린 아이처럼 덜덜 떨면서, 나는 산세바스티안의 벤치에 앉았다. 위로가 필요했다. 계속 이럴 수는 없어, 나는 흐느꼈다. 이러다간 죽을 거야. 아, 그렇지 않아, 클라라가 말했다. 그렇지 않아. 넌 강해. 하지만 이건 우아한 티 파티가 아니라 전쟁이라는 걸 알아야 해. 이건 생사가 달린 문제야. 평화 협상은 없어. 이건 명예와 유산을 걸고 목숨을 바치는 전투야, 그녀는 말했다. 엄마가 널 이해할 거라는 생각은 포기해야 해. 엄마가 언젠가 너를 받아들일 거라는 생각은 포기해야 해. 진실을 포기하지 않으면, 너는 부모님한테서 아무것도 받지 못할 거야. 부모님은 진실을 인정하느니 차라리 네가 죽기를 바랄 거야. 자기들의 명예를 위해 너를 희생시킬 거야. 이건 전쟁이야, 그녀는 말했다. 너는 전사가 되어야 해. 자신을 희생자로 바라보지 말고, 전사로 생각해. 군인처럼 전략을 짜고 전술을 구사해. 유화정책이 아니라, 전쟁으로 생각해. 클라라가 말하는 동안, 나는 깨닫기 시작했고, 그로 인해 변했다. 이것은 평화 협상이 아니라는 것을, 나는 전쟁 중이라는 것을 깨달았고, 내가 평화 협상가가 아니라 군인이라는 것을 깨달았다. 천천히 내 몸은 군인처럼 변했다, 아니, 흐느끼며 무너졌던 산세바스티안의 벤치에 앉아 있는 내 몸이 그렇게 느껴지기 시작했다. 나는 일어섰다. 고개를 들고, 비탄에 젖어 히스테릭하게 애원하는 피해자의 몸을 전사의 몸으로 변화시켰다. 발이 갑자기 땅과 더 단단히 연결된 것 같았고, 다리는 보다 안전하게 나를 받쳐 주었다. 가슴이 솟아올랐다. 뒤틀리고 엉키고 무르던 내 안의 모든 것이 사라지고, 걸음걸이가 보다 길어졌다. 나는 또렷한 목표를 향해 경쾌하게 해변을 걷기 시작했다. 내가 어디로 가는지 알고 있었고, 언제든지 받아쳐서 자신을 방어할 준비가 된 무기처럼, 나 자신이 무기가 된 것처럼 자유롭게 팔을 휘둘렀다. 전쟁을 원해? 그럼 전쟁으로 받아 주지! 나는 생각했다. 준비됐어, 나는 전화를 끊고 전원을 껐다. 이제 칼을 갈아야지, 나는 나 자신에게 말했다. 어둠을 향해 속삭였다. 항상 고통스러워서, 취해서 다시 기어들어오기 때문에 조심해 가며 적당히 다룰 수 있는, 애원하는 어린 아이에서 전사가 되니 훨씬 기분이 좋았다. 나는 전사가 되었다. 이제 그들도 마침내 자기 딸이 무엇으로 만들어진 존재인지 똑똑히 보고 내 힘을 맛볼 것이다. 나는 당신이 무섭지 않아, 아빠. 나는 당신이 무섭지 않아, 엄마. 이제 전투 준비가 됐어!

1월 5일 아침. 어둠, 진눈깨비, 안개. 전투를 치른 병사처럼 멍한 기분으로, 나는 일어나기 싫어서 담요를 덮고 누워 있었다. 간밤에 돌아오는 길에 전화해서 흠씬 두들겨 맞은 기분이라고 했을 때, 라스가 말한 그대로였다. 전쟁에 출전한다는 것을 당신도 알고 있지 않았느냐고, 어떤 전투든 몇 방 맞게 마련이라고. 맞는 말이었다. 그것이 전쟁의 다른 측면이기도 했다. 전쟁을 향한 욕망, 자신의 믿음을 위해 싸울 때 느끼는 흥분이 한 가지 측면이라면, 뒤따르는 탈진과 후들거림은 그 반대 면이었다. 나는 전투에 나가 싸웠고, 그래서 멍하고, 얻어맞은 것 같고, 뼛속까지 피곤했다. 침대에서 레드와인을 마시다 잠들었다가 무거운 몸으로 덜덜 떨며 깨어 보니 1월 5일, 밖은 어둡고 진눈깨비가 내리고 있었다. 집은 추웠다. 담요 밑에서 튀어 나온 코 끝이 시린 것을 보니 알 수 있었다. 일어날 힘도 없었고, 침대에 계속 누워 있을 힘도 없었다. 침묵을 지킬 힘도 없었고, 소리를 낼 힘도 없었지만, 클라라와 이야기는 해야 했다. 나는 휴대전화를 켰다. 정신적으로 지쳐서 전화하고 싶지 않거나 전화를 받고 싶지 않을 때 늘 그러듯, 간밤에는 전원을 꺼 두었다. 비밀번호를 눌렀지만, 잘못된 번호라는 메시지가 떴다. 다시 시도했지만 마찬가지였다. 그럴 리가 없었다. 분명 맞는 번호였다. 다시 비밀번호를 눌렀더니 잘못된 번호다, 전화는 잠겼다, 지금부터 한 시간 동안 해제할 수 없다는 메시지가 떴다. 클라라와 통화해야 하는데! 쇠렌이 얼마 전 내 전화 약정을 업그레이드하면서 새 심 카드를 사 주었다는 것이 떠올랐다. 하필 반드시 기억해야 하는 이런 때 바보처럼 그걸 잊다니, 이제 어떻게 하지? 휴대전화는 잠겼고, 가장 필요한 날에 작동하지 않는다. 이것이 내가 한 짓에 대한 벌이었다. 엄마를 마치 곧 고문당하고 죽게 된다는 사실을 아는 가축처럼, 커다란 눈으로 겁에 질려 회계사 사무실을 정신없이 돌아다니게 한 죗값. 불쌍한 엄마. 맥으로 가서 시간을 보니 벌써 정오였지만, 내 시계는 10시를 가리키고 있었다. 다시 멈췄다. 제대로 작동하는 물건이 없다. 쇠렌에게 이메일로 전화를 어떻게 해야 하는지 물었더니, 엘숍에 가서 직원에게 부탁하라고 했다. 나는 옷을 입었다. 옷 뒤에 숨었다. 피도는 비가 와서 나가려고 하지 않았지만, 나는 억지로 개를 내보냈다. 비틀거리는 기분이었다. 하루 반 동안 아무것도 먹지 않았다. 키위에 들러 식료품도 사야겠다. 비가 몸을 때리며 사정없이 쏟아졌다. 피도는 싫어했지만, 나는 물이 고인 것도 아랑곳없이 개를 사정없이 끌었다. 차가 지나칠 때마다 물이 튀었다. 방수 비옷도 소용없었다. 우리는 흠씬 젖었고, 피도의 꼬리에서도 물이 뚝뚝 떨어졌다. 나는 키위 앞을 그냥 지나쳤다. 사람들을 마주칠 힘이 없었고, 식료품을 집어들 힘도 없었다. 배도 고프지 않았다. 걷는 동안 비는 눈으로 변했고, 나는 개를 억지로 질질 끌고 차가운 진창을 밟으며 계속 걸었다. 시계방 앞 기둥에 피도를 묶어 놓고 얼른 들어가서 시계를 고쳐 달라고 맡긴 뒤, 이어 엘숍으로 가서 피도를 다시 바깥 울타리에 묶었다. 개는 안에 들어갈 수 없었다. 피도는 차가운 진창에서 떨면서 기다려야 했다. 불쌍한 피도. 개는 비난하는 눈으로 나를 바라보았다. 최대한 빨리 돌아온다고 약속하고 안으로 달려갔더니, 대기번호를 뽑아 기다려야 했다. 기다릴 수 없었지만, 기다렸다. 견디려고 최선을 다했다. 영원히 기다렸다. 아무도 나를 위해 서두르지 않았다. 영원 같은 시간이 흐르고 마침내 내 차례가 되었지만, 점원은 기다리라고 했다. 한 시간 뒤에야 도와줄 수 있다, 그때까지 전화 잠김을 풀 수 없다는 것이었다. 새 전화를 사겠습니다, 나는 말했다. 전화를 곧장 사용할 수 있다면. 점원이 그렇다고 해서, 나는 전화를 샀다. 점원도 다급하다는 것을 느꼈는지, 새 휴대전화를 찾아서 곧바로 개통된다고 장담하고 최대한 빨리 설정해 주었다. 나는 돈을 지불하고 밖으로 나가서 울타리에서 개 목줄을 풀고 클라라에게 전화했다. 전화는 곧바로 연결되었다. 클라라가 받았고, 나는 다시 빗속으로 나가서 진창을 걸으며 클라라와 통화했다. 내 상태를 굳이 설명할 것도 없었다. 그녀는 목소리를 듣고 곧장 눈치챘다. 내가 그렇게 한 이유가 뭘까? 나는 물었다. 뭘 기대하고? 그들이 내 이야기를 받아들이지 않을 거라는 건 알고 있었으면서. 그냥 못되게 굴고 싶어서? 그냥 꽃병을 놓아 버리고 싶었을까?

아니야, 클라라가 말했다.

못되게 굴고 싶었다면, 넌 훨씬 더할 수도 있었어. 네 언어는 정제되어 있었어. 넌 그들이 들어 마땅한 말들을 했어. 오두막을 그런 헐값에 가져가면서 부정적인 대가를 전혀 치르지 않는다고? 그들은 오랫동안 널 형편없이 취급했잖아. 아스트리드와 오사는 오랫동안 네 부모님의 후한 대접을 마음껏 누렸어. 오랫동안 보드와 너보다 감정적으로, 경제적으로 더 많이 누렸는데, 이제 아무 보복조차 없이 물러나라고? 그 오랜 세월 동안 다섯 대 하나였어. 보드가 어떤 입장인지 모르고 있었으니, 네게는 언제나 다섯 명 대 한 명이었던 셈이지. 이제 세 명 대 두 명이 됐어, 이건 새로운 상황이라 그쪽은 대비가 안 돼 있었겠지만, 아직은 그쪽이 다수야. 그들에게는 서로가 있어. 넌 부끄러울 이유가 없어. 이건 건강한 행동이야. 그래, 라스가 맞아. 넌 전투를 치렀고, 당연히 언어맞은 것처럼 피곤하겠지. 하지만 며칠만 지나면 다시 좋아질 거야. 보통 좋아지기 전에 나빠지는 거라고.

나는 라스를 만나러 갔다. 그는 기분이 더 나빠질 거라고 자기가 경고하지 않았느냐고 했다. 술을 마실 수는 없었다. 다음 날, 1월 6일에도 오늘 1월 5일처럼 후들거리면 안 된다. 회의가 있었다. 보드가 저녁에 내게 편지를 썼다. 기분이 어때? 정확한 질문이었다. 엄마와 누이들은 책임 회피에 능하다, 내가 문제인 것처럼 느끼게 만들었고, 내가 다르게 행동했다면 그 불쾌한 상황을 피할 수 있었을 거라고 느끼게 했다, 나는 그 사실을 깨달았다고 보드에게 답했다. 하지만, 하지만, 나는 썼다. 보드는 변호사를 시켜 유언장을 법적으로 검토했는데, 변호사는 모두에게 공평하게 상속한다는 의도가 유언장에 명확하게—두 번이나—적혀 있으니 이후 오두막 감정 평가액이 더 올라가지 않는다면 소송을 걸어도 우리가 이긴다고 본다고 했다. 문제는 이것을 아스트리드와 오사에게 어떻게 전달하느냐였다. 나는 오빠를 신뢰한다, 오빠가 최선이라고 판단하는 대로 하라고 말했다. 그는 내 목소리에서 피로를 느낀 것 같았다. 그도 피곤한 것 같았다. 그는 우리 엄마와 여동생들도 아마 우리처럼 피곤했을 거라고 말했다. 그들도 우리와 마찬가지로 피로했을 거라고 믿어. 아스트리드와 오사도 피곤하다고 느꼈을까? 단순한 분노와 격분 외에 느낀 게 또 있을까? 그들도 혹시 슬픔 비슷한 감정, 아빠와 아무 관계없는 그런 감정을 느꼈을까?

우리는 술을 마시지 않았다. 잠이 들 수 있을 때까지 아주 오랜 시간이 걸렸다. 나는 라스의 등 뒤 어둠 속에 누워서 아빠와 접선하려고 애썼다. 당신이 어디 있든, 어딘가에 있다면, 이제 선을 그읍시다, 나는 말했다. 난 당신을 용서합니다. 그가 대답하는 것 같았다. 잘 싸웠다, 베르기요트, 하지만 그 대사는 〈셀레브레이션〉에서 들은 것 같구나.

············

그 시기, 나는 어린 아이들이 가족들을, 조부모님과 삼촌, 이모, 사촌들을 계속 만날 수 있도록 해 주려고 가족과 연락의 끈을 놓지 않으려고 노력했다. 나도 가끔 시내에서 엄마를 만났다. 엄마가 나를 만나고 싶다고 하면, 시내에서 보는 식이었다. 그렇게 만나면 엄마의 말투는 급하고 서둘렀다. 한숨 빵집에 앉아 있는 내내, 엄마는 껌을 초조하게 씹거나 의자에서 몸을 꼼지락거렸다. 두 사람 다 머릿속에는 있지만 입에 올리지 않는 그 화제가 두려웠던 것이다. 엄마는 다른 사람들, 친구들과 지인들에게 큰딸을 만났다는 말을 하기 위해서 만나자고 했겠지만, 정작 나를 만나는 것을 두려워했다. 나는 엄마의 초조함을 느낄 수 있었다. 우연히 그 화제와 조금이라도 관련된 것이 튀어나오지 않을까, 성범죄 보도에 관한 이야기가 나오지 않을까 겁에 질려 있었고, 그러면 분위기는 즉각 말이 없고 어색해졌다. 엄마는 오로지 안전한 화제, 형제와 자매들 이야기, 그들의 가족 이야기만 하기로 작정한 것 같았고, 그것은 다른 사람들에게 이야기할 때도 평범한 만남이었던 것처럼 자연스럽게 포장할 수 있기 위한 예행연습이었다. 하지만 엄마가 빵집에 나올 때마다 언젠가 우리의 차이점이 갑자기 증발해 사라지지 않을까 하는 한 가닥 희미한 희망을 품고 있었다 해도 놀랄 일은 아니다. 언제나 끝은 실망뿐이었겠지만. 헤어지기 전, 그러니까 만난 지 30분쯤 지나면, 엄마는 내게 현금 2000크로네를 건네곤 했다. 나는 고맙다고 말하고 불편한 기분으로 돈을 받왔다. 돈이 필요했기 때문이기도 했고, 내가 거절하면 엄마가 어떤 반응을 보일지, 아무래도 한층 어색해질 것만 같았다. 그런 뒤 우리는 둘 다 끝났다는 안도감에 가슴을 쓸어내리며 각자 갈 길을 갔다.

한슨 빵집에서 만난 어느 날, 엄마는 말했다. 많은 사람들이 아빠를 재미있다고 생각해.

왜 그런 말을 했을까? 아직 아빠와 같이 살고 있는 자신을 변호하려고? 아직 아빠와 같이 살고 있는 것이, 떠나지 못하고 있다는 것이 마음속 깊은 곳에서는 모욕적이었을까? 나는 그저 한 가지 문제, 상상력 과잉으로 치부하고 밀어낸 골칫거리일 뿐이었고, 부모님은 그 외에 나에 대해 이야기하지 않았다. 하지만 그들에게는 오랜 세월 동안 만들어 온 가족과 친구, 지인들이 있었다. 세월이 흐르는 동안 만들지 않을 수 없었던 관계들. 롤프 산베르그와의 정사가 끝나고 브로테바이엔에 돌아가서 아빠와 다시 살게 됐을 때, 엄마는 아빠에게 계속 얻어맞았다. 두 사람은 술을 마시고 싸웠고, 그러던 어느 날 엄마는 팔이 부러졌다. 계단에서 굴렀어. 어느 날에는 눈이 검게 멍들었다. 문에 부딪혔어. 어느 날에는 이가 하나 빠졌다. 빙판에서 미끄러졌어. 많은 사람들이 아빠를 재미있다고 생각해, 엄마는 말했다.

한슨 빵집에서 만났을 때, 엄마는 이런 말도 했다. 아빠는 아주 영리해.

내가 뭐라고 말해야 했을까? 그러면 모든 것이 괜찮아진다고? 아빠는 재미있고, 아빠는 영리하니까 나머지는 다 잊어버리자?

엄마와 내가 진심 어린 대화를 나눈다는 것은 불가능했다.

우리는 슬픔과 안도감을 안고 한슨 빵집을 나섰다.

5일 저녁에 술을 마시지 않았기 때문에, 6일 아침에는 기분이 나아졌다. 하늘은 푸르렀다. 점심 이전의 약속은 잘 끝났다. 어쩌면 술을 끊어야 할지도 모르겠다. 내게 필요한 것은 그것인지도. 탈레가 점심시간에 전화했다. 그녀는 전날 밤 클라라처럼 가족과 힘든 관계에 놓인 친구와 외출했다. 성인이고 권력이 있어서 가족 모임을 주최하고 집을 제공하는 사람들은 도대체 왜 그 권력을 포기하고 자식들에게 선택권을 주려 하지 않을까, 그 때문에 자식들이 고통을 겪고 있는데도, 탈레와 그 친구는 이런 문제를 놓고 한참 떠들었다고 했다. 그들은 맞서 싸우기로, 싫다고 말하기로, 장단을 맞추지 않기로 결심하고, 집으로 가서 이메일을 썼다. 탈레는 아스트리드와 오사에게 메일을 보내고 동일한 내용의 편지를 이메일 주소가 없는 엄마에게도 보냈다. 나도 원한다면 읽어보게 해 주겠지만, 이미 보낸 편지이니 고칠 수는 없다고 했다.

1분 뒤 편지는 내 화면에 떴다.

잉가 할머니, 아스트리드와 오사 이모에게

요전 날 엄마의 용감한 이야기에 대해 여러분들이 보인 반응을 보니, 엄마의 딸이자 잉가와 비요르나르의 손녀로 살아가는 것이 어떤 기분인지 말씀드리는 것이 그 어느 때보다 중요해졌습니다.

나는 엄마가 한 인간으로서 간신히 죽지 않을 정도로만 심란하고 고통스러워하는 모습을 보아 왔습니다. 도대체 어떤 사람이 다시 일어날 수 있을까 싶을 정도로 파괴된 모습을 보아 왔습니다. 과거와 더불어 살아가는 방법을 배우느라 발버둥치는 모습을 보아 왔습니다. 술에서, 문학에서 도피처를 찾고, 현실에서 도피하고, 기억에서 도피하려고 애쓰는 모습을 보아 왔습니다. 밤이 두려워서, 침대가 두려워서, 통제 능력을 상실하는 것이 두려워서 멀쩡한 정신에 잠들지 못하는 모습을 보아 왔습니다. 나는 엄마가 뼈 빠지게 노력하는 모습을 보아 왔습니다.

엄마가 끊임없이 이해하려 하는 모습을 보아 왔습니다.

엄마가 미안하다고, 네 잘못이 아니라 내 잘못이라고 말하며 누군가 엄마 자신의 수치를 씻어 주기를 바라듯 나의 수치를 씻어 주는 모습을 보아 왔습니다. 엄마가 싸우고, 노력하고, 희망하고, 포기하는 모습을 보아 왔습니다.

나는 할머니, 할아버지와 시간을 보내면서 위선자 같은 기분이 들었습니다. 그들이 아무 일도 없었던 것처럼 행동하는 것을 보아 왔고, 나도 그렇게 행동했습니다. 그것이 부끄럽습니다.

하지만 이런 자기기만이 얼마나 뿌리 깊은 것인지, 그것을 유지하기 위해 당신들이 어디까지 갈 수 있는지는 몰랐습니다. 나는 당신들이 엄마의 인생에, 그러므로 또한 나의 인생에 있어 가능한 모든 의미로 버젓이 존재했고 너무나 핵심적이고 너무나 결정적이었던 사건을 부정하는 모습을 목격했습니다. 나는 당신들이 그 일을 심각하게 받아들이지 않는 모습을 목격했습니다. 어떻게 그럴 수가 있는지 이해할 수 없고, 화가 납니다. 엄마 입장에서 화가 날 뿐만 아니라, 나의 경험, 나의 개인사도 부정하는 것이기 때문입니다. 나는 엄마의 투쟁과 외로움을 보아 왔고, 엄마가 얼마나 작은지, 상처받았는지, 약하고 외로웠는지 보아 왔습니다.

행복한 어린 시절을 누렸다면, 엄마는 지금의 엄마라는 인간이 되지 않았을 겁니다. 그럼에도 불구하고, 자신을 성추행한 아버지, 그런 일이 벌어지도록 방치한 어머니를 두었음에도 불구하고, 엄마에게는 그 모든 훌륭하고 강한 모습들이 있습니다. 이 사실을 부정한다는 것은, 할머니, 당신의 책임 방기만을 드러낼 뿐입니다. 당신은 자식을 잃었을 뿐 아니라 손자들, 증손자들까지 잃었습니다. 이 얼마나 슬픈 일인가요.

나는 울었다. 그런 모습을 본다는 것은 끔찍한 일이겠지만, 그런 모습을 보인 것이 너무나 좋은 기분이었다. 누군가 거짓말을 하지 않는 거울을 들고 있는 것이, 탈레가 모든 것을 너무나 선명하게 바라보고 있는 것이 너무나 고통스러웠지만, 너무나 좋았다. 파괴당한 사람이 파괴를 퍼뜨리는 것은 끔찍한 일이다. 그것을 피하는 일은 얼마나 어려운가. 아빠, 그는 예전에 이렇게 말했다. 내가 어렸을 때 무슨 일이 있었는지 넌 모를 거다.

나는 고맙다고 말하려고 탈레에게 전화했다. 목소리를 통해 내가 감동받았다는 것을 알고, 탈레는 자신이 좋은 사람이었다면 그 편지를 쓰지 않았을 거라고, 속상하고 화가 났기 때문에 쓴 거라고 했다. 게다가 그녀는 스톡홀름에 자신의 인생이 있기 때문에 희생할 것도, 모험할 일도 없었다. 브로테바이엔의 가족이 필요하지도 않았고, 그들 때문에 상처받을 일도 없었고, 더 이상 그들이 두렵지 않았다. 정치적인 행동이었어, 그녀는 말했다. 모든 사람들이 브로테바이엔의 가족들처럼 행동하고 아무 일 없이 살아간다면 이 세상이 어떻게 되겠어? 탈레는 고마운 마음을 덜어주고 싶었던 것이었지만, 그래도 나는 느꼈다.

....

아직 어린 아이들에게 가족을 만나게 해 주고 싶어서 최소한의 연락을 유지하던 시절, 엄마가 전화해서 롤프 산베르그가 은퇴한다, 아직도 연락하고 지낸다고 했다. 롤프 산베르그는 은퇴하면서 자기와 엄마가 주고받은 편지가 있는 사무실을 비워야 했다. 그의 집에 가져갈 수도 없고 엄마가 브로테바이엔에 둘 수도 없다, 엄마는 나더러 혹시 관심 있느냐고 물었다. 연극하는 사람에게는 상당히 흥미로울 거야, 엄마는 말했다. 영감을 줄 수도 있고, 언젠가 그걸로 연극을 만들 수도 있지 않겠니. 그 편지를 네 지하실에 보관해 주면 안 될까?

내가 과거를 이해하기 전에 이 일이 있었다면, 아마 좋다고 했을 것이다. 나는 엄마의 부탁들을 대체로 수락했다. 워낙 경계가 없는 분이라 거리를 유지하려고 노력하기는 했지만 내가 가진 유일한 사람이 엄마여서 의지하고 있었기 때문에, 엄마의 청은 들어주는 편이었다. 진실의 순간 이전이었다면 아마 그러겠다고 했을 것이고, 엄마는 자신과 롤프 산베르그가 교환했던 뜨거운 연애편지를 우리 집으로 가져왔을 것이고, 아마 시적인 구절을 읽어 주기도 했을 것이다. 나는 불편한 기분이었겠지만 그래도 그냥 들었을 것이다. 그때는 내가 엄마의 인생에 너무나 얽혀 있어서 어디까지가 엄마의 인생이고 어디부터 내 인생이 시작되는지 구별하지 못했다.

그것이 내게 주어진 어린 시절이었다. 애당초 나는 의문을 제기하지 않았고, 내게 올바른 아버지가 없기 때문에 엄마의 인생에 너무나 깊이 얽혀 있었다는 사실을 깨닫지도 못했다. 그렇기 때문에 엄마의 방식은 규범이 되었고, 나는 다른 방식을 몰랐다. 정상 상태가 무엇인지도 몰랐다. 하지만 내게 정상 상태로 제시된 것은 광기, 자포자기 상태에서 싹튼 광기였다. 그때 나는 몰랐다.

....

아스트리드는 탈레에게 상당히 빨리 답장을 보냈다. 똑같은 이야기야, 탈레는 말했다. 아스트리드는 탈레가 고통스러웠던 것도 당연하다고 서두를 뗀 뒤, 모두가 고통스러웠다, 자신과 오사도 고통스러웠지만 특히 엄마와 베르기요트가 가장 고통스러웠을 것이라고 썼다. 지금도 그럴 거라고. 그녀는 열심히 생각했다고 썼다. 20년 이상 열심히 생각했는데, 베르기요트가, 또 나왔다, 고통스러웠던 것은 아스트리드 자신이 편을 들지 않아서였지만, 엉성하고 믿을 수 없는 증거를 가지고 한쪽 편을 들 수는 없었다. 이제 화해할 때라고 생각한다. 결론에서 아스트리드는 할머니에게도 편지를 보냈느냐고 탈레에게 물었다. 그렇다고 답하니, 아스트리드는 엄마의 우체통에서 몰래 꺼내도 괜찮겠느냐고 물었다. 탈레는 자살 소동의 원흉이 되고 싶은 마음은 없으니 원하는 대로 하시라고 했다.

그러나 그날 1월 6일 오후, 클라라와 상의한 뒤, 탈레는 집으로 돌아가서 정돈하지 않은 격한 이메일을 아스트리드에게 다시 보냈다. 편지의 의도는 자신을 고통받은 피해자로 보이게 하려는 것이 아니었다, 이 일에서 나는 피해자가 아니다, 게다가 이모도 피해자가 아니지 않나. 당신도 아니야, 아스트리드 이모!

명백히 증인이 필요했기 때문에 내가 목격자로서 편지를 쓴 것이지, 모든 사람들이 고통스러웠다는 둥 하는 아스트리드의 이야기는 도발일 뿐이다. 할머니의 고통은 스스로 초래한 것 아닌가. 마음에도 없는 빈말 대신, 자기 엄마를 설득할 수 있는 이모 당신이 할머니에게 가서 정신을 차리도록 말해 보는 것이 어떠냐. 할머니는 아무 데도 가지 않을 것이고, 이모 없이 혼자 생활을 꾸릴 수도 없을 테니 다른 딸까지 멀어지게 만드는 건 원치 않을 것이다. 하지만 사실상 이모는 한쪽 편을 든 거나 마찬가지다, 탈레는 썼다. 당신은 언니를 포기하고 엄마 편을 든 것이다. 그 점을 인정하지 못하다니 믿을 수가 없을 지경이다.

성난 마지막 이메일에 대한 답장은 없었다. 내가 아스트리드에게 격한 이메일을 보냈을 때 답장이 없었던 것과 마찬가지였다. 분노는 좋지 않다. 아스트리드는 화낸다고 수그러드는 사람이 아니었다. 그녀는 분노로 갈등이 증폭될 위험이 없는 상태에서 품위 있게, 교양 있는 태도로 행동하기를 바랐다. 침착하게, 유화적인 태도로 평화와 화해를 이끌어내기를 바랐다. 아마 분노 속에서 행동하는 사람들, 자신을 통제하지 못하고 공격성 같은 원시적인 감정에 지배당하는 사람들을 경멸할 것이다. 아마 우리가 진정된 뒤에 답할 것이다.

이제 화해할 때라고 생각한다, 아스트리드는 이렇게 썼다.
대단히 유화적인 말투였다. 정신 차리고 약간의 선의만 보여 주면 되는 문제라는 듯, 단순했다.

철학자 아르네 요한 베틀레셴은 전후 진상조사와 화해 과정의 문제는 대체로 피해자에게 가해자만큼 많은 것을 요구한다는 점이며 그 자체가 내재적인 불평등이라고 했다.

나는 이 명제를 종종 숙고하다가 우리 가정의 화해 과정 역시 엄마와 아빠, 내 동기보다 내게서 더 많은 것을 요구하며 그것은 부당하다는 결론을 내렸다. 게다가 전후 진상조사와 화해위원회가 꾸려질 때는 일반적으로 피해자가 누구이고 가해자가 누구인지 폭넓은 사회적 합의가 존재한다. 그 점조차 합의하지 못하면서 어떻게 화해할 수 있나?

게다가 아스트리드가 진지하다면, 진심으로 화해하고 싶은 욕구에서 행동하는 거라면, 발러의 오두막을 동기 모두와 공동으로 소유하는 것부터 시작하면 어떨까?

....

그거 느꼈어? 보는 우디 앨런의 〈부부일기〉를 본 뒤 말했다. 우디 앨런의 주요 여성 등장인물 중 다수, 특히 미아 패로우가 연기한 캐릭터들은 언뜻 볼 때 모든 사람을 배려하고 희생하는 것처럼 보이지. 우디 앨런의 여성 등장인물 전부가, 선의를 가진 것처럼 보이는 여자, 갈등을 해결하려고 노력하는 것처럼 보이는 여자, 목소리를 높이지 않는 여자, 다른 사람들이 평정을 잃고 목소리를 높일 때 부드럽게 고압적인 태도를 보이는 여자, 자기 자신을 생각하기보다 오로지 다른 사람들을 생각하는 것처럼 보이는 여자, 워낙 부드럽고 친절하기 때문에 감히 그에 맞서 반박하거나 다른 의견을 제시하는 것이 힘든 여자, 이런 여자들이 대체로 마지막에 자기가 원하는 것을 얻어. 그런 여자들이 대체로 가장 먼저 결승점을 통과하고, 결국 묘한 방식으로 소원을 성취하고 꿈이 이루어지지. 그는 그런 여자들이 '배려'로 가장한 권력의 언어, 효과적이지만 여성에게만 통용되는 언어를 휘두른다고 믿었다.

그거 느꼈어? 나는 자문했다. 보의 관찰 전부를 내가 유용하게 써
먹는다는 걸?

　보드는 오두막 감정가가 상향 조정되지 않으면 유언의 의도와 어긋난다고 본다는 자기 변호사의 의견을 엄마와 아스트리드, 오사에게 전했다. 그들도 변호사와 상의했다. 그쪽 변호사는 보드의 변호사와 다른 의견이었고, 소송을 한다 해도 보드와 내가 이길 수는 없을 거라고 했다. 무슨 법률 조항도 인용했다. 법적인 문제는 이해할 수 없었고 이해하려고 노력할 힘도 없었지만, 그쪽 변호사에게서 받았다는 편지의 마지막 문단은 눈길을 끌었다. 우리가 법적 조치를 취한다면 막을 수는 없지만, 어머니에게는 대단히 큰 스트레스가 될 것이고, "사업과 관계된 모든 수혜자 사이에 상호 협력이 존재하기를 바란다."는 유언자의 뜻도 좌절된다고 했다. 가족 내 갈등이 해결되지 않으면 이러한 협력은 이루어지지 않는다는 것이었다.

　엄마와 아스트리드, 오사는 오두막을 네 사람이 공동으로 소유하자는 보드의 요구가 얼마나 퉁명스럽게 거절당했는지, 가족과 나 사이의 갈등이 무엇 때문이었는지 변호사에게 전혀 설명하지 않은 것 같았다.

카렌이 전화했다. 아스트리드가 이야기 좀 할 수 있겠느냐고 연락했다는 것이었다. 나 외에는 카렌과 아스트리드가 만날 일이 없으니, 내 문제 때문인 게 분명했다. 나는 탈레의 이메일에 대해 이야기하고, 내가 창문에서 뛰어내리든가 기차 앞에 뛰어들지 않을까 걱정하는 것 같다고 했다. 아니면, 걱정하는 척하면서 그 모습을 전시하고 싶었을 뿐, 사실 내가 창문에서 뛰어내리든가 기차 앞에 뛰어들기를 바라고 있을 거라고. 아마 브로테바이엔에서는 모두 내가 창문에서 뛰어내리든가 기차 앞에 뛰어들기를 바라고 있을 것이다. 내가 이제 뭐라고 할지, 뭘 쓸지 두려워하고 있을 것이다. 내가 죽은 뒤에야 자기들이 안전해질 테니까, 그들은 확실함을 보장받고 싶을 것이다. 그건 자연스럽다. 인간적인 일이다.

카렌은 아스트리드와 통화한 뒤 그녀가 진심으로 걱정하는 것 같았다고 내게 전했다. 어쩌면 아스트리드도 자기 나름의 방식대로 나를 염려하기는 하는 걸까? 혹시 엄마와 둘만 있을 때 한 번, 아니, 여러 번 말을 꺼내 봤을까? 정말 절대적으로 확신하세요, 그 이야기가 사실이 아니라고…?

1월 4일 회계사 사무실에서 만났을 때처럼, 엄마의 반응은 무뚝뚝하고 공격적이었을 것이다. 이런 식으로 격하게 답했을 것이다. 무슨 소리니? 지금 그거 무슨 뜻으로 하는 말이냐? 아빠에 대해서 어떻게 그런 생각을 할 수가 있어?

아스트리드에게는 힘들었을 것이다. 엄마에게도 힘들었을 것이다. 즉각 그런 방어 태세를 발동시킬 정도로 지속적인 경계 상태에서 살아간다는 것은 얼마나 큰 부담이었을까? 단순히 1월 4일 회계사를 만났을 때처럼 반응한 것뿐만 아니라, 23년 동안 단 한 번도 내게 와서 "네게 무슨 일이 있었는지 말해 다오."라고 묻지 않을 정도였으니. 그저 이성을 앗아가는 패닉, 본능적인 공포 반응만을 보였을 뿐. 심리적인 거부였을까? 아니, 그렇지 않았다. 엄마는 모르고 있기를 선택한 것이 아니었다. 그보다는 영리했다. 아니, 그것은 내 이야기가 공개되고 사람들이 그 말을 믿으면 자기 인생은 어떻게 보이느냐의 문제였다. 엄마가 두려워한 것은 그것이었다.

불쌍한 엄마는 그 말할 수 없는 문제 때문에 내가 엇나갈까 봐 오랜 세월 마음을 졸였다. 그러다 내가 엇나가지 않고 괜찮아 보이자, 내가 침몰하면 어쩌나 하던 두려움은 차츰 사라지고 이번에는 그 말할 수 없는 문제가 내 무의식에서 떠오르면 어쩌나, 과거를 기억하면 어쩌나 하는 두려움으로 바뀌었을 것이다. 그러다 말할 수 없는 그 이야기를 공개하면 자신이 이익을 얻을 수 있는 시점이 찾아왔다. 롤프 산베르그에 대한 열정이 절정에 달했을 때, 롤프 산베르그와 살기 위해 아빠와 이혼하고 싶었을 때, 그때 엄마는 내게 물었다. 네가 어렸을 때 혹시 아빠가 무슨 짓 하지 않았니?

나는 엄마 말뜻을 이해하지 못했다. 우리는 엄마가 다니던 교대의 구내 식당에 있었다. 무슨 말을 하는 거지? 저 말이 왜 이렇게 신경을 예리하게 건드리는 거지? 이런 기분이 들었기 때문에, 또렷이 기억한다. 아뇨, 나는 대답했다.

그러다 롤프 산베르그와 일이 잘 되지 않자 엄마는 아빠한테 돌아갔다. 달리 어떻게 할 수 있었을까. 엄마는 다시금 그 말할 수 없는 문제가 내 무의식에서 떠오르면 어쩌나, 내가 과거를 기억하면 어쩌나 걱정하기 시작했다. 자신이 범죄자와 살고 있다는 뜻이었으니까. 게다가 자기가 던진 그 질문이 내 기억을 되살리는 씨앗이 될 수도 있다는 것을 깨달았다. 네가 어렸을 때 혹시 아빠가 무슨 짓 하지 않았니?

엄마는 두려워했다. 항상 두려워했다. 이 문제가 아니면, 또 다른 문제로.

그러다 나는 결혼해서 아이를 낳았다. 엄마의 공포와 아빠의 공포는 잦아들었고, 그들은 위험이 지나갔다고 생각했다. 그러다 내 큰딸이 다섯 살이 되었을 때, 나는 아이 아버지가 혹시 밤에 아이 침실에 드나들지 않나 의심하기 시작했다. 유부남과 사랑에 빠져서 이혼하고 위기에 빠졌을 때, 어느 크리스마스 저녁 식사 자리에서 심리 치료를 생각 중이라고 말하니, 모든 식구, 특히 엄마가 두려워하는 아빠가 더없이 퉁명스러운 목소리로 단호하게 말했다. 심리 치료는 받지 마!

무슨 말을 하는 거지? 저 말이 왜 이렇게 신경을 예리하게 건드리는 거지? 이런 기분이 들었기 때문에, 또렷이 기억한다.

로맨틱한 만남을 다룬 일인극을 쓴 뒤, 기묘하고 발작적인 통증이 찾아왔다. 통증이 시작되기 직전에 썼던 글을 찾아보니, 이런 문장이 나왔다. 그는 나를 의사처럼 만졌다. 그는 나를 아버지처럼 만졌다. 그 순간, 모든 기억이 되살아나서 주먹처럼 거세게 나를 쳤다. 정신이 혼미했다. 순간 나는 모든 것을 이해했고, 모든 퍼즐 조각이 제자리를 찾았다. 견딜 수 없을 정도로 끔찍해서 죽을 것 같았지만, 나는 죽지 않았다. 견뎌 냈다. 인간은 워낙 교묘하게 설계되어 있어서 무의식으로 억누른 끔찍하고 견딜 수 없는 일들은 우리가 준비되었을 때 다시 표면으로 올라온다. 정신이 혼미하고 멍해서 완전히 흐트러진 순간이 지나고 몇 분 뒤, 나는 아스트리드에게 전화했고, 동요되고 흐트러진 상태에서 엄마에게도 전화했다. 엄마가 왔을 때, 나는 바닥에 쓰러져 경련을 일으키고 있었다. 엄마는 말했다. 그런 일을 왜 별것 아닌 걸로 치부하면 안 되는지 이제 알겠구나. 엄마는 아빠에게 알렸고, 위기에 처한 그들은 발러로 가서 술을 마셨다. 아빠는 엄마에게 말했다. 내가 했다면 어쩔 거야?

엄마는 대답했다. 다음 날 아침 내게 전화해서 아빠가 한 말을 전하면서, 엄마는 이렇게 대답했다고 했다. 그럼 나는 당신과 결혼 생활을 계속할 수 없어. 자신이 얼마나 반듯한 원칙을 지닌 사람인지 알리려는 듯, 엄마는 내게 전화해서 자신은 그런 끔찍한 짓을 저지른 남자와 결혼 생활을 할 수 있는 여자가 아니라고 말했다. 그 오랜 세월 동안 그런 짓을 저지르지 않았나 의심하면서 잘 살았으면서. 아빠는 발러에서 술에 취해 흐느끼며 말했다. 내가 했다면 어쩔 거야? 아빠는 취한 상태로 인생을 바꾸는 중대하고 진지한 대화를 시작했고, 엄마는 그렇다면 당신과 결혼 생활을 계속할 수 없다고 대답했다. 진지하고, 솔직하고, 인생을 바꾸는 중대한 대화를 그런 식으로 눌러버린 것이었다. 엄마는 아빠의 인정이 자신에게 무엇을 뜻하는지, 그런 고백에 어떻게 대처해야 하는지, 악몽 같은 시나리오 속에서 이미 깨닫고 있었던 게 분명했다. 그럼 난 당신과 결혼 생활을 계속할 수 없어, 엄마는 말했고, 아빠는 입을 다물었다. 그것이 끝이었다. 그들은 인생을 계속 공유했고, 위기를 종결했고, 모든 것을 과거로 돌리려고 했다. 아마 다시는 입에 올리지 않았을지도 모른다. 무슨 말을 할 수 있을까? 그들은 함께, 암묵적으로, 아무 일도 없었던 것처럼 행동하기로, 뚜껑을 덮기로 결정했고, 어쩌면 그것이 나와의 관계를 희생시키지 않기를 바랐는지도 모른다. 어쩌면 아빠가 문을 연 솔직한 대화를 통해 치러야 할 비용보다 나와의 관계가 덜 중요하다고 계산했는지도 모른다. 내가 했다면 어쩔 거야? 그 순간 엄마 앞에 놓인 선택은 더 이상 나아갈 수 없을 정도로 아찔했을 것이다. 아빠가 인정한다면 엄마는 어떻게 행동해야 하는가? 아찔하고, 또 아찔했을 것이다. 아빠와 충분히 이야기한 뒤 나를 불러 우리 셋이, 삼각으로 진지하게, 정직하게 이야기해 볼 수도 있겠지. 그런 뒤에 과연 결혼 생활을 계속할 수 있나? 그러고도 내가 그들을 계속 만날 수 있을까? 보드와 아스트리드, 오사, 나머지 세 아이들에게도 이 문제에 대해 솔직하게 털어놓아야 할까? 게다가 범죄가 저질러졌다면, 경찰에 신고해야 하지 않나? 다른 사람들, 시슬 아주머니, 운니 아주머니, 그들의 가족들에게도 말해야 하지 않나? 지붕 위에 올라가서 소리쳐야 하지 않나? 아찔하고 불가능했다. 내 눈에도 보였다. 나와의 관계가 작은 일에 불과하고 희생할 수 있는 것이라면, 엄마처럼 행동하지 않을 사람이 누가 있을까?

나는?

23년 전 내가 울면서 전화했을 때, 아스트리드는 심각하게 받아들였다. 감정적으로 동요한 상태에서 어떻게 받아들여야 할지 몰라 나와 한참 대화했고, 엄마와 아빠보다 더 오랜 시간 그 상태를 유지했다. 부모님은 아찔하고 불가능한 선택 앞에서 돌아서서 곧 원래 인생을 회복했고, 엄마는 반듯한 원칙을 과시했다. 그렇다면 나는 당신과 결혼 생활을 계속할 수 없어.

아스트리드는 한동안 심각하게 받아들였지만, 이후 일주일에 네 번 정신 분석을 시작하고 말할 수 없는 문제를 입에 올릴 공간이 생긴 뒤로 나는 더 이상 그녀에게 전화해서 이야기하지 않았다. 아스트리드와 연락을 끊고 이후 몇 년 동안 거의 없는 사람처럼 지냈고, 아스트리드에게도 덜 불안한 문제가 되었다. 그녀는 발러 가족의 품속으로 돌아가서 나와의 일이 잠잠해지기를 바랐다. 글에 대해 이야기하기 위해 1년에 몇 번씩 내게 전화는 했지만, 그래도 중개자 노릇을, 아스트리드의 표현대로 이러지도 저러지도 못하는 버거운 역할을 해야 한다는 기분으로 충분했을 것이다. 분명 엄마와 아빠는 나와 연락하지 말라고 그녀에게 압력을 가했을 것이다. 노골적인 유도심문을 했을 수도 있다. 베르기요트의 말이 사실이라고 믿는 건 아니겠지? 하지만 세월이 흐르면서 이런 일도 극히 드물어졌고, 극적인 사건도 줄어들었다. 그들은 발러에서 서로 점점 더 가까워졌고, 크리스마스에, 명절에 자주 만났고, 부모님이 나이든 뒤에는 일주일에도 몇 번씩 서로 어울렸다. 그러다 아빠가 돌아가신 뒤, 1월 4일 이후에야 아스트리드는 하나씩 떼어놓고 보면 무해했던 자신의 행위가 23년을 통틀어 볼 때 엄마 편을 들었던 것일 수도 있다는 사실을 깨닫게 되었다. 지난 세월 동안 아빠와 엄마에게서 받은 돈과 선물들이 자신에게 결코 무시할 수 없는 감사의 빚을 지웠다는 것을. 모든 선물에는 반대급부가 따르기 마련이니까, 누구나 아는 사실이고 나 자신도 뼈저리게 깨달은 사실이었다. 자신이 조금씩, 조금씩 오빠와 언니, 그들의 자식보다 돌아가신 아버지와 곧 돌아가실 어머니 편에 선 것처럼 행동했다는 것을 어째서 지금까지는 생각조차 못했을까.

기쁘게 하고 인정받고 싶은 존재를 중심으로 삶을 꾸렸는데, 그 사람의 죽음으로 인해 갑작스러운 공허감을 경험한다면?

의식적으로든 무의식적으로든 자신을 인정해 주기를 바랐던 사람의 죽음을 계기로, 인정을 받기 위해 내렸던 크고 작은 선택이 다른 사람들을 밀어내 왔다는 사실을 깨닫게 된다면?

....

시빌 베드포드(1911~2006, 독일 출생의 영국 작가-옮긴이)가 어딘가에서 이렇게 썼다. 사람들은 젊을 때 자신이 전체의 일부이며 인류의 근본적 전제의 일부라는 것을 느끼지 못한다. 인생은 막이 올라갔을 때 제대로 보여 줄 수 있는 리허설이자 연습이기 때문에, 젊을 때 우리는 많은 것들을 시도한다. 그러다 어느 날 우리는 막이 항상 올라가 있었다는 사실을 깨닫는다. 이것은 처음부터 실제 공연이었다.

....

　모든 것이 산산조각 난 이후 23년 세월 동안, 나는 엄마와 아빠가 언젠가 일이 다시 터질지도 모른다는 점을 염두에 두고 자기들의 위상을 강화한 것이 아닐까 하는 강한 의심을 품고 있었다. 의도적으로 아스트리드와 오사를 더 가까이 묶어 두기 위해 큰 선물과 상당액의 대출을 건네고, 온갖 면에서 후하게 대하고, 새로운 전통을 만들고, 다시 일이 터질 때를 대비해서 가족 간의 유대관계와 화합을 떠받치고 강화하는 새로운 의례를 만든 게 아닐까.

　아니면, 그저 나의 피해망상일까?

....

노르웨이 영화 〈아들들〉은 성인 남성에게 성적으로 이용당한 어린 소년들의 이야기이다. 남성은 소년들을 공공 수영장에서 만나 친해진다. 그들은 자상한 아버지상이 필요한 방치당한 아이들이다. 성인 남성은 그 자상한 아버지상이 된다. 소년들에게 먹을 것이 충분하지 않으면 음식을 주었다. 물에 젖어 떨고 있으면, 따뜻한 옷과 애정을 주었다. 잘 곳이 없으면, 그의 집에 가서 잘 수 있었다. 이 영화는 그 소년들이 성인이 된 뒤 복수하는 이야기이다. 이제 초조한 노인이 된 남성을 폭행하는 그들은 대단히 혐오스럽고 불필요할 정도로 공격적으로 보인다. 소년들은 키가 크고 뚱뚱하고 추한, 한 무리의 낙오자들이다. 이 폭력적이고 어리석고 유아적인 성인들이 힘없고 노쇠한 남자에게 덤벼드는 모습을 바라보는 것은 고통스럽다.

고통은 인간을 좋은 사람으로 만들지 않는다. 보통 나쁜 사람으로 만든다. 누가 더 많이 고통받았나 논하는 것은 유치한 짓이다. 학대당한 아이들에게는 트라우마가 남는 경우가 많고, 그들의 감정적 내면은 파괴된다. 학대자의 사고방식과 학대 방식을 물려받는 일도 흔하다. 그것이야말로 학대의 가장 고약한 유산이다. 학대는 학대당한 사람을 파괴하여 자신을 해방시키는 일을 어렵게 한다. 고통을 누군가에게, 특히 피해자에게 유용한 뭔가로 변화시키려면 강한 노력이 필요하다.

....

엄마와 롤프 산베르그의 정사가 절정이던 즈음, 엄마와 아빠가 자
식들에 대해 자기들의 위상을 강화하려고 바쁘던 즈음, 아빠는 내게
말했다. 엄마가 그러는데, 너와 같이 길을 걸으면 남자들이 엄마만
쳐다본다고 하더구나.

엄마와 롤프 산베르그의 정사가 절정이던 즈음, 엄마가 자식들에
대해 자신의 위상을 강화하려고 바쁘던 즈음, 그녀는 내가 열여덟 살
생일에 찍은 사진을 보내며 말했다. 아빠는 왜 늘 네가 예쁘지 않다
고 하는지 모르겠어. 이 사진은 그래도 상당히 예쁘지 않니.

몇 년 전 내가 현대극을 주제로 텔레비전 토론에 나갔을 때, 프로
그램이 방송된 뒤 엄마가 전화해서 말했다. 너는 키가 정말 크고 머
리가 정말 검더라. 안타깝지 뭐냐, 어렸을 때는 정말 예뻤는데.
내가 외모 때문에 자기만큼 쉽게 상처받을 거라고 생각했을까.

엄마가 동생들에게도 그렇게 말한 적이 있었나? 그랬을 리가 없
다. 그랬다면 동생들은 엄마를 사랑하지 않았거나 지금처럼 가까워
지지 않았을 것이다. 아빠는 엄마를 내 경쟁자로 만들었고, 엄마는
이유도 모른 채 불편한 모든 진실을 외면하도록 스스로를 훈련시켰
다. 내 입장에서 생각하기에는 본인에게도 핥아야 할 상처가 너무 많

왔다. 게다가 자기 자신을 자세히 들여다보지 않는데 나를 어떻게 이해할 수 있었을까?

....

공공 수영장에서 수영을 하며 미처 들려주지 못한 회계사와의 만남에 대해 이야기하는데, 카렌이 말했다. 엄마 입장에서는 별로 힘들지 않았을 거야. 엄마가 울었다면 일이 아주 달라졌을 텐데. 이 말을 들으니 너무나 기분이 좋았다. 엄마가 만약 이렇게 말했다면. 나는 너무나 불행했어. 만약 엄마가 이렇게 말했다면. 나는 아빠한테 너무나 의지했어, 그 없이는 살 수가 없었어. 만약 엄마가 이렇게 말했다면. 나는 너무 어렸어, 너무 무서웠어. 토베 디틀레브센이 죽기 얼마 전에 말했듯이, 엄마가 이렇게 말했다면. 내 인생은 어리석었어.

그날 나는 새로 수리한 시계를 수영장에 두고 왔다. 어쩌면 의도적이었는지도 모르겠다. 새 시계를 살 때였다. 새로운 시대를 시작할 때였다.

....

1월 9일 토요일 아침, 마요르스투아 역에서 내린 뒤 보그스타드바이엔을 걸어 문학의 집으로 향했다. 보가 이스라엘과 팔레스타인 여행에 대해 쓴 글에 대해 그와 토론하기로 되어 있었다. 문득 아스트리드와 오사, 엄마를 마주칠지도 모른다는 생각이 들었다. 셋 중 하나나 둘, 아니면 세 사람 다, 두려움으로 등골이 오싹했다. 셋 중 하나, 혹은 세 사람 다 마주치면 어떻게 해야 하지? 하느님, 제발 만나지 않게 해 주세요! 어떻게 해야 하지? 1월 4일 회계사 사무실에서 보았던 그들의 모습이 떠올랐다. 아연실색한 여자 셋, 짧고 희끗희끗한 머리의 여자 셋, 그중 눈가 경련이 있는 둘. 갑자기 그중 하나, 혹은 세 사람 다 마주치면 어떻게 하지? 토요일 아침 인파로 북적이는 보그스타드바이엔에서 그들이 눈에 띄기 시작했다. 짧고 희끗희끗한 머리의, 혹은 팔짱을 긴 여자들이 사방에 있었다. 아스트리드가 엄마와 함께, 동정해야 하는 여든의 미망인과 함께 팔짱을 끼고 걷듯, 토요일 아침 보그스타드바이엔까지 모처럼 용기를 내어 멀리 쇼핑을 나왔거나 산책을 하거나 한슨 빵집으로 나온 여자들, 혹시 나와 마주칠까 봐 두려워서 집에 박혀 있거나 멀리 나올 생각을 못하는 게 아니라면. 어쩌면 그들도 나와 마주칠 만한 장소를 피해 가며, 내가 지금 느끼는 육체적인 공포를 느끼며 돌아다닐 지도 모른다. 갑자기 나를 마주치면 어쩌나, 비슷한 윤곽과 얼굴, 일순간 공포로 그들을 사로잡을 윤곽과 얼굴을 마주치면 어쩌나. 나는 그들의 아연실색한 얼굴을 상상했다. 회계사 사무실에서 아연실색했던 엄마의 얼굴은 이제부터 고문당하고 살해당할 거라는 사실을 아는, 구석에 몰린 짐승의 얼굴이었다. 고통이 밀려와 나를 휩쓸었다. 동정의 고통, 불쌍한 엄마.

．．．．．．．．．．．

갈등 상황에서 한쪽 편에 공감하는 것이 문제가 아니라, 보는 말했다, 양쪽에 공감할 때가 문제다. 양쪽이 다 피해자일 때, 양쪽 다 피해자의 입장을 취하고, 필요로 하고, 거기서 이익을 취하면서 그 입장을 포기하는 것을 거부할 때 문제가 생긴다. 갈등 쌍방의 모든 대표자가 괴벨스의 선동적인 수사를 구사하며 지지하는지 비판적인지 낌새를 읽으려고 내 얼굴을 살피다가 비판적인 눈치가 보이면 공격적으로 나오는 공간에 있으려니 힘들었어, 보는 말했다. 힘든 공간이었어, 보는 담배를 물고 다시 피우기 시작했다. 어떻게 끝날지 모르겠어, 보는 말했다. 잘 끝날 것 같지 않아서 걱정이야. 도무지 출구가 보이지 않아.

그냥 서로 독립하면 어떠냐고 말하려다가, 물론 그럴 수 없겠지, 나는 말했다. 그게 비극이야, 심대한 비극, 독립할 수 없다는 것이, 달아날 수 없다는 것이, 빠져나갈 수 없다는 것이, 계속 머물면서 소모될 운명이라는 것이.

하지만 너도 시도했잖아, 보는 말했다. 넌 자유롭지 않아.

나는 엄마와 함께 아이케투넷을 걷는 꿈을 꾸었다. 어린 시절 기억에 남은 풍경이었다. 나는 엄마에게 내 모든 문제를, 내가 얼마나 몸부림쳤는가를 설명하려 애쓰고 있었다. 하지만 엄마는 내 말을 듣지 않았고, 들으려고 하지 않았고, 이해하려 하지 않았다. 그저 자기 문제만 계속 이야기했다. 나는 생각했다. 이제 정말 집을 떠나야겠어! 그러다 곧 다시 생각했다. 하지만 안 돼. 나는 겨우 다섯 살이잖아.

나는 1월 마지막 주말을 일간지 연극 비평가 자격으로 참석한 세미나에서 보냈다. 내가 주최자 중 한 명이었기 때문에 빠져나올 수가 없었다. 신경이 곤두서 있었다. 사람들이 아빠의 부고를 보고 나를 떠올리지 않기를 바랐고, 아빠가 얼마 전에 돌아가셨다는 것을 사람들이 모르기를 바랐고, 조의를 표하려고 하지 않기를 바랐다. 외부인들과 아빠에 대해, 그의 죽음과 장례식에 대해 이야기하고 싶지 않았다. 휴식 시간 중에는 맥 앞에 웅크리고 앉아 글 쓰느라 바쁜 척했고, 혼자 산책하러 나갔고, 토요일 갈라 디너도 빠졌다. 일요일 오후 세미나가 끝난 뒤, 숲속 라스의 집을 향해 차를 몰았다. 줄곧 가고 싶었고, 모든 것들로부터 벗어나고 싶었다. 급한 일은 없었다. 『온 스테이지』는 마침내 인쇄소로 넘어갔고, 내가 해야 하는 유일한 일은 일주일 뒤 롤프 야콥슨 시를 극으로 각색하는 문제에 대한 강연 준비뿐이었다. 나는 얼른 라스의 집에 가서 라디에이터를 틀기를, 열기가 점점 퍼지기를, 모든 것들로부터 벗어나서 숲속 깊이 들어가기를 고대했다.

나는 집에 도착해서, 라디에이터를 틀고, 열기와 평온이 퍼지기를 기다렸다. 평온과 하룻밤 숙면이 간절했다. 나는 프로그너 공원에서 작은 꼬마 둘과 가방 여러 개를 들고 엄마와 아스트리드, 오사가 세계 여성의 날 행진에 같이 참가하기 위해 기다리고 있는 조각 공원까지 계단을 올라가는 꿈을 꿨다. 행진은 1시 30분에 시작이야, 꼭대기까지 올라가자 아스트리드가 말했고, 갑자기 1시 30분이 되었다. 그런데 콘택트 렌즈를 껴야 해, 나는 말했다. 작은 애 기저귀도 갈아 줘야 되고. 1시 30분까지는 못 가. 그들은 서로 마주 보았고, 나는 그들이 나를 두고 먼저 갈 거라는 사실을 깨달았다. 우리가 먼저 갈게, 그들은 말하고 차에 올랐다. 거기서 볼 수 있으면 보자.

나는 무거운 기분으로 잠에서 깼다. 탈레가 전화를 걸었고, 내 기분이 무겁다는 것을 알아챘다. 꿈 이야기를 했더니, 탈레는 말했다. 엄마는 그들을 보고 싶지 않은 걸 늘 자신에게 정당화하려고 하지만, 엄마를 보고 싶지 않은 건 그들이야.

....

예루살렘에서 보는 통곡의 벽과 경비병, 중무장한 전투 경찰을 보았다. 벽이 너무나 높아서 사방의 하늘이 보이지 않을 정도로 좁고 폐소 공포가 느껴지는 좁은 사각의 공간도 보았고, 주변에는 철조망과 감시카메라, 메가폰, 경비탑의 군인들이 지키고 있었다. 1980년대 제임스 본드 영화의 무시무시한 소련 방어 시설 같더군, 보는 말했다. 이 무시무시한 곳의 휴일에는 정통 유태교 소년들이 뛰어다니며 놀고 있었다. 경비들은 벽에 손을 짚고 그 뒤에는 난민 캠프가 있다고 했다. 누가 거기 삽니까, 보는 물었다. 얼마나 바보 같은 질문이었는지. 당연히 67년에 쫓겨난 팔레스타인 사람들이지요, 경비는 말했다. 그 벽 뒤, 보에게서 50센티미터 떨어진 곳에서, 그들은 바깥세상과 단절된 채 거의 50년째 살고 있었다. 불쾌한 방문이었다. 텔아비브는 유럽 도시처럼 온통 반짝이는 마천루와 웅장한 오페라 하우스, 거대한 현대미술관이 있는 새롭고 현대적인 곳이었기 때문에 더욱 불쾌했다. 익숙하고 문명화된 성공한 도시, 세련된 쇼핑가와 고급 식당들이 있고 넓은 바닷가 산책로에서 젊은이들이 서구식 옷차림으로 커피나 맥주를 마시며 지중해를 바라보고 있는 텔아비브는 안전하게 느껴졌고 고향처럼 편안했다. 구름 한 점 없는 맑은 날이면 가자도 보인다고 했다. 으스스했다.

보드가 어떻게 지내느냐고 메시지를 보냈다. 나는 잘 있다, 라스의 숲속 집에 있다, 세 사람에게서는 아무 연락이 없다, 좋은 일이라고 대답했다. 그는 생일날 엄마에게서 문자가 왔다고 했다. 자정 10분 전에, 생일이 지나가 버리기 바로 직전에. 축하한다. 엄마들은 잊지 않는단다.

엄마가 생일을 축하해 주지 않으면 어쩌나 보드가 걱정이라도 하길 바랐을까. 보드는 생일 내내 휴대전화를 들여다보며 삑 소리와 함께 엄마의 생일 축하 메시지가 오기만을 기다렸을까. 어쩌면 그랬는지도 모른다. 나도 뭐라 장담할 정도로 보드를 잘 알지는 못한다. 하지만 엄마는 그렇기를 바랐을 것이다. 보가 생일 축하 인사를 애타게 기다려서 자신이 그 고통을 연장시킬 수 있기를, 그래서 자신이 엄마의 소식을 얼마나 기다렸는지, 엄마를 사실 얼마나 사랑했는지 보가 깨닫기를. 그래서 자정 10분 전까지 축하 인사가 없다가, 생일이 지나기 직전에, 엄마는 메시지를 보낸 것이다. 엄마들은 잊지 않는단다.

아마 오래 걸려 생각해 낸 수법일 것이다. 보드도 그 메시지를 보고 오랫동안 생각했으면 하는 것이 엄마의 의도였다. 엄마가 잊지 않는다는 것이 무엇일까. 자기 생일일까, 상속 분쟁에서 자신이 보인 행동일까. 엄마의 꼬리에는 항상 가시가 있었다. 나도 엄마와 이야기한 뒤 종종 속이 울렁거리곤 했던 기억이 난다. 전화가 울려서 받아

보면 엄마였고, 이런저런 이야기를 나누다가 대화가 끝나면, 나는 수화기를 든 채 속이 울렁거렸다. 한번은 엄마와 통화한 뒤 울렁거리는 기분으로 수화기를 든 채, 나는 혼잣말을 했다. 설마 이렇게 되라는 뜻은 아니었겠지? 그 반대여야 하지 않나?

언제나 그랬나? 아니다. 이혼 뒤에 심해졌다. 내가 우여곡절 끝에 이혼도 하고 교수도 얻은 뒤로, 엄마가 실패한 지점에서 내가 성공한 뒤로.

사라예보에서 총성이 울리기 전까지 유럽에는 낙관주의가 팽배했다, 보는 말했다. 그는 국립도서관에서 오는 길이었다. 그는 오늘날의 전쟁을 이해하기 위해 제2차 세계 대전을 이해해야 했고, 2차 대전을 이해하기 위해 1차 대전을, 그 직전 시기를 이해해야 했다. 사라예보에서 총성이 울리기 전, 정치와 예술과 과학 분야의 가장 중요한 대화는 국제적으로 이루어졌다. 사라예보에서 총성이 울리기 전, 각국의 아방가르드는 거트루드 스타인의 파리 살롱에서 만났고, 당대의 선동적인 질문은 정신분석협회 국제대회에서 논의되었고, 선구적인 유럽인들은 국경을 넘나드는 협력에 호의적이었다. 유럽에는 대규모 전쟁이 발발하지 않는다, 유럽의 지도자들은 말했다. 그러다 사라예보에서 총성이 울리고, 전쟁이 터지고, 철도 같은 문명의 이기 덕분에 군대의 이동이 용이해졌고, 기차는 전선까지 날마다 새 육체를 실어 날랐고, 무기 산업은 한층 화력이 커진 자동화기를 개발했고, 양쪽에서 수백만 명의 청년들이 도살당했고, 사람들은 그 참상을 깨닫고 충격에 휩싸였다. 하지만 지크문트 프로이트는 그렇지 않았다. 프로이트는 다른 사람들처럼 유럽인들이 이런 짓을 할 수 있었다니 하면서 경악하지 않았다. 그는 대중의 격분을 이해한다고 썼다. 그 역시 위대한 국가들은 서로의 공통점에 대한 이해와 차이점에 대한 어마어마한 관용을 가꾸어 왔으며, '외래'는 더 이상 '적대'와 동의어가 아니라는 믿음을 갖고 있었다. 그러니 이러한 자아상에 비추어 볼 때, 교양 있는 세계 시민들이 전쟁의 현실을 접하고 자아상이 현실과 충돌할 때 환멸을 느끼는 것은 당연하다는 것이었다.

프로이트는 인간이 상식과 어느 정도의 교육 수준을 통해 자기 자신과 사회 안의 모든 악을 지워 없앨 수 있다는 관념은 허구라고 했다, 보는 말했다. 정신 분석은 프로이트에게 인간이 본질적으로 충동으로 이루어진 존재라는 것을, 인간은 선한 존재이거나 악한 존재가 아니라 어떤 면에서는 선하고 다른 면에서는 악하며 어떤 경우에는 선하고 다른 경우에는 악한 존재라는 것을, 인간은 그 무엇보다 우선 인간적이며 이 근본 전제를 부정할 때 위험이 생긴다는 것을 알려 주었다. 유럽인들의 정신세계, 즉 서구인의 약점은, 보는 프로이트를 요약하며 말했다, 우리가 우리 문명의 승리에 눈이 멀었다는 것, 우리의 문화적 역량을 과대평가하고 충동을 과소평가했다는 점이야. 그러니 전쟁의 참상에 경악하고 절망하게 되지만, 프로이트는 충격을 받고 실망할 이유는 없다고 썼다. 서구는 애당초 우리가 믿던 만큼 높이 비상한 적도 없었으니 갑자기 나락으로 떨어진 것도 아니다. 프로이트는 서유럽인들이 자신의 나약한 에고를 억눌러 왔다고 썼고, 보도 동의했다. 우리는 지성이 감정적 측면과 분리되어 있지 않다는 사실을 간과하는 걸 선택했고, 잠들어 있던 충동은 전쟁과 위기 상황에서 표면으로 드러났다. 문명은 한쪽으로 밀려났고, 사람들은 자신의 거짓말을 믿고 적의 사악함을 과장하기 시작했다. 서유럽인들은 자기들이 스스로의 이익이 아닌 열정에 복종하고 있다는 것을 깨닫지 못했다.

．．．．．．．．．．

우리가 옥신각신 다툴 때, 엄마는 이렇게 말하곤 했다. 너희들조차
평화를 지키지 못하는데 세상에 전쟁이 벌어지는 것도 당연하지.

....

나는 다섯 살 난 탈레와 함께 남성복 매장에 있는 꿈을 꾸었다. 내가 나란히 정리해 둔 재봉실 실패를 탈레가 다시 흐트러뜨려서 야단을 쳤더니 아이는 폭발했다. 어린 아이처럼 성질을 부리는 것이 아니라, 다들 듣는 앞에서 내가 세계 최악의 어머니인 양 어른처럼 비꼬는 말투였고, 이런 비난, 이렇게 오만한 경멸을 당할 정도로 내가 잘못한 게 뭔가 하는 생각이 들 정도였다. 탈레는 가게 점원에게 내가 실패를 훔쳤다고 했다. 나를 배신했다. 내게 상처 주려는 것이었다. 나는 상처받았고 절망과 분노를 느꼈지만, 정말 원하는 대로, 다른 사람에게 다 들리도록 화를 터뜨리고 공격적으로 대응하기는 무서웠다. 하지만 어쩔 수가 없었다. 나는 탈레를 들어 올려 의자 위에 거칠게 내려놓고 소리쳤다. 엄마한테 감히 어떻게 그런 식으로 말할 수가 있니?

입에서 내뱉는 순간, 나는 아연한 기분으로 깨달았다. 내가 어렸을 때 수없이 듣던 문구였다. 엄마한테 감히 어떻게 그런 식으로 말할 수가 있니?

탈레는 울음을 터뜨렸다. 발작적인 흐느낌이었고, 정말 깊은 절망이었다. 미안한 마음과 죄책감 때문에, 나는 탈레를 끌어안으며 이제 화해하고 같이 울 수 있겠다, 이제 달래 줄 수 있겠다고 생각했다. 나는 탈레의 몸에 팔을 두르고, 탈레는 내 가슴에 고개를 숙이고 얼굴을 묻은 채, 우리는 잠시 그렇게 앉아 있었다. 문득 탈레가 고개를 들더니 독하게 말했다. 저리 가!

탈레는 나를 싫어한다. 왜 나를 싫어할까? 내가 무슨 짓을 했기에? 그때 탈레의 아버지가 나타나더니 아빠의 여자 친구를 질투해서 그러는 거라고 했다.

그때 문득 떠올랐다. 나는 아빠의 여자 친구인 엄마를 질투한 거라고, 그래서 엄마에게 화가 난 거라고. 엄마가 뭘했길래? 아무 짓도 안 했다. 엄마가 아무것도 안 했기 때문이었다. 엄마가 보지 않았던 것, 다섯 살 아이였던 내가 털어놓을 수 없었던 것 때문이었다. 내 절망을, 나를 절망시킨 것을 전혀 보기를 원하지 않고 감히 보려 하지 않았기 때문이었다. 엄마가 나를 보호할 수 없었기 때문에, 그 때문에 엄마가 미운 것이었다.

....

    융은 무의식을 거대한 역사의 창고로 묘사했다. 내게도 유치원이 있다는 것은 인정하지만, 그것은 어마어마한 기간에 비하면 작은 방에 지나지 않는다. 어린 시절부터 내게는 아동기보다 그 어마어마한 기간이 더 흥미로웠다. 융은 이렇게 썼다,

    나도 그 유치원에서 나가고 싶어! 제발 내가 유치원에서 나갈 수 있도록 도와줘!

프로이트에 따르면 인류의 욕구를 최대한 억누르는 문명, 욕구를 만족시키는 것을 포기하는 능력을 개발한 집단, 모든 사람의 내면에 존재하는 죽음에 대한, 사랑하는 사람을 포함하여 타인의 죽음에 대한 소망을 부인하는 문명과 전쟁의 집단 광기 사이에는 관련이 있다고, 보가 말했다.

그럼 우리는 그저 짐승일까? 나는 말했다.

아니, 아니, 그는 미소 지으며 말했다.

자기 인식은 대단히 중요해, 그는 말했다. 비이성적인 욕구를 부인하거나 자신을 과대평가하지 말고, 자기 자신을 현실적인 눈으로 바라보는 것이 중요해. 우리 깊숙한 곳에 있는 파괴적인 욕구를 부정하지 말고, 그 욕구와 갈등, 비이성적인 충동과 더불어 현명하게 살도록 노력해야 해.

그것이 텔아비브의 문제였어, 그는 말했다. 힐튼 호텔에서 억눌려진 모든 것, 생각나면 불쾌하기 때문에 양탄자 아래 덮어 두었지만 바로 그 때문에 오히려 사라지지 않는 모든 것. 그 모든 것이 오히려 바로 그 때문에 미묘하게, 더욱 분명하게 드러나고 있었어. 독약처럼 다시 사회로 되돌아오는 길을 찾아 새어 나오는 것들을 부정에 기반한 찬란한 문명의 전시로 하나도 남김없이 억압하려 하고 있었기 때문에. 우리는 공격하지 않습니다, 우리는 그저 우리 자신을 지킬 뿐입니다. 공식 대변인은 이렇게 말했지만, 열렬한 자기방어에는 거짓 요소가 들어 있게 마련이지. 보는 말했다. 고통스러운 감정과 거리를 두기 위해 현실의 어떤 부분을 억누르는데, 그런 방어를 계속하면 힘이 많이 들고 피곤할 거야. 텔아비브 사람들이 그렇게 녹초가 된 것도, 그렇게 지쳐 보인 것도 당연해. 해가 지고 사람들이 선글래스를 벗은 뒤, 보는 보았다. 그들은 팔레스타인 사람들이 들어오지 못하게 하기 위해 장벽을 건설했는데, 그건 단순한 방어 목적이 아니었어. 팔레스타인 사람들에게서 자기 자신의 모습을 보고 피해자의 굴욕적인 역사를 상기하지 않으려고 그랬던 거야. 자기들이 했던, 계속하고 있는 행위로 인해 그들을 견딜 수가 없는 거지.

우리가 무엇을 억누르는가, 우리가 무엇을 부정하는가, 그는 말했다. 기술적 진보에, 과학의 발전에, 장대한 새 건축에, 정연한 질서와 규칙을 유지하는 노르웨이의 우리 사회에 눈이 멀지 않으려면, 계속해서 묻고 또 물어야 해. 어느 수상이던가, 프로이트와 아주 거리가 먼 말을 했었지. 좋은 것이야말로 전형적으로 노르웨이다운 것이다.

....

　문학의 집에서 보를 만나고 집에 돌아오는 길에, 나는 대학 시절 연극을 같이 공부하던 옛 친구 몇 명을 우연히 마주쳐서 같이 맥주를 한잔했다. 그중 하나는 여자 친구와 같이 있었는데, 첫눈에 마음에 들지 않았다. 너무 목소리가 크고 말이 많았고, 자기가 가게 주인인 것처럼 굴었다. 그때 나는 문득 깨달았다. 딱 나 같구나. 내가 아직 해결하지 못한 양가적인 감정을 품은 특징 몇 가지를 그녀 또한 갖고 있었다. 주의를 끌려고 몸을 세우는 거 봐! 즉각적인 반감은 나 자신을 향한 것이었다. 기억해야겠다, 나는 생각했다. 다음에 내가 또 다른 사람이나 현상에 대해 강한 반응을 보이면, 해답은 상대가 아니라 내게 있을지도 모른다.

오사와 아스트리드는 보드에게 프로그너 공원에서 같이 산책하자고 했다. 보드가 왜 그러느냐고 물었더니, 그들은 이 어려운 시기에 오빠와 같이 대화하고 싶어서라고 답했다. 나에 대해서는 포기한 것 같았다. 게다가 새로운 전개도 있었다. 엄마가 문의했던 아파트 계약이 이루어졌기 때문에 브로테바이엔의 집을 파는 문제도 의논하고 싶다는 것이었다. 건설적인 대화를 하고 싶다, 직접 만나는 것이 좋을 것 같다고 했다.

약속 장소는 프로그너 공원의 한 카페였다. 이후 보드는 엄마가 아파트를 샀다, 위치는 어디고 가격은 얼마라고 이메일로 내게 알렸다. 브로테바이엔의 집은 매물로 내놓았다.

내가 물으니, 그는 분위기는 좋았다고 했다.

프로그너 공원의 카페에서 만난 보드와 아스트리드, 오사. 프로그너 공원의 카페에서 만난 오빠와 두 여동생. 마음속 깊은 곳에서는 어쩌면 서로를 사랑하는지도 모른다. 어쩌면 마음 깊은 곳에서는 우리 모두 그럴지도. 한때 우리는 크리스마스 날 아침 스카우스 바이의 녹색 가죽 체스터필드 소파에 비좁게 붙어 앉아 디즈니 영화를 보며 교회에 갈 시간이 되기를 기다리곤 했다. 지금은? 함께 시간을 보내는 사람들은 종종 가까워진다. 함께 시간을 보내는 사람들은 서로의 삶에 관계하며 서로에게 흥미를 가진다. 인간의 삶은 소설과 같다,

나는 생각했다. 일단 몰입하면 지루한 소설이라도 어떻게 끝날지 궁금하고, 누군가를 계속해서 지켜보면 설사 지루한 인물일지라도 그에게 무슨 일이 생길지 궁금하다. 아스트리드와 오사는 같이 가장 오랜 시간을 보내고 서로 가장 사랑하는 사이였다. 특히 아빠가 돌아가신 지금 더욱 서로의 삶에 관계하는 사이이다. 아스트리드와 오사는 아마 그다음으로 보드를 사랑할 것이다. 오랜 세월 많은 시간을 같이 보냈고, 서로만큼은 아니라도 크리스마스나 부활절, 제헌절, 생일 등 감정이 얽히는 명절에 규칙적으로 만났다. 보드는 나를 아예 만나지 않았고 연락도 없었으니 아스트리드와 오사를 더 사랑할 것이고, 그에게 나는 반쯤 읽다 잃어버린 소설 같을 것이다. 그에 관한 한, 지난 15년 동안 나는 아마 그저 기억으로 존재했을 것이다. 멀어짐은 죽음과 같다, 나는 생각했다. 처음이 가장 고통스럽지만, 그러다 보면 부재에 익숙해지고 죽은 사람은 서서히 꺼져 가며 그의 부재도 차츰 내 안에서 꺼진다.

아스트리드와 오사는 나를 가장 덜 사랑할 것이다. 오랫동안 부재했으니까. 아스트리드와 오사, 보드는 프로그너 공원 카페에서 즐거운 시간을 보냈을까? 가슴 깊숙이 서로에 대한 동기간의 사랑을 느끼고, 핏줄의 유대를 느꼈을까?

라스가 담배를 피울 때 입는 큼직한 파카를 둘러쓰고 강가에 앉아 롤프 야콥센의 시를 읽는데, 이런 구절이 눈에 들어왔다. 갑자기. 12월. 나는 무릎까지 눈에 빠져 있다. 나는 당신에게 말하지만, 대답은 없다. 당신은 침묵한다. 그래, 내 사랑, 마침내 그 일이 일어났구나.

부분적으로 얼어붙은 강가에 앉아, 내가 얼마나 자주 엄마나 아빠의 죽음을 상상했는지, 살아서 그 장면을 보지 못할까 봐, 엄마와 아빠보다 내가 먼저 죽을까 봐 얼마나 자주 두려웠는지 생각했다. 그리고 이제 그 일이 일어났다. 갑자기, 12월에. 감사의 마음이 나를 사로잡았다. 내가 살아서 이 장면을 보다니.

그렇지만.

아빠는 무덤이 있나? 화장했나? 그랬을 것이다. 관이 예배당 바닥 밑으로 꺼졌으니 그 아래 화장할 수 있는, 태울 수 있는 소각로가 있었을 것이다. 나는 묻지 않았다. 엄마와 아빠, 아스트리드, 오사는 최근 몇 년 핼로윈마다 전통처럼 조부모님의 묘에 초를 켰다고 아스트리드가 말한 적이 있었다. 조부모님들의 묘가 어디인지 나는 몰랐고, 묻지도 않았다. 핼로윈에 조부모님의 묘에 초를 켜는 일은 내가 가족의 일원이던 때 한 번도 하지 않던 관례였다. 보드와 내가 주변으로 밀려난 뒤, 그들은 자신들의 화합을 강화하기 위해 새로운 전통들을 만들었다.

　나는 강가에 앉아 롤프 야콥센의 시 〈갑자기. 12월에〉를 읽었다. 마치 전등 스위치를 내리듯, 그 일은 얼마나 빨리 일어날 수 있는지. 그 모든 것들은 어디로 가나. 죽은 사람의 얼굴, 그 이마 뒤에 있던 영상들, 그녀가 만든 옷과 집 안에 들였던 모든 것들, 이제 모두 가버렸다. 흰 눈 아래, 갈색 화환 아래.
　내가 살아서 이런 장면을 보다니.
　그렇지만.

우리 집 손님 침실에는 안톤 빈드스케프의 초상화가 있다. 초상 아래에는 안톤이 그토록 매혹되었던 여인들을 닮은, 육감적인 초콜릿색 카리브 여인이 시가를 피우는 조각이 있다. 어느 날 밤 잠에서 깬 뒤 다시 잠이 오지 않아서, 나는 침대에서 일어나 내가 거의 사용하지 않는 손님 침실로 갔다. 거기서 언제나 마음을 진정시켜 주는 책, 덴마크 시인 베니 안데르센과 덴마크 성직자 요하네스 묄레하베의 대담집을 찾았다. 나는 책을 읽다가 틈틈이 안톤의 그림을 쳐다보고, 카페 에펠에서 클라라와 그와 같이 어울리던 시간들을 떠올렸다. 이른 아침 잠들었다가 다시 일어나 보니, 클라라가 여러 번 전화한 기록이 있었다. 연락해 보니, 클라라는 슬픈 소식이 있다, 안톤이 죽었다고 했다. 전날 밤 기분이 좋지 않아서 야간 진료실을 찾아갔다가 대기실에서 쓰러져 죽었다는 것이었다.

같은 날 저녁, 부엌 식탁에서 일하는데 머리 위에서 무거운 샹들리에가 흔들리기 시작했다. 안톤이 작별 인사를 건네는 것 같았다.

....

나는 롤프 야콥센의 시를 극으로 각색하는 문제에 대해 이야기하기 위해 하마르로 갔다. 기분은 침착했고, 준비도 잘 되어 있었고, 하룻밤 묵을 예정이었기 때문에 개를 데리고 나섰다.

아름다운 겨울날 파란 하늘 아래 온 세상이 떠 있는 것처럼 보이게 하는 밝은 빛 속에서 글롬마 강을 따라 달리니, 마음이 가벼웠고 거의 행복하다고 할 수 있을 기분이었다. 교통량도 적었고, 마음도 가벼웠다. 나는 거의 텅 빈 호텔에 짐을 풀고, 개와 같이 걷다가, 바에서 메모를 검토하며 맥주 한 잔 마시고, 극장으로 향했다. 서로에게 최선을 원하는 좋은 사람들 앞에서 강연했고, 그들은 나를 위해서도 최선을 원하는 것 같았다. 우리는 시를 극으로 전환할 때의 어려움에 대해 논의했고, 나도 더 많은 것을 얻었다는 생각이 들었다. 호텔로 돌아와 보니 아직 9시도 안 된 시각이었다. 저녁은 따뜻했고 어두웠다. 나는 개를 데리고 다시 산책을 나갔다가, 식당에 들어갔다. 내가 유일한 손님이었다. 주문은 가능했고, 식탁에 초를 세우고 불도 붙여 주었다. 나는 레드와인을 마시며 창밖의 노란 가로등 불빛 속에서 반짝이며 번들거리는 눈을 바라보았다. 대서양 대구를 먹으며 긴장을 풀었다. 다 끝났다. 강연도 마쳤고, 마음도 후련해졌고, 심장을 누르던 묵직한 짐도 홀가분해졌다. 내가 살아서 이런 광경을 보다니.

나는 잘 잤다. 전날처럼 청명한 아침에 하마르에서 잠이 깼다. 눈

속에서 개와 함께 산책을 나갔고, 호텔 식당에서 다른 손님 세 사람과 함께 맛있는 아침 식사를 했다. 달걀 프라이와 요거트를 곁들인 과일을 먹는 동안, 바깥의 눈과 지평선 저 멀리 파도처럼 굽이치는 눈 덮인 산맥을 바라보았다. 뜨거운 우유를 넣은 커피를 마시며 신문을 읽었다. 아주 뜨거운 우유를 넣은 커피를 더 마시며, 한가롭게 신문을 계속 읽었다. 다음 호『온 스테이지』기획에 대해 깊이 생각하는 것 말고는 다른 주말 계획이 없었다.

내 앞에는 자유로운 주말이 놓여 있었고, 빛나는 태양 아래 평화롭게 쌓인 흰 눈 사이로 탁 트인—다른 차가 거의 없다시피 했다—도로가 펼쳐졌다. 라스의 숲속 집으로 달리면서, 나는 생각했다. 내가 살아서 이런 풍경을 보다니.

안톤 빈드스케프가 죽자, 안톤의 많은 물건들은 고아가 되었다. 보라색 부츠는 물론이고 그가 아닌 다른 사람들은 쓸 수 없는 우스꽝스러운 모자들이 그를 그리워하고 있었다. 클라라는 보라색 부츠와 낚시 모자, 안톤의 옷가지 전부, 아파트의 다른 물건들을 달래려고 해보았지만, 물건들은 슬픔을 가누지 못했다.

안톤은 노르웨이에 묻히게 되었고, 춥고 을씨년스러운 2월의 어느 날 클라라는 코펜하겐에서 돌아왔다. 우리는 같이 장례식에 참석했다. 우리 자신의 장례식을 위한 드레스 리허설이야, 클라라는 말했고, 우리 중 단 한 사람만 상대의 장례식을 경험할 수 있을 거라는 생각에 차츰 슬퍼졌다. 같이 참석하면 정말 즐거울 텐데. 하지만 그런 게 인생이지, 아니, 죽음일까. 피할 수 없다면 잃어버리는 법을 연습하고 있어, 그녀는 말했다. 품위 있게, 기분 좋게 잃어야 해. 그녀는 최근 자신이 잃은 것들을 열거했고, 나는 그 모든 것을 기억한다는 것이 신기했다. 열쇠와 지갑, 화장 가방, 휴대전화, 아파트, 오두막, 고양이, 이제는 안톤 빈드스케프까지. 바로 오늘도, 장례식 당일도, 그녀는 비자카드와 보청기, 안경을 잃어버려서 우리가 부르는 찬송가 가사를 볼 수도 없었고 추도사를 들으며 주어진 원고도 읽을 수 없었다. 그녀는 품위 있게, 기분 좋게 잃는 법, 어제 잃어버린 것을 슬퍼하거나 내일 무엇을 잃어버릴지 두려워하느라 오늘을 망치지 않는 법을 연습하고 있었다. 지금 여기 존재하는 들판의 백합과 천국의 새처럼 조

용히 순종하는 법, 언젠가 분명히 닥쳐올 어려운 시기에 몸을 데울
수 있도록 즐거움의 순간들을 차곡차곡 모으는 법을.

보드가 전화해서 어디 있느냐고 물었다. 산세바스티안에 간다고 이야기한 적이 있었기 때문이었다. 나는 라스의 숲속 집에 있다고 대답했다.

그러면 시골에 있군? 보드는 약간 억지로 웃었다.

아스트리드가 그에게 전화했다고 했다. 아빠의 금고에서 봉투를 찾았다는 것이었다. 앞면에는 자식들이 다 있는 앞에서 열어 보라고 적혀 있었다. 그들은 다음 날 저녁 8시에 뜯었으면 좋겠다고 했다. 보드는 내가 아마 산세바스티안에 있을 거라고 했지만, 알고 보니 그렇지 않았다. 나는 숲속 라스의 집에 있었고, 그러면 내일 저녁 8시 브로테바이엔에 올 수 있겠군, 보드가 말했다.

그래.

그는 혹시 나에 대한 내용이면 어쩌나 아스트리드가 두려워하고 있다고 했다. 아빠의 편지, 자녀들이 다 있는 앞에서 열어 보라는 편지가 나에 대한 내용이면 어쩌나. 그녀가 왜 걱정하는지는 알 수 있었지만, 절대 그럴 것 같지는 않았다.

보드는 아빠가 전쟁 중에 누굴 죽였다는 고백이 아닐까 생각했다. 가끔 우리는 그런 추측을 하곤 했기 때문이었다. 어릴 때 그 비슷한 이야기를 어깨 너머로 들은 것 같기도 했다. 자기 차로 아이를 친 적이 있다는 이야기였다. 하지만 나중에 생각해 보니 아이를 차로 치었다, 내가 아닌 다른 아이를 차로 치었다는 이야기는 덜 위험하고 다

루기 쉬운 대상으로의 전치 같았다.

보드는 스위스 은행의 비밀 계좌라든가, 투자 이야기일 가능성이 가장 높다고 했다.

그들은 편지를 아직 열지 않았다. 보드가 직접적으로 물어보았는데 아직 열지 않았다, 자녀들 전부 참석해야 한다는 아빠의 지시를 따를 생각이라고 했다. 아마 셋이 같이 있을 때 찾은 것 같았다. 그들은 브로테바이엔이 팔리기 전에 집을 비우고 아빠의 물건, 아빠의 옷가지, 아빠의 안경, 슬리퍼와 속옷을 정리하고 있었다. 이 물건들도 아빠를 그리워하며 슬픔을 가누지 못하고 있을 것이다. 최근 세상을 떠난 가까운 사람의 가장 사적인 물건들을 정리한다는 것은 이상한 기분이겠지만, 어쩌면 좋은 일이기도 한 것 같았다. 아빠의 물건들은 어떻게 처리했는지 궁금했다. 그들은 물건들을 살펴보다가, 금고 번호를 찾아서 같이 열었다고 했다. 엄마가 혼자 있을 때 편지를 찾았다면 앞면에 뭐라 적혀 있든 상관없이 겁에 질려 직접 열었겠지만, 같이 있을 때 찾았기 때문에 아무도 감히 셋 다 생각하고 원하는 대로, 지금 열어 보자고 말하지 못했을 것이다. 그럼 혹시 자기들이 나쁘게 보일 만한 내용이 들어 있어도 없애 버릴 수 있었을 텐데. 엄마가 혼자 있을 때 찾았다면, 직접 열어 보고 자기가 나쁘게 보일 만한 내용이 있었을 경우 없앴을 것이다. 하지만 같이 있을 때 찾았기 때문에 아무도 감히 보드와 나 없는 자리에서 열자고 하지 못한 것이다. 그것은 보드와 나, 아빠의 관계에 대한 두려움을 인정하는 행동인데, 셋 다 그런 두려움을 품고 있다는 것을 인정하고 싶지는 않을 테니 말이다. 게다가 봉투 안에 보드와 내가 알아야 하는 정보가 들어 있어서, 혹시 아빠의, 돌아가신 분의 명시적인 뜻에 거슬러 직접 열어 봤다가 나중에 그 사실이 알려지면 불편해질지도 모른다. 하지만 열어 봤다가 다시 봉할 수 있지 않을까? 엄마라면 보드와 내게도 내용을 꼭 알려야 하는지 확인하기 위해서 그런 제안을 할 수 있을 것이다, 나는 생각했다. 혹시 보드와 나에게 굳이 알릴 필요가 없지만 어쨌든 자기들이 나쁘게 보일 내용이라면 없애 버릴 수 있도록. 봉투 안에 무엇이 들어 있는지 미리 열어 보자, 혹시 보드와 내게 꼭 알려야 하는 내용이라면 원래 봉투를 찢어 버리면 되지 않느냐, 금고 안에서 이 편지를 찾았는데 모두 다 같이 있을 때 열어야 한다고 적힌 봉투가 있었다는 건 말하지 않으면 된다, 엄마는 충분히 이렇게 제안할 수 있는 사람이었다. 그래도 만에 하나 모두 다 있을 때 열어야 한다는 지시를 봉투에 썼다는 내용이 편지에 언급되어 있다면, 들키고 만다. 아빠의 지시를 따르는 것이 최선이다, 어쨌든 아빠의 뜻에 대한 존중의 마음은 크니까 자녀들이 다 있을 때까지 열지 말자, 그들은 결국 이런 결론을 내렸을 것이다. 엄마는 도저히 기다릴 수가 없었다. 보드는 엄마가 봉투를 찾아낸 뒤로 미칠 지경이라고 한다, 완전히 히스테리컬한 상태다, 최대한 빨리 열어 보고 싶어 한다고 했다. 내일 저녁 8시, 다행히 나도 노르웨이에 있으니 가능했다. 엄마는 무엇을 두려워할까? 엄마는 무엇을 희망할까? 우리 문제에 대한 해법이 봉투 안에 들어 있기를? 아빠가 보드를 때리고 나를 성적으로 학대한 것을 고백하고 사죄하면서 엄마는 전혀 모르고 있었다고 무고함을 밝혀 주기를? 내일 저녁 8시, 브로테바이엔. 다음 날 산세바스티안 여행 준비 말고는 할 일이 없었다, 나는 가겠다고 했다.

　어쩌면 아빠가 왜 그런 사람이었는지 설명하는 내용일지도 모르지, 보드는 말했다.

엄마가 어쩌면 원했을 그것이야말로 아스트리드와 오사에게는 최악의 악몽일 것이다. 그들은 보드와 나를 믿지 않았고, 이제 보드, 특히 나는 지긋지긋할 것이다. 한데 언제나 관심을 독차지한 큰언니에게 설상가상으로 이제 미안한 마음까지 가져야 한다면.

어린 시절 내내 아스트리드, 특히 오사는 더욱 엄마에 대한 사랑에 목말라했다. 엄마는 처음에 나에 대한 건강하지 못한 집착으로 동생들을 거부했고, 이후에는 롤프 산베르그와 사랑에 빠졌으니 말이다. 오사는 엄마가 나한테 했던 것처럼 자기 침대 옆에 앉아 매일 밤 이야기를 나누었다면 자기 인생이 완전히 달라졌을 거라고 내게 말한 적이 있었다. 엄마가 내 침대 옆에 앉아 무슨 말을 했는지, 나를 왜 편애하는 것처럼 보였는지 모르기 때문에 한 이야기였다.

오사는 나를 질투했고, 당연한 일이었다. 오랫동안 엄마는 나만 바라보았고, 나만 신경 썼다. 베르기요트는 어디 있지? 왜 베르기요트는 아직 안 돌아오지?

엄마의 방치 때문에 아스트리드는 덜 괴로워했고, 오사가 더 힘들어했다. 중등학교를 졸업한 날, 오사는 성적표를 들고 자랑스럽게 집에 돌아왔다. 모든 과목에서, 특히 노르웨이어에서 아주 좋은 성적을 받아서 엄마에게 보여 주고 싶었던 것이다. 엄마는 그냥 흘긋 성적표를 보더니 곧장 어딜 갔다가 15분 늦게 돌아왔냐고 계속 내게 잔소리를 하기 시작했다. 끝도 없는 그 15분이 엄마에게 얼마나 힘들었는지 아니? 나는 몰랐고, 엄마가 성적표를 흘끗 쳐다본 뒤 다시 내게 관심을 돌렸을 때 오사가 얼마나 상처받았는지도 몰랐다. 그 순간 오사의 슬픈 눈빛, 어린 오사의 가슴 아픈 실망을 기억한다. 오사는 눈물을 글썽거리고 있었다. 나를, 집에서 그렇게 많은 공간을 차지하고 엄마를 독점하는, 위세 높은 큰언니를 미워한 것도 당연하다. 하지만 이제 오사는 마침내 엄마를 독점하고 있다. 그 오랜 세월 동안 언제나 엄마를 갈망해 왔는데, 드디어 가진 것이다. 오사와 아스트리드는 이제 엄마를 독점하고 있고, 오랜 세월 그래 왔다. 아스트리드는 예순이 다 된 보드가 어린 시절 아빠에게서 받은 취급 때문에 아직 화를 내고 어린 시절에 집착하고 있다는 것을 답답하게 생각했지만, 그녀는 자신과 오사 역시 어린 시절에 매어 있다는 것을, 마침내 엄마와 아빠가 완전히 주목한 푸대접받은 동생들로 고착되어 있다는 걸 알지 못했다.

나는 그들이 엄마에게 잘못이 있다는 것을 알아 주기를 바랐다. 엄마의 나에 대한 집착은 그녀의 책임이라는 것을, 당시 엄마는 성인이었고 나는 어린 아이였다는 것을. 비록 아빠에 의해 유아로 길들여진 어린 아이 같은 사람이었지만, 그 시점에 그녀는 우리의 어머니였고 우리는 그녀의 아이였다. 나는 동생들에게 그 진짜 고통을 초래한 사람은 내가 아니라 자신의 두려움에 사로잡혀 무심했던 엄마였다는 것을 그들이 깨닫기를 바랐다. 그러나 그들은 그 점을 깨닫지도, 받아들이지도 않으려 했다. 아스트리드와 오사는 엄마와 아빠가 훌륭한 부모였고 보드와 내가 줄곧 악하고 배은망덕한 아이들이었던 것처럼 행동하고 말하고 있었다.

보드는 아빠가 왜 그런 사람이었는지 설명이 들어 있기를 바라고 있었다. 이유를 알기만 한다면 아빠를 있는 그대로 받아들이는 것이 쉬울 것이다.

어머나, 세상에, 클라라는 말했다. 혹시 딴 자식이 있는 게 아닐까.

쇠렌은 스위스 은행 계좌를, 탈레는 고백을 바라고 있었고, 에바는 관심이 없었지만 내게 최악의 상황에 대비해야 한다고 말했다. 라스는 너무 큰 희망을 품지 말라고, 실망할 거라고 말했다. 그쪽은 어쨌든 평생 실망뿐이었잖아.

나는 청소를 하고 최악의 상황에 대비했다. 식기세척기를 켜고, 15년 동안 발을 들이지 않았던 브로테바이엔에 들어가는 내 모습을 상상했다. 아빠의 서재에 모일까? 주인 의자, 아빠 의자에는 누가 앉을까, 엄마겠지? 봉투는 누가 열까, 엄마겠지? 나는 아빠의 거대한 책상, 이제 엄마의 책상 위에 놓인 봉투와, 봉투에 적힌 아빠의 독특한, 약간 기울어진 남성적인 필적을 상상했다. 자식들이 다 있는 앞에서 열어 볼 것. 스카우스 바이의 거실에 있던, 브로테바이엔의 멋진 집으로 이사하면서 아빠의 서재에 들였던 녹색 가죽 체스터필드 소파. 지난 15년 사이 버리지 않았다면 아직 거기 있을 것이다. 엄마는 마호가니 책상 뒤 주인 의자에, 우리 형제자매는 아빠 서재 벽난로 앞 녹색 가죽 체스터필드에 앉는다. 나는 식기세척기를 비우고 빨래를 널었다. 나에 대한 내용이라면, 아빠가 내게 무슨 말을 하고 싶었던 거라면, 그냥 편지를 쓰면 충분했을 것이다, 내게만. 내가 죽은 뒤에 베르기요트에게 보낼 것. 하지만 갑자기, 계단 같은 데서 떨어져 죽을 때를 대비해서 금고에 고백을 넣어 두는 것은 아빠답지 않았다. 아니, 그건 아빠답지 않다. 나는 나름의 방식으로 한때 그를 잘 알았다. 게다가 그 오랜 세월 동안 부정으로 일관하고 이제 와서 고백이라니 그게 무슨 소용인가, 내게 별다른 가치가 없다. 그냥 이렇게 말할 수 있다는 것 말고는. 그것 봐, 내가 말하지 않았어! 아빠도 바보가 아니니까 사후 고백이 긴 세월 동안의 부정을 보상할 수는 없다는 것을 알았을 것이다. 그렇게 오랫동안 부정해 왔으니, 죽은 뒤에도 분명 같은 입장을 고수할 것이다. 그는 신을 믿지 않았다. 어쩌면 모두에게 엄마가 거짓말쟁이, 미친 여자가 아니라고 알리고 싶을 수도 있지 않을까, 탈레가 말했다. 사후 명예 회복? 그럴 것 같지는 않았다. 이탈리아의 집 판매에 관계된 문서일 가능성이 더 높을 것이다.

해답에 대해 꿈을 꾸고 싶었지만, 꿈꾸지 않고 깊이 잠들었다. 일어났을 때는 한층 평온한 기분이었다. 뒤숭숭한 밤을 각오했고 눈을 뜨면 초조한 기분일 거라고 예상했지만, 평온했다. 그 자체가 해답일까? 봉투 안의 내용을 두려워할 필요가 없다는 뜻일까? 나는 최악을 준비했고, 15년 동안 발을 들이지 않았던 브로테바이엔에 도착해서 아빠의 서재에, 이제 엄마의 서재에 들어가는 내 모습을 상상했다. 며칠 전 나를 극도로 가혹하게 비난했던 사람들과, 나보다 숫자가 많은 내 적들과 그들의 본거지에서 만나 나란히 녹색 가죽 체스터필드 의자에 앉는 모습을 상상했다. 우리는 편지를 뜯을 것이다. 아빠와 가장 잘 어울리는 것은 무엇일까, 나는 깔개를 털면서 자문했다. 그에게 가장 큰 의미가 있는 것은 무엇이었을까? 나는 욕실을 박박 닦으며 자문했다. 명예와 유산, 나는 대답하며 최악의 상황에 대해 마음의 준비를 했다. 나를 향한 비난일 수도 있겠지. 두 분이 같이 있을 때 아마도 나에 대해 사용했을, 엄마의 표현을 빌리자면 관심을 끌기 위해서, 날조한 이야기로 인간이 저지를 수 있는 최악의 범죄를 아빠에게 뒤집어씌운 거짓말쟁이이자 사이코패스. 나는 애당초 그렇게 흥미로운 아이가 아니었으니까. 아빠의 인생 마지막 23년을 내가 거짓말로 망쳤다. 나를 향한 공격적인 편지, 최종 변론, 나는 최악의 상황에 대해 마음의 준비를 했다. 최악의 시나리오에 뭐라고 말해야 할지 적어 보았다. 아빠는 포기하지 않는다. 그는 그런 사람이었다. 끝까지 한결같고, 죽은 뒤까지 통제하기를 원하고, 옳기를 바라는 사람, 죽은 뒤까지 싸우는 사람. 하지만 나 역시 투사, 아빠만큼 고집스럽다. 아마 유전자에 새겨진 모양이다. 게다가 내게는 살아 있다는 유리한 점이 있다.

나는 이런 것들을 종이에 적었다. 최악의 상황이 일어났을 때 나는 허를 찔리지 않는다, 준비되어 있다, 나도 아빠를 잘 안다는 것을 증명하기 위해 브로테바이엔에 가져갈 생각이었다.

최악의 상황에 대비하면 할수록, 그 자리에 모인 모든 사람들에게 내 이야기가 다시 묵살되고 거부당할 거라는, 아빠가 나를 쳐부술 거라는 생각이 더욱 강하게 들었다. 죽었으니 당연히 그의 말이 옳을 테니까. 엄마와 동생들은 아빠의 공격을 환영하며 기뻐할 것이다. 여기 뭐라고 돼 있는지 봐라, 넌 뭐라고 대답할래? 죽은 자의 말은 산 자의 말보다 무게가 있다. 산 사람보다 죽은 사람에게 미안함을 느끼는 것도 더 쉽다, 그들은 아빠를 한층 더 동정할 것이다. 나 때문에 그토록 오랜 세월 시달린 아빠, 관심을 얻으려고 거짓말을 한 딸 때문에 죄를 뒤집어쓴 결백한 남자, 나는 다시금 외부인, 골칫거리가 될 것이다. 그 모습이 눈에 환했다. 몸이 떨리기 시작했고, 나는 보에게 전화했다. 그는 말했다. 넌 그 사람들에게서 아무것도 원하지 않는다고 이미 말했잖아. 네 아버지가 오라고 했다고 해서 굳이 갈 필요는 없어. 그건 법률 문서도 아니잖아.

하지만 가지 않으면 겁쟁이처럼 보이지 않을까? 그 안에 들어 있을지도 모르는 내용이 두려운 것처럼 보이지 않을까?

그들의 의견이 네게 왜 중요하지? 왜 더 들으려고 해? 넌 이미 충분히 겪었다고 생각해.

나는 가지 않기로, 아빠의 마지막 요구를 따르지 않기로 결정했다. 보드에게 전화하니, 그는 이해하고 기꺼이 내 뜻을 대신해 주겠다고 했지만, 그 편지는 내가 두려워하는 그런 내용은 아닐 거라고 생각한다고 했다. 아스트리드의 말로는 봉투가 두툼했고 서류 폴더가 몇 개 들어 있는 것으로 보아 유가증권으로 보인다는 것이었다. 아빠가 보드에게 혹시 그와 엄마가 비행기 사고로 죽을 때를 대비해서 금고 안에 뭐가 들어 있으니 알아 두라고 한 적도 있었다고 했다. 보드는 우리 자녀들에게 긍정적인 것, 더 이상 싸워야 할 이유를 만들지 않는 것이기를 바란다고 했다. 하지만, 그는 덧붙였다. 그 편지 때문에 엄마가 그렇게 히스테리컬해져서 뜯어 볼 때까지 숨도 제대로 쉬지 못할 정도라는 건 이상하다. 엄마는 운니 아주머니에게 전화했고, 아주머니는 아스트리드에게 전화해서 엄마의 정신 건강을 위해 최대한 빨리 봉투를 열어 보는 것이 좋겠다고 말했다.

그들이 보이는 불안과 히스테리는 그저 네 아빠가 무슨 짓을 할 수 있는지 그 사람들이 모르고 있다는 걸 증명할 뿐이야, 클라라는 말했다.

············

『온 스테이지』 기획을 위해 공식 출장 허가를 받은 뒤, 나는 생각하고, 일하고, 들판의 백합처럼, 천국의 새처럼 살아가는 법을 연습하고, 언젠가 분명히 닥쳐올 어려운 시기에 몸을 데울 수 있도록 즐거움의 순간들을 차곡차곡 모으기 위해서 차에 올라 유럽 대륙을 마음 가는 대로 달렸다. 독일을 지나고, 오스트리아를 지나고, 이탈리아의 트리에스테에 도착했다. 바다를 보았고, 태양은 빛나고 있었다. 트리에스테는 봄 같았고, 모든 것이 쉽게 느껴졌다. 나는 계속 차를 몰고 보의 사랑 옛 유고슬라비아로 들어가서 차량이 거의 없는, 무서울 정도로 좁은 도로를 달렸다. 띄엄띄엄 자리 잡은 시골집 굴뚝에서 연기가 솟아오를 뿐 다른 사람들의 흔적이 거의 보이지 않아서, 하늘 아래 나 혼자뿐인 것 같았다. 오렌지 숲을 지나니, 버드나무 사이 고요한 호수에 노를 젓는 배 한 척이 떠 있었다. 그러다 어두워졌고, 나는 가로등도 없고 포장도 덜 된 스플릿 근처 외딴 도로에서 길을 잃었다. 스플릿을 찾지 못하면 어쩌나 슬슬 걱정이 되기 시작했다. 열한 시간 동안 운전한 참이라 녹초가 되어 있었다. 그러다 나는 결국 스플릿을 찾았다. 교외를 지나치자 구도심이 곧장 나왔고, 나는 그림 같은 항구 근처에서 작고 중후한 분위기의 전형적인 동유럽풍 호텔을 찾아 주차장에 차를 세운 뒤 객실을 얻고 쇠로 된 커다란 열쇠를 받았다. 나는 구도심을 걸었다. 금요일 저녁이었기 때문에 시내는 느긋하게 산책하는 사람들로 붐볐다. 항구에서 짭짤한 바다 냄새가 홀

러왔고, 나무에는 새해맞이 장식물이 아직 걸려 있었고, 산들바람은 온화했다. 나는 푸근한 기분으로 카페에 앉아 맥주 한 잔을 시키고 수첩을 꺼냈다. 감사의 마음 같은 평정한 기분이 나를 감쌌다. 그때는 안부를 알릴 남자 친구도 없었고, 전화하고 싶은 사람도, 말하고 싶은 사람도 없었으며, 뭔가 공유하고 싶은 욕망도 없었다. 이미 모든 것을 공유했기 때문이었다. 마음 깊은 곳으로부터 내가 세상의 한 부분이라는 감각을 느낄 수 있었다. 스플릿에서의 그 특별한 금요일을 떠올리면, 아직도 느낄 수 있다. 수많은 그런 순간을 경험하는 목적과 이유는 분명 이런 것을 위해서이리라, 아픔을 상쇄하고, 어려운 시절에 안식을 찾을 수 있는 순간들의 집을 짓기 위해서. 내게도 언젠가 어려운 시절이 찾아올 거라는 예감이 있었다.

몇 년 전 다리가 부러져서 수술을 해야 했을 때, 나는 사흘 동안 병원에서 지냈다. 병원에 있는 것은 좋았다. 밤새도록 깨어 있는 사람들이 근처에 있어서, 벨만 울리면 누군가 왔다. 병원은 잠들지 않았고, 나처럼 잠이 없었다. 병원에서는 침대 시트도 갈아 주고, 하루 세 끼 식사도 갖다 주고, 기분이 어떤지 물었다. 사흘 중 이틀 동안, 나는 나이 든 여자 한 사람과 병실을 같이 썼다. 우리는 서로 어디가 아픈지, 왜 입원했는지 묻지 않았지만, 내 다리는 깁스를 해서 천장 쪽으로 받쳐 놓았으니 짐작했을 것이다. 우리 둘 다 병원에 있던 이틀 동안 손님이 없었지만, 여자에게 성인이 된 자식과 손주들이 있고 오슬로에 살고 있다는 이야기가 간호사와 대화하던 도중에 나왔다. 엿듣지 않을 수 없었다. 나중에 넌지시 자식과 손주에 대해 물어보았지만, 애매하게 말을 흐리며 불편한 기색이 역력해서 그만두었다. 그녀가 안쓰러웠고, 내 엄마가 안쓰러웠다. 엄마도 낯선 사람이 큰딸에 대해 물어보면 바로 저런 기분일 것이다. 나이 든 여자의 자식과 손주들은 우리가 같은 병실을 쓰던 이틀 동안 한 번도 찾아오지 않았다. 어쩌면 사이가 멀어졌는지도 모른다. 간호조무사가 씻겨 주러 왔지만, 아직 제대로 요령을 몰라서 그녀도 벌거벗은 노인 못지않게 물을 뒤집어썼다. 두 사람은 웃고 비명을 지르다가 다시 웃더니 욕실에서 나왔다. 조무사는 완전히 젖은 자기 모습을 내게 보여 주었고, 두 사람은 다시 같이 웃었다. 벌거벗은 채 젖은 늙은 여자와 홀딱 젖은

제복 차림의 간호조무사. 우스꽝스러운 풍경이었다.

하룻밤에는 비가 내렸고, 천둥과 폭우가 쏟아졌다. 우리 둘 다 잠을 잘 수가 없었다. 빗줄기와 폭풍이 잦아들자, 유리창 밖에 달무지개가 걸렸다. 병실은 고층, 10층이었기 때문에, 전망이 좋았다. 긴 여름밤 1시, 대부분의 사람들이 잠들어 있었지만, 우리는 잠들지 못하고 달무지개를 바라보았다. 나는 지금껏 달무지개 같은 자연현상 앞에서 그렇게 흥분한 모습, 그렇게 경이감에 가득 찬 모습을 본 적이 없었다. 그것은 보통 달무지개가 아니라, 검은 하늘을 배경으로 밝고 또렷하고 아주 굵은 달무지개였다. 아름답지 않나요! 놀랍지 않나요! 내가 살아서 이런 광경을 보다니, 내 룸메이트, 늙은 여인은 말했다. 찾아오는 가족이 없어도 돼. 나는 이렇게 생각하며 마음을 놓았다. 가족은 전부가 아니지.

········

나는 브로테바이엔에 가지 않기로 마음먹었다. 의무감에서, 아빠에게 복종하기 위해서 마음을 바꾸고 가는 일은 없도록 하겠다고 마음먹었다. 나는 아빠에게 불복종하기로 마음먹고 산세바스티안 여행 준비를 했다. 저녁 7시, 7시 반, 이제 8시가 되었다. 보드는 지금쯤 브로테바이엔에 도착했을 것이다. 이제 8시 15분이었다. 봉투도 열었을 것이다. 살인이냐, 배다른 동생이냐, 전화는 조용했다. 비난이냐, 유가 증권이냐, 보드는 전화하지 않았다. 극적인 내용이었다면 전화했을 것이다. 그는 9시 15분에 전화했다. 극적인 사건은 없었다. 아빠가 지금껏 우리 네 자녀에게 지원한 액수를 기록한 유언장 초안이었는데, 꾸준히 기록하다 1997년에 중단된 상태였다. 아스트리드가 제일 많이 받았고, 오사와 나는 비슷했고, 보드가 제일 적었다.

함께 훑어보다가 봉투 안에 들어 있던 내용을 그대로 책상에 펼쳐놓은 채, 엄마와 아스트리드, 오사는 보드에게 아빠가 계단에서 떨어졌을 때의 이야기를 하기 시작했다. 배관공 이야기, 같이 병원에 있던 때 이야기. 보드가 떠나기 전, 엄마는 보드의 아이들을 볼 수가 없다고 불평했다. 그는 이유를 아시지 않느냐고 대답했다.

나는 아빠가 1997년까지 유언장 초안을 꾸준히, 정확히 개정하는 모습을 상상했다. 그는 공정하고 싶었고, 그것을 일종의 명예로 여겼다. 벌충할 부분이 많았기 때문에, 상속에 관한 한 공평하게 하고 싶어서, 1997년까지 기록하다가 그만두었다. 나는 아빠가 장부 앞에 웅크리고 앉아 성실하게 기록하는 모습을 상상했다. 내 전남편과 내가 첫 집을 샀을 때 얼마 줬고, 동생들에게도 각자 첫 집을 샀을 때 얼마씩 줬고, 보드에게도 얼마나 줬고. 아빠가 처음에는 우리들에게 공평하게 상속하기를 원했을지도 모른다는 생각이 들었다. 그것이 보드를 고약하게 취급한 데 대한, 어렸을 때 우리에게 한 짓에 대한 보상이었을 것이다. 힘든 노동으로 쌓은 비교적 큰 재산을 똑같이 나누어서 네 자식들에게 물려주는 것은 그저 공평할 뿐 아니라, 그러지 않으면 다른 소문이나 잡음이 생길 여지가 있다. 나는 아빠가 아주 젊은 남자로서, 아주 젊은 아빠로서 저지른, 돌이킬 수 없고 평생 안고 살아야 하는 실수에 대해 생각했다. 하지만 어떻게? 쉽지 않았을 것이다. 그것이 아빠의 비극, 아빠의 운명이었을 것이다. 아빠는 돌이킬 수 없는 행동을 했고, 평생 그 행위가 드러날지 모른다는 두려움 속에서 살았다. 아빠는 큰딸이 두려웠고, 은밀하게 힐끔 살피곤 했다. 일곱 살이 된 뒤에는 손도 대지 않았다. 일곱 살이 되자 큰딸은 접근 금지 구역이 되었다. 일곱 살이 되자 큰딸은 더 많은 것을 이해했기 때문에, 주관적이고 말 많은, 무슨 말을 뱉을지 모르는 왈가닥 꼬마로 자랐기 때문에, 아빠는 딸과의 관계를 끊었다. 아빠는 큰딸과 관계를 끊고 다섯 살 때, 여섯 살 때 같이 다니던 자동차 여행에도 데려가지 않았다. 아이의 어머니, 그의 아내는 돌볼 아이들이 워낙 많았다. 시끄러운 큰아들은 큰딸보다 겨우 한 살 많았고, 그 아래로 갓난아이 하나, 두 살짜리 하나가 있었다. 아내의 짐을 덜어주기 위해 아빠는 일하는 건설 회사의 건축 현장을 둘러보러 가는 길에 큰딸을 같이 태우고 다녔고, 큰딸과 아빠는 호텔에서 밤을 보내곤 했다. 호텔에서 지내는 것은 즐거웠다. 저녁 시간 전에 침대에 누워 커튼을 닫아도 되는 곳, 호텔에 있을 때는 그렇게 하는 거야, 호텔에서 행동하는 법을 아는 아빠가 말했다. 호텔에서 머물지 않을 때는 숲에서 자면 돼, 아빠는 말했다. 그는 온갖 것들을 다 알고 있었다. 하지만 일곱 살이 된 어느 날 아빠와 같이 차를 타고 가다가, 큰딸은 아빠에게 혹시 흑인 여자와 사귄 적이 있느냐고 물었다. 아빠는 놀랐다. 딸도 아빠가 놀랐다는 것은 알았지만, 왜 화났는지 이유는 알 수 없었다. 그런 질문을 하면 안 돼, 아빠는 화난 목소리로 말했다. 그런 질문을 하면 안 되잖아, 아빠는 기분이 덜 풀린 목소리로 말했다. 1960년대 중반, 아빠는 이렇게 생각했을 것이다. 스카우스 바이에 사는 중하류층 계급 이웃들에게 어린 아이가 이런 질문을 하고 돌아다니면 어쩌지? 딸이 아빠한테 이런 질문을 하면, 다른 사람들에게는 뭘 못 물어볼까? 학교에서는 무슨 소리를 할까? 이제 아빠에게는 문제가 생겼다. 딸이 문제가 된 것이다. 이제 어떻게 해야 하지? 그 두려움이 그를 얼마나 따라다녔을까? 얼마나 공포 속에서 살았을까? 그는 최소한으로 집에 들어오고, 최대한 많이 일하고, 제발 무사하기를 비는 마음으로 집에 돌아왔다. 그는 큰딸을 은밀하게 힐끔거렸고, 다행히 딸은 아무 일도 없었던 것처럼 행동했다. 아니, 과연 그랬나? 큰딸은 숙제를 하고 친구들과 놀고 피아노 연습을 하고 발레 교습을 받았다. 분명 아무 일도 없는 것 아닌가? 다행히도 상당히 오랫동안 일상은 그렇게 흘러갔다. 잊었겠지, 이제 안도의 한숨을 쉬고 잊어도 되겠지. 세월은 흐르고, 시간은 우리 편이고, 100년이 지나면 이 모든 일은 잊히겠지. 한데 큰딸이 기묘한 시를 써서 신문사에 보내기 시작했고, 시는 신문에 실렸다. 큰딸은 기묘한 희곡을 써서 학교 스포츠 홀에서 무대에 올리기 시작했고, 구경하러 오라고 사람들을 초대했다. 아빠가 느꼈을 공포, 통제 불가능하고 예측할 수 없는 큰딸에 대한 두려움은 어땠을까? 부모님은 큰딸이 쓰고 연출한, 학교 스포츠 홀에서 열린 그런 공연에 참석했다. 다른 부모들, 큰딸이 연출한 연극에 참여한 아이들의 부모들도 갔기 때문에, 그 아이들 중에 그들의 막내딸도 있었기 때문에 가고 싶지 않았지만 안 갈 수가 없었다. 그들은 무대 위에서 무슨 일이 벌어질까, 혹시라도 무슨 암시가 있지는 않을까 겁에 질려 앉아 있었다, 불쌍한 아빠. 그런 공연이 끝난 밤 큰딸이 침대에 누워 여느 때처럼 잠을 이루지 못하는 동안 부모님은 부엌에 앉아 이야기를 나누었고, 그녀는 아빠가 엄마에게 하는 말을 들었다. 문이 열려 있었고, 열려 있다는 것을 부모님도 틀림없이 알았을 테니 어쩌면 들으라고 한 소리였을지도 모른다. 아니, 잠들었다고 생각했는지도. 아빠는 엄마에게 다른 아빠 중 한 사람이 이렇게 말했다고 했다. 스트립 클럽에 왔다고 생각해야 하는 건가?

딸은 이 말이 암시하는 속뜻을 이해하지 못했다. 딸은 아무것도 이해하지 못했다. 그저 아빠가 자신이 잘한다, 성공했다고 생각하지 않는 것 같아서 속이 상했을 뿐. 반대로 아빠는 "저 녀석이 지금 벌이고 있는 짓"을 좋아하지 않았다. 딸은 다른 아빠들 중 한 사람이 자기 작품을 좋아하지 않았다는 것을, 다른 아빠들 중 한 사람이 그녀가 스트립 클럽에서 벌어질 만한 장면을 무대에 올렸다는 말을 해서 아빠가 민망했다는 것을 깨달아야 했다. 마지막에 모두 박수를 치기는 했지만, 아무도 내 작품을 좋아하지 않았다면? 내가 추문을 일으킨 거라면? 순간 딸은 자기 자신이 추문이 된 것 같은 기분을 느꼈다. 아빠가 언급한 것은 아홉 살부터 열한 살 사이의 소녀 열두 명이 빨간 깃털 스카프와 검정 실크 페티코트 차림으로 들어서는 시작 장면이었다. 열두 명의 어린 소녀들은 왼쪽부터 오른쪽까지 차례대로 온몸을 흔들어서 실크 페티코트를 발목까지 흘러내렸고, 페티코트 밑에 입은 검은 레오타드에는 딸이 밤새도록 박음질한 글자가 하나씩 박혀 있었다. 글자를 합치니 유쾌한 인사말이었다. "잘 오셨습니다."

스트립 클럽에 왔다고 생각해야 하는 건가?

불쌍한 아빠.

일곱 살이 되자 아빠는 큰딸을 한 번도 건드리지 않았고, 포옹조차 하지 않았고, 아스트리드와 산책할 때는 늘 그랬다고 들었지만 손한 번 잡아 주지 않았고, 끌어안아 주지도 않았고, 일곱 살이 되자 신체적인 애정 표현은 절대 하지 않았다. 큰딸이 자라서 점점 기묘하고 예측 불가능하게 변하자 아빠는 점점 더 겁에 질렸다. 어쩌면 아예 너무 충격적인 행동을 하고 다녀서 아무도 진지하게 생각하지 않기를 바랐는지도 모른다. 그는 가족에게서 도피할 수가 없었다. 도피하려 했다면, 이혼하려 했다면, 아내가 그에 대해, 남편에 대해 품었던 의심을 세상 사람들에게 공개해서 그를 파멸시킬지도 몰랐다. 그 것이 무력했던 어머니가 아버지에 대해 가졌던 유일한 권력이었다.

마침내 최악의 두려움은 현실로 나타났다. 딸이 기억해 낸 것이다. 어떻게 해야 하지?

아빠는 고백할까, 모든 것을 홀가분하게 털어놓을까, 잠시 생각했 지만, 그것이 자신에게 무엇을 의미하는지 깨달은 엄마는 재빨리 그 의 입을 막았다. 위기가 찾아왔을 때 그는 부정해야 했고, 위기 이후 하루 또 하루, 1년 또 1년, 부정에 대한 대가를 치러야 했다. 큰딸과 의 관계에서뿐만 아니라 죄책감, 무거운 죄의식, 자존감 상실 측면에 서도. 호통을 치며 존경을 요구했지만 늙어 가면서 차츰 자존감을 잃 었고, 자신이 저지른 짓에 대한 죄책감, 이야기가 나왔을 때 자신이 행동한 방식에 대한 죄책감에 시달리지 않을 정도로 어리석거나 둔 감하지도 않았다. 큰딸에 대해서도 그렇고, 자신의 외아들, 받아 마땅 한 인정을 해 준 적이 없었고 여동생에게 무슨 일이 있었는지 짐작했 을지도 모른다는 두려움 때문에 피해야 했던 맏이에 대해 조금이나 마 보상할 수 있는 유일한 방법은 다른 두 손아래 자식들과 동등하게 상속하는 것뿐이었다. 게다가 아이들이 동등하게 상속받으면 스카우 스 바이 22번지에서 심상치 않은 일이 있었다는 소문을 들었을지도 모르는 세상 사람들의 눈에도 좋아 보일 것이다.

유언장 초안에 1980년대 초반부터 누구에게 얼마나 주었는지 일 일이 기록했지만, 1997년이 되자 완벽한 기록을 남긴다는 것이 불가능해졌고 의미도 없어졌다. 큰딸은 연락을 끊었고, 외아들은 점점 멀어졌고, 손아래 둘이 점점 가까워졌기 때문이었다. 생일과 명절에, 틈나는 대로 방문할 때마다 손주들은 어학 연수를 받고 외국 유학을 가고 싶어 했고 이런저런 것들을 원했다. 엄마의 지배력이 차츰 커지면서, 아버지는 나이 들어 크고 작은 돈을 건넬 때마다 일일이 기록하는 것을 포기했다. 대신 그는 모두에게 동등하게 상속한다는 내용으로 새로운 유언장을 썼다. 좋아 보였다. 배우자 중 한 쪽이 사망하면 브로테바이엔을 팔고 네 자녀에게 동등하게 상속한다는 뜻을 명시한 유언장. 발러의 오두막만 제외하고.

자녀들이 동등하게 상속하기를 원한다는 내용을 명시적으로 남겨야 했다. 어떤 방식으로? 유언장을 써서. 모든 재산을 고스란히 아내에게 남길 경우 어떻게 될지, 아빠는 자신의 아내를 신뢰하지 않았다. 변덕스럽고 충동적인 데다 더 이상 양심의 가책도 없고 불안하지도 않으며 연락을 끊은 큰딸이 원망스럽기만 한 아내가 유산을 공정하게 나누어 줄 거라고 믿지 않았다. 아내는 더 착하고 더 신경 써 준 자식에게 많이 보상할 가능성이 높고, 혹시 동등하게 나누어 주더라도 그녀에게 선택권이 있다는 사실 자체가 이것을 아빠의 뜻이 아닌, 아내의 뜻처럼 보이게 할 것이다. 비행기 사고로 동시에 죽는다면 상속법에 따라 동등한 상속이 이루어지지만, 그렇게 되면 공정한 것은 상속법이지 아빠 자신이 아니고 아스트리드와 오사에게 발러의 오두막을 보장해 줄 수도 없다. 아빠는 직접 유언장을 써서 공정해 보이는 동시에 편애를 나타낼 수 있는 표현을 찾아야 했다.

············

어쩌면 그 이후 아빠는 행복한 적이 없었을 것이다. 어쩌면 그전에
도 행복한 적이 없었을 것이다. 아이였을 때 아빠에게 무슨 일이 있
었는지 알고 싶다. 어쩌면 내가 물어 주기를 바랐는지도 모르겠지만,
나는 묻지 않았고 이제 너무 늦었다.

....

　어렸을 때, 나는 섹스에 집착했다. 성교에. 같은 학년 어느 여자아이가 했다더라, 남자애와 잤다더라, 나는 그 애만 바라보며 상상했다. 열다섯 살이 되고 이성 친구가 있는 학생들은 섹스를 하고 같이 잤다. 나는 그들을 바라보며 페니스가 질을 들락날락하다가 사정하는 광경을 상상했다. 나는 그럴 수 없을 거야, 어떻게 그렇게 해. 그러다 파티에서 한 소년을 만났고, 몇몇 파티에서 진하게 키스했다. 카렌은 너희들 사귀느냐고 물었고, 어쩌면 그랬는지도 모르겠다. 열다섯 살이 되고 남자 친구가 있으면 섹스하는 거니까. 어느 토요일 밤 부모님이 외출한 사이 소년은 파티를 열었고, 나는 일기장에 썼다. 하느님, 제발 토요일 이전에 죽지 않게 해 주세요. 토요일 아침, 나는 일기에 썼다. 오늘 밤에 할 거야, 아무도 잊지 못하는 그거. 첫경험은 아무도 잊지 않는 거니까. 사건이 일어나기 전에 미리 알다니 얼마나 묘한 기분인지, 흰 종이만이 풍길 수 있는 기대감을 풍기는 이 페이지 위에 내가 그 일에 대해 적게 되리라는 것을.

　토요일 밤, 카렌과 나는 파티에 가서 맥주를 마시고 춤을 췄다. 소년은 내 손을 잡고 침실이 있는 위층으로 데려갔다. 우리는 섹스를 하려고 옷을 벗었고, 그는 내 위에 올라갔지만 들어오지 못했다. 발기가 되지 않아 아무 일도 없었다. 나는 그날 밤 아무것도 못하고 집에 돌아왔다. 정확히 상상했던 그대로였다. 난 그럴 수 없을 거야. 하지만 기대하고 있던 일기장을 실망시킬 수는 없었다. 나는 일기장을 실망시키지 않으려고 아이들이 숲속에 숨겨 놓은 소년 포르노 잡지와 여성 주간지, 내 상상력에서 영감을 받아 25페이지짜리 이야기를 지어내서 썼다. 며칠 후 저녁, 엄마가 침실에서 나와서 아빠가 나갔다고 했다. 밤인데 나가 버렸다고. 엄마가 내 일기를 읽고 아빠에게 들려주니 나가 버렸다는 것이었다. 내 일기를 읽고 너무 심란해서, 딸에게 처절하게 실망해서 한밤중에 나가 버리다니, 아빠의 절망 때문에 나는 수치심과 죄책감으로 죽고 싶었다. 아빠는 그날 밤 늦게 아주 취해서 들어왔고, 엄마가 현관에서 신발을 벗기고 부축해서 계단을 올라갔다. 나는 침실 문 뒤에 서서 그 끔찍한 광경을 보았다. 절망해서 취한 아빠. 엄마는 그를 부축해서 계단을 올라갔고, 나는 침실 문 뒤에서 잠옷 차림에 맨발로 서서 아빠가 바닥에 양반다리 자세로 주저앉는 모습을 보았다. 인간으로 산다는 것은 쉽지 않아, 아빠는 흐느꼈다.

엄마가 안방 문을 닫아서 더 이상 볼 수는 없었지만, 충분히 보았다. 아빠의 절망, 나의 죄책감, 인간으로 산다는 것은 쉽지 않아.

다음 날 아침, 아빠는 간밤과 완전히 달라진 모습으로 내 침실로 들어왔다. 엄격하고 격식을 차린 태도, 애프터셰이브 냄새를 풍기며 사무실로 출근하는 길이었다. 그는 내 침대 옆에 서서 일기장에 쓴 섹스를 했을 때 피가 났느냐고 물었다. 나는 하지 않았기 때문에 피가 난 적도 없었지만, 그렇게 말할 수가 없었다. 말을 할 수 없었기 때문에, 죽었다. 차라리 죽고 싶었다. 이런 일이 생겼으니 살 수가 없었다. 그는 방을 나갔고, 나는 혼자 남았다.

....

산세바스티안으로 가기 전날, 유언 공증과 관계된 서류 일체를 우편으로 받았다. 금고에서 발견한 유언장 초안과 법적으로 유효한 유언장, 오두막 감정 평가서, 소송을 해도 보드가 이길 수 없다는 변호사 의견서였다. 엄마와 아스트리드, 오사가 보드와 내게 보내는 편지도 있었다. 문체는 다행히 형식적이었다. 그들은 보드가 혹시 변호사 의견에 동의하지 않는다면 2주 안에 직접 변호사에게 연락하라고 썼다. 내게는 금고 안에 있던 편지 내용을 알리고 아빠가 서재에 자식들 모두의 신문 스크랩과 편지, 이런저런 자료를 모아 두었다, 각자 자기 것을 가졌다, 하지만 내 것은 너무 커서 우편으로 보낼 수가 없다고 썼다. 아스트리드가 직접 집으로 갖다주겠다는 내용이었다.

결론으로 그들은 아스트리드가 쓴 메모 내용에 동의한다, 메모도 동봉한다고 썼다. 혹시 반대한다면 2주 안에 알려 달라고 되어 있었다. "이제 분쟁은 뒤로하고 미래를 바라볼 수 있었으면 한다."

동봉한 메모에서 아스트리드는 옛 오두막에 대해 상향 조정된 새 감정액을 사용하고 싶다고 적었다. 둘째로, 보드보다 상당히 많은 액수를 미리 상속받았으니 자신이 받은 유산의 일부로 차액을 기꺼이 충당하겠다고 적혀 있었다.

아스트리드는 굳이 그렇게 할 필요가 없었다. 오사는 그렇게 하지 않겠다고 했다. 그녀는 새 오두막에 대한 새 감정액을 받아들이지 않았다.

아스트리드는 불평등을 해소하고자 노력하고 있었다. 보드는 오두막을 상속받지 못할 뿐더러 미리 받은 액수도 넷 중에서 가장 적으니, 자신이 그의 손해를 조금이나마 보상하겠다는 것이었다. 그 자체가 가상한 행동이었다. 아니, 그녀가 할 수 있는 최소한의 노력인가?

그러나 그 무엇도 가장 핵심적인 문제는 바꾸지 못했다. 그들은 그 문제를 언급하지 않았고, 완전히 무시했고, 고민하기를 거부했다.

상속 문제에 대한 편지에서 그 문제가 언급될 거라고 예상했던가? 아니.

그러나 나는 격분했다. 그들은 지속적으로 내가 회계사와의 만남에서 했던 말을 아예 하지 않은 것처럼 나를 대하고 있었다. 아무도 나를 믿지 않는 것도 문제였지만, 내가 한 말을 하지 않은 것처럼 구는 것, 회계사와의 만남이 없었던 것처럼 행동하는 것은 또 다른 문제였다. "이제 분쟁은 뒤로하고 미래를 바라볼 수 있었으면 한다."

나는 뒤로할 수 없었다. 이 말은 잊지 않는다. 바지가 젖어서 말리려고 벗어 널었다가, 마른 뒤에 다시 입고 잊어버리는 것과는 다른 문제다. 바지는 아직 안 말랐다고!

나는 답장하지 않았다. 파일에는 관심이 없었다.

보드는 답장했다. 그는 다시금 분쟁이 무엇에 대한 내용이었는지 상기시켰다. 그는 돈에 관심이 없다, 아이들과 그가 같이 사용할 수 있도록 발러의 오두막 절반을 상속받기를 원했다. 이 요구는 노골적으로 거절당했다. 그러나 모든 자식들에게 공정하게 상속한다는 것이 유언에 명시된 유지이므로, 나와 자신이 최소한 오두막의 실거래가대로 보상받을 거라고 기대했다. 그런데 그것도 안 되는 상황이다. 보드는 상속세가 폐지된 1월 1일 이전에 아빠가 돌아가셨거나 증여가 이루어졌다면, 오두막 가액 산정에 있어서 실거래가를 의무적으로 사용해야 했을 거라는 점을 지적했다.

이 문제를 재판으로 끌고 가 봤자 이기지 못할 수 있지만, 그렇다고 진짜 문제가 달라지는 것은 아니다. 이것은 두 사업 주체 사이의 분쟁이 아니라, 어머니와 네 자식, 손주들 사이의 분쟁이고, 각자가 공명정대하게 행동하느냐의 문제다. 나는 이 문제를 법정으로 끌고 가지 않겠다, 그는 썼다. 물려받은 사업의 임원직은 사임하겠다.

············

아빠는 나를 조금은 사랑했을 것이다, 안 그런가? 자신의 인생, 자신의 미래에 대해 걱정했지만, 내 인생, 내 미래에 대해서도 조금은 걱정하지 않았을까? 엄마는 그에게 내 일기를 보여 주었고, 그는 한밤중에 밖으로 나가서 술을 마셨다. 아마 내가 혹시 엇나가면 어쩌나 하는 두려움 때문이었을 것이다.

인간으로 산다는 것은 쉽지 않아.

그 말은 옳았다. 그는 힘들게 그 교훈을 배웠다.

그 통찰 외에 아빠에게 내가 더 이상 무엇을 바랄 수 있을까? 관계 하나 망가뜨리지 않고 진퇴양난의 상황에서 빠져나올 수 있었다면, 그는 인간이 아니었을 것이다. 그는 선택해야 했고, 나를 선택하지 않았다.

....

산세바스티안은 이른 봄이었다. 일은 잘 풀렸다. 생산적인 하루를 마치고, 나는 해변을 따라 산책하며 하루 일을 돌이켜 보고 고향에서 벌어진 모든 일에서 멀리 떨어져 휴식을 즐겼다. 해 저물 무렵 해변 끝 카페에서 맥주도 한 잔 마셨다. 해가 바다 밑으로 가라앉는 동안, 밖에 앉아 있어도 될 정도로 따뜻했다. 나는 햇빛과 맥주를 즐겼고, 모든 것에서 멀어진 홀가분한 기분과 자신에 대한 평화를 즐겼다. 그때 아스트리드에게서 문자 메시지가 왔다. 베르기요트, 어떻게 지내는지 궁금해. 많은 일이 있었고, 힘든 시기였지. 엄마는 좋아지셨어. 집을 파느라 바빠. 나는 최악의 상황은 지나갔다고 느끼기 시작하고 있어. 언니와 탈레, 다른 사람들에 대해 많이 생각했어. 언니가 어떻게 지내는지 모르고 있으니 힘들어. 진심으로 곧 이야기를 나누고 싶어. 준비가 되면 전화주겠어? 아스트리드.

하필 내가 잘 지낸다고 생각하고 있는데, 마침내 다른 일에 집중할 수 있다고 느끼고 있는데, 또 이 모든 일에 질질 끌려들어가라고? 아, 벌써 끌려들어와 있었다. 문자 메시지 한 통이면 충분했다. 이제 답장을 할지 말지 결정해야 했다. 둘 다 똑같이 불가능한 선택이었다. 어떻게 해야 하지, 뭐라고 써야 할까? 아스트리드는 무슨 생각일까? 메시지는 친절하고 상냥했지만, 마치 내가 오랜 세월 동안 말해 왔던 모든 것이 일어나지 않은 것처럼, 회계사 사무실에서의 만남도 없었던 것처럼 쓰고 있었다. 어떻게 반응해야 할까? 내게 절대적으로 중요한 단 한 가지 문제를 이야기하지 않을 것이 분명하다면, 무슨 이야기를 해야 하나? 아빠가 계단에서 떨어진 이야기? 엄마가 얼마나 심란한가 하는 이야기? 엄마가 심란하고 아스트리드가 심란할 거라는 점은 의심하지 않았지만, 우리가 이야기한다고 뭐가 나아지나? 경험상 아스트리드와 이야기하고 나면 내겐 더 나빠졌다. 내 괴로움에 대해 듣고 싶지도 않고 믿지도 않을 거라면, 엄마의 괴로움, 아스트리드의 괴로움 말고 다른 무슨 이야기를 해야 하나? 정확히 무엇을 염두에 두고 있는 걸까, 염두에 둔 것이 있기나 한가? 내게 그것이 어떤 괴로움인지 분명 아스트리드도 알고 있다. 나는 여러 번 그것이 어떤 괴로움인지 그녀에게 이야기하려고 했지만, 아스트리드는 대체로 1월 4일 회계사와의 만남에서 보였던 행동과 똑같이 반응했다. 늘 이렇게 말했다. 지금은 이럴 때도, 장소도 아니야. 늘 이렇게 말했다. 운니 아주머니가 곧 올 거야. 엄마가 그 일로 얼마나 상처받고 고통스러운지 늘어놓았다. 회계사와의 만남에서는 엄마를 보호하듯 팔을 두르고 일어섰다. 엄마가 관심을 받기 위해서 지어낸 이야기라고 나를 비난했을 때는 침묵을 지켰다. 오사가 이런 연출로 우리가 언니 말을 믿도록 할 수는 없을 거라고 했을 때도 침묵을 지켰다. 이런 연출로 우리가 언니 말을 믿도록 할 수는 없을 거야. 오사는 '나'를 지칭하지 않고 '우리'라고 했다. 이런 연출로 우리가 언니 말을 믿도록 할 수는 없을 거야. 우리란 그녀와 엄마, 아스트리드였다. 그녀는 아스트리드가 나를 믿지 않는다는 것을 알고 있었다. 그들은 이미 자기들끼리 상의하고 내 말을 믿지 않는다고 결론을 내렸다. 그러니 오사도 마음 놓고 '나'가 아니라 '우리'라고 말할 수 있었던 것이다. 이런 연출로 우리가 언니 말을 믿도록 할 수는 없을 거야. 아스트리드는 엄마와 오사와 함께 나가 버렸고, 보드와 나는 회계사와 함께 뒤에 남았다. 이제 그녀는 많은 일이 있었고 힘든 시기였다고 썼다. 답장을 한다면, 뭐라고 해야 하나. 나는 결국 여느 때와 같다고 답장을 썼다. 그러니까 아빠가 돌아가신 일을 제외하면 새로운 소식은 없다. 하지만 내 입장은 훨씬 분명해졌다, 나는 이렇게 썼다. 엄마는 관심을 받기 위해서 꾸며낸 이야기라고 나를 비난했고, 오사는 이런 연출로 내 말을 믿도록 할 수는 없을 거라고 했다. 세 사람은 같이 사무실을 뛰쳐나갔다. 내가 너와 무슨 이야기를 할 수 있겠니? 더 많은 고통만 낳을 뿐인데.

아스트리드는 그럴 때도, 장소도 아니었다, 전혀 준비되어 있지 않은 상황이었기 때문에 깜짝 놀란 거라고 곧장 답했다. 하지만 언니가 그간 얼마나 힘들었을지는 이해한다. 그 모든 일에 대해 너무나 마음이 좋지 않다. 하지만 나는 엄마나 오사와 동일인이 아니다, 우리는 서로 다른 개인이다. 언니와 나는 언제나 잘 지냈지 않느냐, 지나간 일로 우리 관계를 망치고 싶지 않다. 언니는 내게 큰 의미가 있다, 그녀는 썼다.

나는 다시 신경이 날카로워졌다. 또 나 자신을 설명해야 하는 상황인데, 여전히 알아듣지 못하고 있다니! 아스트리드는 우리 관계를 망치고 싶지 않다고 썼지만, 이미 망가졌다! 나는 이미 망가졌다고 다시 썼다. 우리는 원래 잘 지내지 않았다, 너와 이야기하고 나면 언제나 마음이 동요하고 심란했고 기사 쓰는 문제로 겉으로만 화기애애했던 우리 대화는 언제나, 언제나, 매 순간, 그 어마어마한 상처에 대한 침묵을 의미했다, 기사 편집 이야기를 너와 나누고 나면 내가 당한 피해에 대한 침묵이 나를 가득 채웠고 대화가 끝나고 혼자 있으면 내 안에서 폭발하듯 터져 나와서 결국 밤중에 성난 비난의 이메일을 쓰게 되곤 했다. 우리는 좋은 관계가 아니었다. 피해에 대한 침묵이 유지되는 한 네게는 편한 관계였겠지만, 내게 그 침묵은 견딜 수가 없었다.

제정신을 잃고 라스에게 전화했더니, 그는 답답해서 언성을 높였다. 왜 답장을 썼느냐? 왜 다시 그 싸움에 뛰어들었느냐? 그렇게 해서 좋은 일이 생긴 적이 있느냐?

하지만 내가 어떻게 해야 했을까? 그냥 무시해?

그래. 그녀가 달리 새로운 이야기를 하는 게 아니었으니까. 새로운 정보를 알려 준 것도 아니고, 구체적인 내용도, 어떻게 행동하거나 변하자는 제안도 없이, 그저 모든 사람들이 다 너무나 괴로워한다는 등 똑같은 빈말만 하고 또 하고, 그 오랜 세월 동안 그녀는 불쾌한 것들을 모조리 걸러내고, 견딜 수 없는 것들은 모조리 삭제하고, 그저 모두가 너무나 괴롭다는 이야기만 늘어놓는 영구기관이었다. 그녀가 교활하고 전략적인가, 순진하고 어리석은가 하는 건 논의의 여지가 있겠지만, 궁극적으로는 다를 게 없다, 얽히지 마라, 논쟁하지 말고, 그냥 혼자 있게 내버려 두라고 답신해라.

나는 두 주인을 섬기는 하인으로 살아간다는 것은 힘들다, 이쪽도 저쪽도 둘 다 가질 수는 없다고 썼다. 나를 잃고 싶지 않다는 건 너 자신의 욕구 표현이지만, 나의 욕구는? 나는 가족 전부 다 나를 그냥 내버려 두었으면 한다고 썼다.

일주일 동안 침묵이 흐른 뒤, 아스트리드가 다시 썼다. 안녕, 베르기요트. 일은 다 잘 되지? 곧 만나서 이야기나 할까? 나는 이미 너무 많은 것이 망가졌다고 썼다.

나는 그날 일을 하지 못했다. 미치도록 다른 것을 생각하고 싶었지만, 그럴 수가 없었다. 일은 다 잘 되지? 곧 만나서 이야기나 할까? 내가 그토록 말했는데 마치 그런 적이 없다는 듯, 그녀와 엄마와 오사가 내게 보였던 반응들도 보인 적이 없다는 듯.

그 일 말고 다른 이야기는 할 수 없나? 나는 자문했다. 정말 언제나 그 이야기만 하고 싶은가? 아니, 그렇지는 않았지만, 아스트리드가 원하는 방식대로 그녀와 대화할 수는 없다, 나는 답했다.

나는 카렌에게 전화해서 전화 요금을 무시하고 속을 털어놓았다. 그녀는 말했다. 아스트리드는 자기가 네게 무슨 짓을 했는지, 지금 무슨 짓을 하고 있는지 이해하지 못하고 있어.

아스트리드는 다시 메시지를 보냈다. 큰언니가 여동생에게 훈계하듯 내 이름 뒤에 느낌표가 찍혀 있었다. 베르기요트! 이야기 좀 하자니까! 이야기를 나누고 서로의 말에 귀를 기울일 필요가 있어. 나는 그렇게 크게 망가지지 않았다고 생각한다, 우리 모두에게 힘든 시기였다. 산책이나 할까. 오늘 오후 어때? 내게 그쪽 집에 가면 어떨까?

나는 산세바스티안에 있다고 썼다.

맞아, 그러면 돌아오는 대로 그렇게 하자. 우린 이야기를 해야 해!

일을 하겠다는 내 희망은 망가졌고, 나 자신을 설명하겠다는 격렬한 충동이 치밀어 올라 나를 채웠다. 그래서 나는 너와, 너희들과 아무 연락도 하지 않을 때 기분이 더 좋다, 나 자신을 돌보기 위해 연락하지 않기로 한 것은 그 때문이었다고 썼다. 그러자 아스트리드는 우리는 서로를 잘 알지 않느냐, 요즘 보드와 이메일과 편지뿐만 아니라 직접 만난다는 것도 알고 있다, 직접 얼굴을 마주 보면 상대를 한 인간으로 바라보기가 훨씬 쉽다고 썼다. 같이 그 오랜 세월을 나누었는데, 이제 와서 소통을 피하는 것은 옳지 않다고 생각한다. 모두에게, 특히 두 자식과 다섯 손자를 잃을 것 같아서 걱정하는 엄마에게 힘든 상황이다. 엄마가 얼마나 고통스러울지 뻔히 보이지 않나. 게다가 아빠의 서재에 있던 내 파일도 갖고 있다. 탈레의 편지에 대해서도 이야기하고 싶다. 곧 만나는 게 어떨까?

나는 클라라에게 전화했다. 몸을 따뜻하게 데워 주는 오후의 햇살 아래 산세바스티안의 인적 없는 고운 해변을 걸으며, 나는 클라라에게 소리 질렀다. 내게서 뭘 원하는 거지? 나는 그녀를 보고 싶지도 않고, 이야기하고 싶지도 않고, 이야기한다는 생각만 해도, 엄마가 얼마나 괴로운지 같은 소리 듣고 또 듣는 생각만 해도 속이 미식거리는데. 도대체 엄마가 괴로워한다는 소리로 날 미안하게 만들고 회계사 사무실 모임을 잊게 만들려는 수작 말고, 내게서 원하는 게 뭐냐고? 그런 게 아니라면 도대체 뭐야? 내가 자기 언니니까 계속 연락하고 지냈으면 좋겠다, 그게 무슨 소리냐고? 도대체 어떤 형태로 연락하고 지내는 걸 상상하는 거지? 각자의 가족들이 한자리에 모여 즐거운 시간을 보내는 것?

아스트리드와 이야기하고 엄마가 힘들다 어쩌고 하는 소리를 듣는 생각만 해도 내 온몸이 거부했다. 무슨 말을 하든지 일단 내게 있었다고 주장하는 일은 사실 없었다는 전제로 시작하는데, 내가 왜 아스트리드와 이야기를 해야 하나? 그녀가 정말 날 믿는다면 나를 그렇게 취급할 수도 없을 거고, 그런 우월감과 고압적인 태도로 나를 대할 수도 없을 거 아니야!

엄마가 압력을 넣고 있는 게 분명해, 클라라는 말했다. 배후에서 조종하는 건 엄마야.

아니면, 그녀가 죄책감을 느꼈거나.

....

　알프 프로이센의 소설『샹들리에 안의 검은 새』에 나오는 군보르
는 관자놀이에 흉터가 있었다. 그녀는 종종 흉터에 손을 대고 어루만
졌다.

　나도 내 상처를 어루만지고 있는 걸까?

상처를 어루만지려는 것이 아니라 이 어리석은 피해자의 역할을 과거로 돌리고 벗어난다면, 그러면 홀가분해지지 않을까? 그렇다.

하지만 그것은 가족과 화해하는 것과는 아무 관계가 없다. 나는 그렇게 생각지 않았다. 그런데 엄마와 아스트리드, 오사는 어째서 그렇게 생각하는 것처럼 보이는 걸까?

··········

보드는 편지로 브로테바이엔의 집이 팔렸다는 소식을 알렸다.

....

아스트리드를 거부하고, 나는 기분이 좋지 않았다. 내가 지나쳤
나?

나는 사색하기 위해 산세바스티안의 아르메니아 교회에 들어갔다.
뉘엿뉘엿 저무는 황혼녘에 홀로 서서 사랑하는 모든 이를 위해서, 내
아이들과 손주들을 위해서 촛불을 밝혔다. 촛불 앞에 서서 그들을 생
각하고 있는데, 갑자기 촛불이 흔들리더니 다시 잠잠해졌다. 그러다
다시 흔들리다가, 다시 잠잠해졌다. 나는 바람이 어디서 불어오는지
뒤를 돌아보았다. 촛불은 흔들렸다가 다시 멈췄다. 나는 촛불을 흔들
리게 한 것은 내 숨결이었다는 것을 깨달았다. 숨을 내쉴 때마다 촛
불은 그저 내가 살아 있기 때문에, 존재하기 때문에, 움직임을 만들
기 때문에, 흔들렸다. 숨 쉰다는 것은, 살아간다는 것은, 내게 너무나
큰 책임이었다.

············

  언젠가 부모님에 대해 이야기했을 때, 카렌은 내가 엄마보다 아빠를 더 존중하는 것 같다고 평했다. 정곡을 찌른 말이었다. 어렸을 때 나는 내가 엄마보다 아빠를 더 많이 닮았다고 수없이 다짐하며 힘을 내곤 했다. 왜 엄마보다 아빠를 더 닮고 싶었을까, 나를 폭행한 것은 아빠인데 왜 엄마보다 아빠를 더 존중하게 됐을까?

  게다가 내게 연락해서 나를 사랑한다고 말한 것은 엄마와 아스트리드인데, 오사는 그런 적이 없고 오히려 내게 감정이 있다면 미움과 경멸뿐인 것 같은데, 왜 나는 아스트리드보다 오사를 더 존중하게 됐을까? 그것은 오사는 한결같은 반면 아스트리드는 그렇지 않고, 아빠도 엄마보다 더 한결같았기 때문이었다. 한결같은 사람을 대하는 것이 그렇지 않은 사람보다, 판에 박힌 말로 애매하게 말하고 한 입으로 두말하는 사람을 대하는 것보다 쉽다. 아빠는 물러섰지만, 엄마는 그렇지 않았다. 엄마는 나를 놓아주지 않으려 했다. 아빠는 내가 아이였을 때 경계를 넘어섰지만, 선을 넘었다는 것을 알았기 때문에 물러섰다. 엄마는 수없이 내 경계를 넘어서면서도 선이 어디 있는지도 몰랐다. 일관성이 없고 예측 불가능했다. 폭탄 선언 직후 정신 분석을 시작했던 23년 전 격동의 시절 엄마가 나를 찾아왔을 때 엄마가 경계선을 넘는 것을 깨닫고 그렇게 이야기하자, 엄마는 내가 이제 자기한테도 '근친상간'죄를 뒤집어씌운다고 고함을 지르더니 그대로 뛰쳐나가서 브로테바이엔 집으로 돌아간 뒤 아빠와 동생들에게 그 얘기를 그대로 하면서 나를 미친 사람으로 만들었다. 엄마는 자신의 무력함과 절망에 휘둘렸고, 아빠는 자신의 고통을 스스로 짊어지고 통제하려 했다. 아빠의 범죄는 더 컸으나 순수했고, 아빠가 자초한 형벌은 더 가혹했으며, 그의 과묵함과 우울은 엄마의 거짓 장님 행세보다, 아무 일도 일어나지 않은 척 요구하고 책임을 떠넘긴 엄마보다 더한 회개였다. 일관성 없는 불쌍한 엄마, 너무나 오랜 세월 선을 설교해 온 자신의 언어에 홀려 자기가 정말 착한 사람이라고 믿게 된 불쌍한 아스트리드. 모든 사람들이 다 그렇듯, 아마 마음 깊은 곳에서는 그녀도 착할 것이다. 아스트리드는 내 경계선을 넘어섰다. 배신에 대한 침묵에 기반한 관계를 강요하려 했을 때, 나는 그렇게 느꼈다. 처음부터 끝까지 비정상적이었던 그녀의 그 고집이 정상적인 것이 될 수 있다는 사실이야말로 견딜 수가 없었다.

아빠는 내 고통의 근원이었으나, 고통은 모두에게 번졌고 그것을 없애는 것은 내 능력 밖의 일이었다. 엄마와 아스트리드는 그저 나를 더욱 비참하게 하면서 스스로 고통받을 수밖에 없는 운명이었다.

············

　해변을 걸어 산세바스티안 중심가로 들어가는 사이, 해가 지고 어두워졌다. 나는 작은 교회로 들어가 아이들을 위해 촛불 하나, 아빠를 위해 또 하나를 켰다. 애도의 마음을 표하는 검은 구슬 팔찌를 사서 차고 산세바스티안 시내 술집마다 다니면서 팔찌를 내려다보고 아빠의 죽음과 내 슬픔을 떠올렸다. 돌아가는 길에 검은 떠돌이 개 한 마리가 나를 따라오기 시작했는데, 우리 집에 가고 싶은 눈치였다. 나는 그 개가 아빠라는 것을 깨달았다. 먹을 게 필요하니? 나는 물었다. 목마르니? 나는 물었다. 우리 집에 가서 자고 싶니? 나는 물었다. 그때 개는 도망쳤다. 엄마 곁에 가고 싶은 모양이다, 나는 생각했다. 덫에 갇혀 상처 주는 것은 엄마였으니까.

　나는 산세바스티안의 어둠 속에서 테라스에 앉아 와인을 마시며 아빠에게 화를 내며 팔찌를 뜯어냈다. 다음 날 팔찌 없이 일어나서 아빠의 죽음과 내 슬픔을 완전히 잊어버리고 있다가, 나는 검은 구슬을 밟고 미끄러져서 허리를 굽혀 아빠를 집어 들어야만 했다.

....

　나는 산세바스티안에서 집으로 돌아왔다. 아스트리드가 나와 이
야기를 꼭 해야겠다는 메시지를 보냈다. 극히 중요한 문제라는 것이
었다. 브로테바이엔을 비우는 문제로 우리 아이들에게 같이 하겠느
냐고 묻고 싶은지도 모르겠다는 생각이 들었다. 엄마가 새 아파트로
가지고 갈 수 없는 물건들 중에 원하는 양탄자나 가구, 공예품이 있
는지 물어보려고. 내 아이들의 증조할머니이자 내 전남편의 할머니
가 돌아가셨을 때, 자식들과 손주들은 그녀가 살던 큰 집에 초대되어
물건을 나눠 가졌다. 나는 아이들에게 전화해서 엄마가 새 아파트로
갖고 가지 못하는 브로테바이엔의 양탄자나 가구, 공예품 중에 원하
는 게 있는지 물어보았다. 에바와 쇠렌은 있다고 답했다. 아스트리드
가 전화했는데, 용건은 브로테바이엔을 비우는 문제가 아니었다. 그
녀는 나를 꼭 만나야겠다고 했다. 상황에 대해 이야기를 해야겠다고,
그 정도는 해 주어야 하지 않느냐고. 지난 넉 달은 그녀 인생의 최악
이었으니.

．．．．．．．．．．．

　브로테바이엔은 우리 아이들이나 보드의 아이들에게 통보하지 않고 정리되었다.

　우리의 행동을 생각할 때, 정돈하는 일은 모조리 아스트리드와 오사에게 떠넘겨졌다는 것을 생각할 때, 놀랄 일은 아니었다.

....

아스트리드는 내가 전혀 자신과 연락하고 싶지 않은 모양이라 편지를 써야 할 필요를 느꼈다는 메시지를 보냈다. 다음 주 나는 우편으로 그녀의 편지를 받았다. 왜 이메일 말고 우편으로 보냈을까? 다른 사람, 보드 같은 사람에게 전달하지 못하도록?

나는 커피를 끓이고 거실로 가서 아스트리드의 편지를 열었다.

베르기요트!

그녀는 최근 자신이 내 이야기를 심각하게 받아들이지 않았다고 내가 거듭 말했다고 썼다. 내가 그 말을 할 때마다 그녀는 너무나 불쾌하고 화가 났다. 사실이 아니기 때문이었다. 내게는 아마 끔찍한 경험이었을 것이고, 아빠의 죽음 때문에 그 모든 일들이 다시 수면으로 올라왔을 것이다. 유감스럽게 생각하지만, 그렇다고 해서 자신이 내 이야기에 귀를 기울이지 않았다거나 심각하게 받아들이지 않았다고 말할 권리는 내게 없다. 이제 정말 완전히 연락을 끊고 싶다면, 자기가 글로 꼭 남겨야 한다고 느껴지는 일이 있다. 그녀는 이 편지를 쇠렌과 탈레, 에바에게도 보여 주라고 당부했다.

아빠가 나를 강간했다는 이야기를 처음 들은 뒤, 몇 년이고 줄곧 그녀는 듣고, 듣고, 듣고, 또 들었다.

그건 사실이었다, 나는 기억했다.

아스트리드는 23년 전 내가 처음 그녀에게 털어놓던 때의 정황을 묘사했다. 나는 언제, 어디서 그런 일이 있었는지 모르겠지만, 있었다는 사실은 분명하다고 말했다. 물론 나는 언니를 믿었어, 그녀는 썼다. 자기 언니를 믿지 않을 이유가 어디 있겠는가? 그녀는 나를 믿고, 자성을 많이 했고, 모든 것을 있는 그대로 바라보았다, 그래, 그녀가 23년 전 자성했던 기억도 났다. 머릿속은 끔찍한 생각으로 가득차 있었어, 아스트리드는 썼다. 엄마 아빠 앞에서는 아무 일 없는 척했지만, 가족 모임을 두려워하기 시작했지. 그래, 그것도 아마 사실일 것이다.

이후 나는 그 문제를 많이 생각해 왔어, 아스트리드는 말했다. 어떻게 그러지 않을 수가 있어. 강간은 최악의 범죄인데. 입을 다물고 있을 수가 없어서 많이 생각해 보고 많은 사람들에게 이야기해 보았어. 남편, 친구, 오사, 엄마. 그런 일이 있을 수 있나? 언제? 언니에게 고민이 있는 것 같던 기억이 있나? 다친 데는 없었나? 혹시 언니가 잘못 생각하는 게 아닐까? 하긴 내가 그 문제를 처음 입에 올린 것은 서른 살 정도, 세 아이가 있었다. 우리는 스카우스 바이의 북적거리는 집에서 살았다. 아무도 아무 말을 안 했다는 게 이상하지 않으냐? 우리 가족과 알고 지내던 사람, 같이 어울리던 사람들이 얼마나 많았나? 그녀는 내가 어른이 되어 입을 열기까지 누가 이런 일을 암시조차 한 적이 없었다고 했다. 그렇다고 반드시 그런 일이 없었다는 뜻은 아니다. 근친 성폭행에 대해 사람들이 이야기하지 않던, 지금과 다른 시대였다. 그녀는 자신의 어린 시절에 대해 생각해 보았고, 자신의 어린 시절은 안전했고 사랑과 즐거움으로 가득했다는 결론을 내리지 않을 수 없었다.

아동에 대한 강간은 극히 심각한 범죄이며 그런 고발은 최고로 심각하게 다루어져야 하기 때문이다, 그녀는 썼다. 나는 커피를 마시며 계속 읽었다. 나에 대한 이야기처럼 느껴지지 않았다. 아동에 대한 강간은 극히 심각한 범죄이며 그런 고발은 최고로 심각하게 다루어져야 한다, 그녀는 내 고발이 얼마나 심각한 것인지 알려 주기라도 하려는 듯, 미처 이 생각을 못하고 있었다면 알아 두라는 듯 으르대는 투로 썼다. '심각한'과 '심각하게'를 한 문장에 같이 썼고, 아주 심각하게, 심각한 범죄에 대해 이야기하고 있었다. 문제는, 그녀는 썼다, 내가 기억하지 못하고 아빠는 부인한다는 사실이다. 근친 성폭행 사건이 복잡하고 극악한 것이 그 점 때문이다. 증거의 부재. 쌍방의 증언이 부딪힌다. 세월이 흐르면서, 자신이 결론을 내릴 만큼 아는 것이 없다는 사실이 그녀에게는 차츰 분명해졌다. 그녀는 이탤릭체로 썼다. *내가 가진 정보는—언니가 이야기한 내용과 나의 생각은—확실한 결론을 내릴 만큼 충분하지 않았어.*

나는 무슨 일이 있었는지 알 수 없어, 그녀는 썼다. 아무 짓도 안 했다는 아빠의 부인이 진실인지 알 수 없듯이 언니의 고발 또한 입증할 수 없어. 이것이 그녀에게는 자신의 양심을 저버리지 않는 유일한 입장이었다.

전화로 이미 말했듯이, 자신이 **절대**—대문자였다—내가 거짓말을 한다거나 내가 주장하는 사건이 일어났을 리 없다는 식의 말을 누군 가에게 한 적이 없다는 건 알아 주었으면 한다. 그러나 그런 일이 있 었다는 것도 입증할 수 없다. 내 편을 든다면 불완전한 근거로 끔찍 한 죄를 저질렀다고 아빠를 추궁하는 것이 된다. 그럴 수는 없었다.

아빠와 나, 둘 다 사랑했으니까, 두 사람과 계속 연락을 유지하고 싶었다. 아빠와 언니 둘 다 보고 싶은 것이 "양손에 떡을 들고 싶은" 것이라고 생각하지 않는다.

그 말은 맞았다, 나도 동의했다.

그녀는 엄마와 아빠도 자신의 입장을 받아들였고 나와 계속 연락 을 취하는 것을 흡족해하셨다고 했다.

이 일로 인해 우리 아이들, 사촌들의 관계, 손자와 할머니의 관계, 나와 엄마의 관계가 파괴되도록 방치한다는 것은 너무나 비극적인 일이라고 생각했다. 그래서 계속 우리가 이야기를 해야 한다고 말하 는 거다. 아빠가 돌아가신 뒤 여러 번 만나서 이야기를 할 수 없느냐 고 하지 않았느냐. 지금 가족에게 닥친 위기는 너무나 심각해서 영 원한 골을 남길지도 모른다는 생각이다. 서로를 직접 보고, 목소리를 듣고, 신체 언어를 읽지 못하면, 소통 과정에서 너무나 많은 것이 사 라진다. 물리적인 만남을 간절히 바라는 것은 그 때문이다. 사람들이 서로를 보지 못하면, 거리감이 늘어나고 서로를 악마화할 가능성도 커진다. 어쩌면 엄마와 아빠, 나 사이의 관계를 가까이에서 지켜보고 그런 일이 생기는 것을 경험했기 때문에, 얼마나 악화될 수 있는지 보았기 때문에 더욱 걱정스러운지도 모른다. 우리 네 동기와 아이들이 서로 연락하지 않는다고 생각하면 견딜 수가 없다. 우리 모두 좋은 면과 나쁜 면을 지니고 있고, 물리적으로 같이 있을 때 한 인간을 전체로 바라보는 것이 더 쉽다.

나는 답장하지 않았다. 전에 들어본 적이 없는 말도 없었고, 내가 전에 하지 않은 할 말도 없었다. 있다 해도 그녀가 아무것도 받아들이지 않으니 소용없을 것이다.

내게는 아마 끔찍한 경험이었을 것이고, 아빠의 죽음 때문에 그 모든 일들이 다시 수면으로 올라왔을 것이다. 그녀는 썼다.

무슨 경험? 무슨 일들? 이미 경험은 없다, 내 머릿속에서 어떤 식으로 생겨난 일이라고 결론 내렸으면서. 애당초 수면으로 올라올 일이 없는데, 아빠의 죽음 이후 무슨 일이 수면으로 올라와서 나를 고통스럽게 하나? 그녀는 계속 내 고통을 들먹이면서 내가 고통받고 있다는 걸 이해한다고 하지만, 내가 경험했다고 주장하는 것을 사실 경험하지 않았다면, 그 모든 것이 다 지어낸 이야기라면 도대체 내 고통의 본질은 무엇인가?

그녀는 입증하고 싶다고 썼다.
어떻게? DNA 증거로? 영상으로? 인권 분야에서 일하는 사람이, 입증할 수 없는 이야기를 매일같이 다루는 사람이 도대체 어떤 증거를 염두에 두고 있는 건지?

심리 상담 시간이 끝날 때마다, 악몽을 꿀 때마다, 새로운 기억이 되살아날 때마다, 꿈속이나 한낮에 가슴을 후비는 기억의 한 장면으로 과거가 나를 붙들 때마다, 어린 시절의 퍼즐 조각 하나가 제자리에 맞춰지고 차츰 큰 그림과 그 안의 내가 더 잘 보일 때마다 그녀에게 전화해야 했을까? 그저 일상적인 상황에서 섹슈얼리티나 성폭행 이야기가 나올 때마다 아빠가 보인 이상한 반응들, 엄마가 보인 이상한 반응들. 그런 것들을 아스트리드에게 전화해서 일일이 설명했다면 기분이 어땠을까? 그랬다면 좋았을까? 유쾌한 기분이었을까? 23년 전의 폭탄 선언 이후, 나는 물러나서 나 자신을 치유하고 전문가의 도움을 받는 것을 선택했다. 아스트리드에게 전화해서 사실 관계를 꼬치꼬치 설명해야 했을까? 부모님을 사랑하고 충분히 그럴 이유가 있는 동생에게, 부모님과 좋은 관계를 맺고 있는 동생에게, 화목한 가족을 원하는 회의적인 동생에게 내 말을 들어달라고 읍소해야 했을까? 그런 동생에게 내가 굳이 전화해서 아물지 않은 상처를 들이대야 했을까? 너무나 고통스럽고 수치스럽고 내밀한 모습, 정신분석학자의 상담실 밖에서는 말하기조차 힘든 벌거벗은 몸을 보여야 했을까? 너무나 고통스럽고 육체적으로 내밀해서 아무리 가까운 사람에게도 내 머릿속에 그런 영상들이 있다는 것을 알리고 싶지 않았던 것들, 정신과 의사 말고 친구에게도, 남자 친구에게도, 아이들에게도, 다른 누구에게도 말하지 않은 것들을 말했어야 했을까?

그게 이유야, 아스트리드.

아빠는 부정한다, 아스트리드는 그것이 결정적인 반론이기라도 한

듯이 썼다. 사실이라면 아빠가 자백했을 거라고 믿는 듯이. 그녀는 많이 생각해 보고 많은 사람들에게 이야기해 보았다고 썼다. 많이 이야기해 보았다, 누구에게? 전문가들? 근친 성폭행 피해자 지원 단체? 아니, 자신과 목표의식이 같은 남편과 오사에게, 그리고 내 주장이 사실일 경우 평생을 허비하고 수치스러울 엄마에게. 그런 대화가 어디로 가겠는가?

엄마: 그 애가 하는 말이 사실일까? 많은 사람들이 우리 집을 드나들었어. 한데 아무도 내게 그런 말을 하지 않았어.

오사: 그 말을 꺼냈을 때 언니는 벌써 아이가 셋이었잖아. 육체적으로 다친 데가 있었다면, 의사 눈에 띄지 않았을까?

아스트리드: 언니가 그런 말을 한 기억도 없고, 불행하다고 한 적도 없었어. 아무도 그런 말은 안 했어.

엄마: 나는 사실일 리 없다고 생각해. 아빠는 그런 사람이 아니야.

오사: 그럼, 나도 동감이야.

아스트리드: 맞아. 그럴 것 같지 않아.

어떻게 그 문제에 대해 자기들이 성심껏 대화를 나누었다, 본인이 반복해서 사용한 단어를 사용하자면 '심각하게' 마음을 열었다고 주장할 수 있는 걸까? 정말 그랬다면 엄마는 회계사 모임에서처럼 반응하지 않았을 것이다. 관심을 받으려고 저러는 거야! 아스트리드는 자기들이 아주 심각하게 이야기하고, 또 이야기하고, 생각하고 또 생각했다고 말하지만, 그것이 사실이라면 세 사람이 한결같이, 공격적으로, 1월 4일처럼 반응하지 않았을 것이다. 자신이 중간에 끼어 난 감한 입장이었다고 하지만, 내게 압력을 가한 만큼 그들에게도 압력을 가한 적이 있었을까? 엄마와 아빠에게 불편한 질문, 비판적인 질문을 한 적이 있었을까? 왜 베르기요트는 피아노 교습과 발레 교습에 보내고 우리는 안 보냈어요? 아니, 그랬을 리가 없다. 그랬다면 내 아이들이 브로테바이엔에서 그토록 자주 경험했던, 장례식 전 모임과 1월 4일 회계사 모임에서 쇠렌과 내가 목격했던 화합과 단합이 그들 사이에 있었을 리가 없다.

엄마와 아빠에 대해 특별히 영향력을 발휘할 수 있는 입장이었던 아스트리드가 갈등의 핵심에 대해 진솔한 대화를 나눌 수 있도록 부모님을 설득이라도 한번 해 보았을까? 아니, 그랬을 리가 없다. 그녀는 그저 자기 쉰 번째 생일에 나를 초대하고 내가 그냥 웃으면서 분위기를 맞춰 주기를 바랐다.

그녀는 엄마와 아빠에게 영향력을 발휘할 수 있었다. 하지만 그렇게 하지 않았다.

회계사 모임이나 다른 여러 만남에서, 아스트리드는 중간에 끼어서 얼마나 난처한 입장인지 거듭 말했다. 얼마나 힘들었을까? 한데 이제 와서 그녀는 엄마와 아빠가 중간에 낀 자신의 입장을 존중했다, 심지어 나와 계속 연락하는 것을 흡족해하셨다고 쓰고 있다. 그러지 않을 이유가 있었을까? 부모님은 그녀의 충성심을 의심할 이유가 없었다. 단 한 번, 100년 전, 그녀의 말에 따르면 아빠가 직접적으로 물어보았을 때 이렇게 대답한 적이 있었을 뿐. 난 무슨 일이 있었는지 몰라요, 아빠. 최초의 소동이 가라앉은 뒤, 아스트리드는 엄마와 아빠를 포옹하고 기회가 있을 때마다 입에 발린 말을 늘어놓고 가는 곳마다 온갖 배려의 표시를 아끼지 않았고, 무엇보다 선물도 잔뜩 받아 가졌으니, 부모님이 그녀의 충성심에 의문을 품을 이유가 없었다.

그럼 그녀가 느낀 고통의 본질은 정확히 무엇인가?

내가 옳다는 것을 알고 있었기 때문에 고통스러웠던 걸까?

··········

영화 〈셀레브레이션〉의 허점은 아버지와 가족에 맞선 남자가 행복하게 끝나는 결말이라는 점이다. 현실에서 아버지와 가족에게 맞선 사람은 행복하게 끝나지 않는다. 〈셀레브레이션〉의 문제는 가족에 맞선 사람에게 증거를 제시하도록 했다는 점이다. 현실에서는 증거가 없다. 현실에서 가족에 맞선 사람에게는 아버지의 죄를 증명하는 유서를 남기고 자살하는 쌍둥이 형제가 없다. 내게도 아빠의 죄를 증명하는 유서를 남기고 자살한 쌍둥이 형제가 있다면 좋겠다. 〈셀레브레이션〉은 좋은 영화이지만 틀렸다.

....

나는 보가 아일랜드에서 쓴 시를 같이 논하기 위해 그를 카페에서 만났다. 내가 보의 아일랜드 시를 읽는 동안, 그는 아스트리드의 편지를 읽었다. 이따금 나는 그를 쳐다보았다. 직접 만나자는 내용과 악마화에 대한 부분을 읽으며, 그는 말했다. 이건 사실이 아니야. 좋은 관계를 갖기 위해서 직접 만날 필요는 없어. 게다가 누가 악마화될까 봐 두렵다는 거지? 자신? 하지만 당신이 하려는 일은 그게 아니잖아.

아니, 그렇지 않기를 바라, 나는 말했다. 그저 내 경계를 보호하고 싶어. 내 경계는 너무나 허약하니까, 나는 그저 그 선을 유지하고 싶을 뿐이야. 아스트리드를 만나면, 너무 늦었다는 걸 내가 깨닫기도 전에 밀고 들어오니까. 내 이야기를 하고 또 하고 진절머리가 날 때까지 반복할 힘도 없고, 제발 내 말을 믿어 달라고 하소연하고 싶지도 않아. 너무 내밀하고, 너무 굴욕적이야. 나는 너무 지쳤어. 나는 내 이야기를 하느라 보의 시를 잊고, 그에게 하소연했다. 예전에 나는 그들이 원하는 증거를 찾아내려고 최면 요법을 받기로 결정한 적이 있었다. 정확한 시간과 장소를 기억하고 세밀한 사실 관계를 찾아내서 증거로 제시하려고 했지만, 상담했던 정신 분석가는 최면 요법을 받는다면 그것은 나 자신의 이익을 위한 것이어야 한다, 가족을 설득시키기 위해서라면 지금 그만두는 것이 좋다, 온 세상을 다 뒤져도 그들이 받아들일 만한 형태의 증거는 나오지 않을 거라고, 심지어 비디오를 들이대도 조작했다고 주장할 거라고 말했다. 근친 성폭행 피해자 지원 단체에서도 가족과 맞서는 사람들은 보통 가족을 잃는다고, 비슷한 말을 했다.

이제 당신 시로 돌아가자고, 나는 말했다.

편지는 심각한 태도를 취하고 있어, 그는 말했다. 그런 말투로 글을 썼군. 자기가 이 문제를 얼마나 심각하게 받아들이는지 보이려고 '심각한'과 '심각하게'를 한 문장에 같이 썼어. 아마 실제로 심각하게 여기고 있겠지만, 그는 덧붙였다. 자신이 설파하는 선과 덕의 언어에 갇혀 있어. 선하고 분별력 있는 인간으로, 일종의 공식적인 선한 사람으로 행동하는 법을 얼마나 많이 연습했는지 보이는군.

나는 내 이야기 때문에 시를 잊고 그의 말을 끊었다. 왜 내가 몸부림쳐야 하지? 그 결과로 생긴 모든 일들 속에서, 상실과 고통과 고립 속에서 왜 나만 몸부림쳐야 해? 그 모든 일이 그저 머릿속에서 꾸며낸 이야기라면, 내가 어떻게 이 피곤하고 고통스러운 반목을 계속할 수 있었을까? 무슨 동기로? 얻을 것이 뭐가 있다고? 누가 이런 이야기를 만들어 내? 무엇을 위해서, 무엇을 위해서, 내 동기는 뭘까?

본인도 의식하지 못하고 있지만, 편지 행간에는 당신이 아버지에게 끔찍한 범죄를 뒤집어씌울 수 있는, 무고한 사람에게 중죄를 씌울 수 있는 사람이라는 속내가 드러나 있어, 보는 말했다. 그녀는 당신이 끔찍한 인간이라고 간접적으로 말하고 있는 거야.

그런데 도대체 왜 끔찍한 인간과 계속 연락하고 싶다는 거야, 나는 소리쳤다. 왜 이렇게 계속 소식을 주고받아야 한다고 고집을 부리지? 관심을 받고 싶어서 근친상간 이야기를 지어낼 정도로 어리석고 사악한 사람이라면, 아스트리드 말대로 보드와의 상속 분쟁보다 나와의 갈등 때문에 엄마가 더 고통받고 있는 이유는 뭐야? 솔직히 말해 고작 발러의 오두막 절반을 달라는 사람보다, 그들이 날 생각하듯 말도 안 되는 거짓말쟁이 말을 한 귀로 흘리는 게 더 쉬울 텐데.

아스트리드의 불편함은 양심의 가책 때문이겠지, 나는 약간 진정된 목소리로 말했다. 그녀는 내가 진실을 말하고 있다는 걸 알고 있지만, 그걸 인정하고 받아들일 때 생기는 결과를 감당할 수 없는 거야. 내 귀에만 잠시 날 믿는다고 속삭이고 돌아서서 공적인 측면을 포함한 다른 모든 측면에서 계속 부모님의 충성스럽고 사랑하는 딸로 살 수는 없으니까. 그건 불가능하지. 그게 아스트리드가 해결해야 하는 딜레마야. 그녀에게 최선의 해법은 나와 계속 연락을 유지하고 이야기하는 것, 그 고발 말고 기사 편집이라든지 다른 주제에 대해서 대화하는 것이지만, 내게는 그런 대화가 쓸데없어. 아니, 오히려 불쾌해. 내가 왜 내게 이득이 되지 않는 방식으로 그녀의 딜레마를 해결하는 데 도움을 줘야 하냐고. 난 아스트리드가 이 편지를 쓴 게 반가워, 나는 보다 침착하게 말했다. 증명할 수 없는 일에 대해서 대놓고 증거가 필요하다고 써 준 게 반가워. 그렇다면 내가 할 수 있는 일은 없으니까. 23년 전에 증거가 필요하다고 말했더라면, 우리 모두 시간을 절약할 수 있었을 텐데. 내가 증거와 화해를 동시에 원하는 사람에 대해 불편하고 양가적인 감정을 갖게 된 것도 당연하겠지? 그건 불가능이었고, 우리의 모든 대화 아래 발화되지 않고 놓여 있던 허위였고, 이제 그것이 거짓에 불과했다는 게 드러난 셈이야.

처음부터 나를 믿지 않았고 내가 관계를 끊었듯이 나를 끊었던 오사를 상대하기는 훨씬 쉬웠다. 깔끔한 단절이었다. 오사는 입증이나 증거를 요구하지 않았고, 나를 만나야겠다고 요구하려 하지 않았다. 간단명료하게, 오사는 나를 믿지 않았고, 나와 아무 관계도 원하지 않았다.

그녀 나름대로 심각하게 받아들이고 있을 거야, 보는 말했다. 하지만 당신까지 이걸 심각하게 받아들일 필요는 없다고 생각해. 그는 아스트리드의 편지를 손에 들고 흔들었다. 이 깊은 슬픔, 계속 반복해서 토로하는 이 깊은 슬픔을 당신까지 심각하게 생각할 필요는 없어.
슬픈 일이야, 나는 말했다. 하지만 내가 슬프지 않게 해 줄 수는 없을 거야.
이걸 무시해야 할 이유는 그걸로 충분해, 보는 편지를 옆에 내려놓았다. 그녀는 과장하고 있어. 자기가 얼마나 끔찍한 기분인지. 하지만 내가 보기엔 자신이 맡은 중재자 임무에서 성공하고 싶은 것 같아. 그 풍선에서는 이미 바람이 다 빠졌는데도.

융은 자신의 직감이 권하는 방식으로 사물을 보았다. 그렇게 하지 않으면, 그의 뱀이 그를 공격할 것이다. 나는 내 직감이 권하는 방식으로 사물을 보려고 애썼다. 그렇게 하지 않으면, 내 뱀이 나를 공격할 것이다. 엄마와 동생들은 내 뱀이 동의하지 않는 방식으로 행동하고 말했다. 나는 내 뱀이 지시하는 길을 따라 여행한다, 나는 생각했다, 그 길이 내게 좋기 때문에.

보는 아일랜드에 대한 시를 쓰기 위해 아일랜드로 여행을 떠났지만, 이유는 알 수 없었다. 그냥 어느 날 아침 아일랜드에서 눈을 떠보니 비에 대한 시를 쓰고 싶었다고 했다. 아니, 그냥 아일랜드에 있고 싶었던 걸까? 왜 여기 노르웨이에서는 쓸 수 없었던 걸까? 우리는 롬달렌의 케이크 가게에 있었다. 보는 아일랜드에서 한 남자를 만났는데, 그가 왼쪽으로 꺾어 숲을 가로지른 뒤 오른쪽으로 가라고 길을 알려 주었다. 왼쪽으로 꺾어 숲을 가로지른 뒤 오른쪽으로 가 보니 교회가 나왔고 벽보에 이런 글귀가 적혀 있었다. 하느님이 어떻게 느끼실지 상상해 보라. 너무 멀리 왔다는 것을 깨닫고 돌아서서 걷고 있는데 비가 내리기 시작했다. 일정한 방향 없이 흩날리는 빗줄기였고, 보도 마찬가지였다. 그는 큰길을 벗어나서 길을 잃었지만, 그것은 그가 바랐던 바였다. 그는 길을 잃고 싶었다. 그가 있는 곳은 고요했지만, 주 도로를 오가는 차량의 웅웅거리는 소리가 들리지 않을 정도로 조용하지는 않았다. 언제든지 길을 찾아갈 수 있었다. 나는 기대감을 가득 품고 새로운 마을을 향해 걸었어, 그는 썼다. 그가 아닌 모든 것, 그가 가지지 않은 모든 것을 줄 수 있을 것 같아서. 산사나무와 계곡의 백합 사이에서 길이 갈라지고 선택의 순간이 찾아올 때, 우리는 우리 자신에 대해 뭔가 배울 수 있어, 그는 썼다. 갈래 길을 만났을 때 어느 길로 갈 것인가. 그는 마을에 도착했으나 그 마을 뒤에는 다른 마을이 있었고, 기대감에 벅찬 가슴으로 도착했으나 술을

마시고 인사불성이 되었고, 거대한 나무의 보호를 찾아 아일랜드로
갔으나 발견한 것은 덤불이었다.

....

3월 11일 전날 밤 나는 잠들 수 없었다. 사후에도 삶이 있을까, 나는 물었다. 아빠도 어딘가 반대편에 있을까, 나는 자문하며 아빠를 불러내려고 애써 보았지만 답은 없었다. 마침내 깜빡 잠들어서 꿈을 꾸었는데, 스카우스 바이 22번지의 옛 침실에서 깨어 보니 내 딸 탈레가 안경을 낀 다섯 살 모습으로 서럽게 울고 있었다. 탈레를 보러 나가 보니, 그녀는 엄마와 아빠의 더블 침대에 누워 있었다. 달래 주고 왜 우느냐고 물어보니, 탈레는 말했다. 일어나지 않아.

탈레의 인형의 집이 완전히 망가져 있었다. 작은 터키석 가구 조각들, 벽과 지붕 도막들을 주우면서 고칠 수 있다고 말해 주니, 탈레는 진정하기 시작했다. 치우면서, 나는 집을 망친 아빠에게 화가 났다. 마음을 단단히 먹고 거실 문을 여니, 아빠가 녹색 가죽 체스터필드 의자에 기운 없이 무겁게 앉아 있었다. 아빠에게 인형의 집을 부순 것은 못된 짓이라고 했더니, 아빠는 맥도날드에서 주워 온 싸구려 아니냐고 말했다. 나는 탈레가 좋아하는 집을 부순 것은 나쁜 짓이라고 했다. 그런데 그 말을 하자마자, 나는 그가 어떻게 반응할지 겁이 더럭 나서 탈레에게 돌아갔다. 그가 거실에서 위층으로 올라가더니 화장실에 들어가서 문을 닫지도 않고 소변을 보는 소리가 들렸다. 나는 생각했다. 이제 무슨 일이 생길까? 집 안에는 우리와 그뿐, 어른은 없었다. 무슨 일이든 일어날 수 있었다.

....

　아일랜드 거리명은 노르웨이 거리명보다 훨씬 경쾌해, 보는 말했다. 아일랜드의 거리명이 더 우울했다면, 모든 것을 망각의 바다에 던져 버리는 것이 더 쉬웠을 텐데.

　그는 모든 것이 그저 자기 자신이 과일과 함께 바닥에 떨어져서 개미에게 운반되도록 내버려 두는 것이라고 했다.

어렸을 때 아빠가 내 모습을 찍었던 그 많던 8밀리 필름, 벌거벗고 미소 지으며 서 있던 모습, 볼다의 바닷가 바위 틈에서 발레 자세를 취하던 모습, 그건 다 파기했나? 어떻게 됐을까? 그때는 내가 귀여웠던가, 아빠가 재능 있는 사진작가였을까? 사진 속에 사랑이 담겨 있는 것 같았기 때문이었다. 나는 사랑으로 받아들였다. 아빠는 내게 저항할 수가 없었다. 나와 둘만 있을 때, 아빠는 완전히 변했다. 자기 자신을 통제할 수가 없었다. 내 벌거벗은 몸을 보면 완전히 제정신을 잃었다. 비록 어린 아이였지만, 그때부터 나는 남자들이 나를 갖고 싶어 미칠 수도 있다는 것을, 제정신을 잃을 수도 있다는 것을 깨달았다. 어떻게 배웠을까? 경험상, 옷을 벗고 남자를 품에 안으면 완전히 미쳐서 다른 사람으로 변한다. 하지만 그 시간은 아주 짧았기 때문에 고통스럽기도 했다. 다급한 접촉이 끝나면, 아빠는 멀어지고 차가워졌으며 나를 피하곤 했다. 인간은 자신이 아프게 한 상대를 피하게 마련이니까. 그것이 나의 첫 슬픔이었다. 아빠가 나를 무시하던 수많은, 길고 암울했던 나날들, 다른 아이들보다 내게 관심을 덜 가지던 나날들, 나를 보지도 않고, 만지지도 않고, 안아 주지도 않고, 그저 초조하게, 은밀하게 흘끗 쳐다보기만 하던 나날들. 나는 그저 아빠가 그리웠는데, 아빠는 몰래, 겁에 질려 나를 쳐다보기만 했다. 아빠는 내게 미치곤 했다. 아주 짧은 순간 그는 욕망을 통제할 수 없었고, 자신의 육체에 매력이 있다는 깨달음은 어린 소녀에게 무가치한 것이 아니다. 하지만 그 깨달음과 함께 어린 소녀는 아빠를 잃었다. 그 서글픈 오랜 나날, 두려움과 수치심 때문에 그가 이쪽을 쳐다보지 않던 그 세월 내내, 소녀는 아빠가 그리웠기 때문에 고통스러웠으며, 아빠가 다른 사람들 앞에서 애정을 보이는 엄마에게 샘이 났다. 그 것은 엄마가 이기고 소녀가 진, 삼각관계였다. 하지만 엄마는 자신이 얻을 수 없는 교수와 사랑에 빠져 아빠를 거부했고, 딸은 교수와 사 랑에 빠져 그를 얻었다. 딸에게는 이혼하고 교수를 얻을 용기가 있었 다. 마치 엄마에게 보란 듯이? 한때 엄마에게 패배했듯이 엄마를 패 배시키려고? 우리 모두가 그 어린 시절 자아낸 거미줄에 걸려 있었 던 걸까?

세상을 떠난 불쌍한 내 아버지, 내 첫 번째이자 최고의 비극적인 사랑.

··········

브로테바이엔의 큰 집은 팔렸고 이사도 끝났다. 이달 말 거래가 완료되면 5월 첫 두 주 안에 내 유산 지분을 받게 될 거라고, 보드가 말했다.

나는 실제로 그렇게 될 때까지 믿기를 거부했다.

....

　5월 10일, 나는 유언 공증 내역과 내게 아무 의미 없는 숫자 표가
수록된 편지를 받았다. 서명하고 내 지분을 곧바로 송금할 수 있는
내 은행 정보와 함께 보내 달라는 내용이었다. 서명한 편지는 엄마의
주소로 보낼 수도 있고, 직접 들러서 전달할 수도 있었다. 엄마는 여
든의 미망인이 아파트에서 혼자 지내고 있는 새 주소로 직접 찾아오
기를 바랐을 것이다. 나는 그럴 생각이 없어서, 그러지 않았다. 나는
편지에 서명해서 우편으로 보냈다.

....

5월 14일, 돈이 내 계좌로 들어왔다. 묘했다.

엄마에게서 예기치 못한 메시지를 받았다. 내가 쓴 '읽으며, 사랑하며'라는 기사를 우연히 읽었다고 했다. 나도 어렴풋이 기억했다. 엄마는 나를 몹시 사랑한다고 했다.

마음이 전혀 움직이지 않았다.

언젠가 엄마에게 이렇게 말한 적이 있었다. 아빠가 돌아가시면 엄마도 정신을 차릴 거라고. 하지만 그때는 이미 늦었을 거라고. 지금 내 기분이 그랬다. 너무 늦었다. 아스트리드도 마찬가지로 정신을 차려 보았자, 엄마가 돌아가시고 정신을 차려 봤자 너무 늦을 것이다. 아스트리드가 울며 참회한다 해도 내 마음은 전혀 움직이지 않을 것이다.

배신한 사람이 실수를 인정하고 울기 시작하는 데도 상처받은 사람은 용서해 달라는 간청을 거절하고 굳은 얼굴로 외면하는 장면을 여러 번 보았다는 한 심리학자의 말을 신문에서 읽었다.

만약 경험이 적은 사람이었다면, 바라보는 자신이 너무나 고통스러워서 상처입은 사람에게 마음을 풀고 참회를 받아들이라고 권했을 것이다.

하지만 더 이상 안 된다. 올바른 순서로 일이 진행되지 않으면, 그래 봤자 해결되는 것은 없기 때문에. 상처받은 사람의 절망과 비탄, 분노가 인정되지 않는 이상, 배신한 사람이 배신을 인정했다는 것만으로 칭찬받아서는 안 된다. 그것이 없다면 참회는 돌멩이처럼 땅에 떨어져 버린다. 그것이 자연의 법칙이다, 심리학자는 말했다. 그것은 우리의 뼛속에 각인되어 있다. 사건의 시간적 순서에서 탈출할 수는 없다.

용서는 불가능하다.

하지만 망각의 바다에 던져 버리는 건?

빛을 향해 들어 올리고, 살펴보고, 인정하고, 받아들이고, 그런 뒤 망각의 바다에 던져 버리는 건?

나는 그것도 할 수 없었다. 그것은 고립된 여러 사건들, 완결된 이야기가 아니라, 끝없는 탐구, 꼭 파헤쳐야 하는 막다른 골목으로 가득 찬 발굴 현장, 괴로운 회상이기 때문이었다. 잃어버린 어린 시절의 존재가, 그 상실로의 끊임없는 회귀가 나라는 인간을 만들었다. 그것은 내 안의 극히 미세한 감정에까지 만연해 있는, 나의 한 부분이었다.

....

　그러다 엄마의 사랑한다는 메시지에 답장하지 않은 것이 미안해졌다. 나는 전화번호 안내 서비스를 통해 엄마의 새 전화번호를 알아내서 전화를 걸었다. 어떻게 지내세요, 나는 물었다. 별로 좋지 않아, 보드와 아이들, 너와 네 아이들을 볼 수 없잖니, 엄마는 말했다. 넌 내가 왜 보고 싶지 않니? 나를 왜 미워하는 거냐? 엄마는 물었다. 내가 뭐라고 할 수 있을까, 또 설명해야 하나? 엄마도 이유를 알고 계시지 않느냐고 말했더니, 엄마는 다시 공격적인 말투로 말했다. 너는 거짓말쟁이다, 그게 사실이라면 왜 경찰에 안 갔니. 나는 전화를 끊었다. 양심의 가책은 증발했다.

....

엠마가 물었다. 할머니? 할머니한테도 엄마가 있어요?

나: 모든 사람에게는 엄마가 있지.

엠마: 내 다른 할머니의 엄마는 죽었어요.

나: 그래.

엠마: 아빠의 아빠도 죽었어요.

나: 알아.

엠마: 할머니의 아빠도 죽었어요?

나: 응, 얼마 전에 돌아가셨어.

엠마: 죽은 사람도 다시 어른이 되나요?

나: 아니.

엠마: 할머니의 엄마도 죽었어요?

나: 아니.

엠마: 내가 만날 수 있어요?

나: 아주 먼 곳에 사신단다.

엠마: 만나 보고 싶어요.

〈끝〉

옮긴이 **유소영**

포항 출생으로 서울대 해양학과를 졸업했다. 존 스칼지의 『무너지는 제국』, 『타오르는 화염』, 앤 클리브스의 『하버 스트리트』, 『나방사냥꾼』, 존 르 카레의 『민감한 진실』, 『나이트 매니저』, 딘 쿤츠의 제인 호크 시리즈와 제프리 디버의 링컨 라임 시리즈를 전담으로 번역하였으며, 리처드 모건의 『얼터드 카본』, 존 딕슨 카의 『벨벳의 악마』, 발 맥더미드의 『인어의 노래』 등을 우리말로 옮겼다.

의지와
증거

1판 1쇄 인쇄 2021년 7월 30일
1판 1쇄 발행 2020년 8월 6일

지은이 비그디스 요르트
옮긴이 유소영

발행인 김지아
표지 및 본문디자인 곰곰사무소

펴낸곳 구픽
출판등록 2015년 7월 1일 제2015-27호
주소 서울시 광진구 동일로 459, 1102호
전화 02-491-0121
팩스 02-6919-1351
이메일 guzma@naver.com
홈페이지 www.gufic.co.kr

ISBN 979-11-87886-65-5 03850